Åshild Norun

SONDRE

SIRKEL FORLAG

Sirkel Forlag SA
Oslo

kontakt@sirkelforlag.no
www.sirkelforlag.no

Omslag: Karin Kolås
Formgiving: Forfatterkollektivet

Sondre/Åshild Norun
ISBN 978-82-93534-09-9 (heftet)

© Sirkel Forlag 2018

Denne boken er en roman. Den har ikke til hensikt å gjenspeile faktiske forhold og omstendigheter.

Question everything

1

JEG MÅ SKRIVE

Jeg våkner, og husker med det samme. Det utenkelige har skjedd. Det var ingen drøm. Sondre er død. Det er mørkt i rommet. Alt er stille. Men ingen ting er som det skal. Hele kroppen føles tung. Det ligger liksom en mørk, kvelende skygge over hele meg. Det er tungt å puste. Noe tapper meg for krefter. Jeg vet ikke hva det er, bare at det er skremmende. Hva som helst kan skje, når som helst. Det er umulig å sove. Jeg er på vakt, klar til å møte en usynlig fare. Alt er ute av kontroll. Det hjelper ikke hva jeg gjør. Jeg klarer ikke å tenke det bort. Det er virkelig. Det finnes ingen redning. Ingen måte å komme unna. Sondre er død. Han er borte for godt! Og jeg må være her fortsatt!

Jeg må være her, og bli knust på nytt hvert eneste minutt. Hvorfor kunne det ikke være meg?!? Det var han som skulle ha livet foran seg. Ikke jeg.

Det er fortsatt midt på natta, men helt umulig å sove. Jeg står opp og går bort til bokhylla, til det innrammede bildet av Sondre. Det er så vidt jeg kan se omrisset av bildet i mørket. Jeg går og henter telys i skapet, og tenner tre av dem foran bildet. Jeg vet ikke egentlig om Sondre kan høre meg, men hva hvis han kan? Jeg sier det uansett, men hviskende. *Glad i deg.*

Den siste gangen Sondre var hjemme sa han at jeg ikke skulle være noen martyr. Jeg husker ikke hva det gjaldt, bare at jeg svarte ganske skarpt. Jeg er ikke noen martyr! Bortsett fra det var alt bare fint. Jeg kan ikke egentlig huske når vi kranglet sist. Det må ha vært veldig lenge siden. Sondre hadde blitt voksen. Tjuetre år. Rolig og fornuftig. Jeg var så stolt av ham, og glad for at alt gikk så bra. Han slet kanskje litt med studiene, det var sant. Men det kom til å gå fint, for han var på rett vei. Lillebroren hans så opp til ham, og det kunne han gjerne. Sondre var et godt forbilde. Han var glad i studiene, og visste hva han ville. Han kom helt sikkert til å klare seg bra.

Det var det jeg tenkte, etter at Sondre hadde gått hjemmefra for siste gang. Han døde bare fire dager senere.

Det er så ufattelig vondt at jeg aldri skal få se ham mer. Aldri gi ham en klem, snakke med ham, eller holde rundt ham. Jeg vil så gjerne trøste ham enda en gang. Blåse på såret, og forsikre at alt skal bli bra. Det er så utrolig, så ufattelig at Sondre er borte for alltid. Hvordan skal jeg klare dette? Jeg holder ikke ut mine egne tanker.

Tenk om jeg kunne våkne opp enda en gang, åpne øynene, og så viste det seg at det hele bare hadde vært et mareritt. At alt egentlig var som vanlig, og ingenting hadde skjedd. Tenk om noen kunne redde meg bort fra dette, tilbake til den egentlige virkeligheten. Det må vel finnes en annen dimensjon. Et sted der dette ikke har skjedd. Der Sondre fortsatt lever og alt er bra.

Jeg vet ikke hva jeg skal gjøre. Men jeg må få orden på tankene. Jeg må finne en vei ut av kaoset.

Jeg må skrive. Jeg finner bryteren på nattbordslampa. Henter laptopen, og setter meg tilbake i senga. Ser på klokka. Det er fortsatt mange timer igjen før det blir morgen. Men det gjør ingen ting, nå som jeg har en oppgave foran meg.

Det tar lang tid å finne de riktige ordene. Hvor mye var livet til Sondre verdt? De ordene jeg skriver nå, de må alle veies på den vekta. Og de kommer ikke til å veie tungt nok, ikke et eneste ett. Det er en umulig oppgave, å skrive for et helt liv.

Men jeg har ikke noe valg. Jeg må skrive for Sondre. Jeg må glemme alt annet, som kanskje kan bli feil. Jeg må gjøre det uansett. Det er ingen vei utenom.

2

DA BESKJEDEN KOM

Det er litt over klokka ti en torsdags kveld i september. Noen banker på døra. Hvem kan det være på denne tiden? Jeg ser noen gjennom kikkhullet. De banker enda en gang. Snart skjønner jeg at de er fra politiet. De ber bestemt om å få komme inn.

– Er det noe sted vi kan snakke i fred?

Jeg viser dem inn på kjøkkenet. Jonas sitter inne i stua og spiller Playstation. Han reagerer ikke på at vi har fått besøk.

De ber meg lukke kjøkkendøra. Så spør de om jeg har en sønn som heter Sondre, og om han er hjemme.

– Joda, sier jeg. Sondre er sønnen min. Men han har ikke bodd hjemme på flere år.

– Hvor bor han? spør betjenten.

– I en leilighet i Trondheimsveien. Dere kan gjerne få adressen hans.

Jeg føler meg stadig mer nervøs og forvirret. Hva gjelder det?

Jeg får vite at det har skjedd en ulykke der en mann er blitt påkjørt av trikken og at de har funnet min sønns studentkort på ulykkesstedet. De vil gjerne ha hjelp til å finne ut om det kan være min sønn som har blitt påkjørt. På en underlig måte blir jeg lettet over at jeg kan hjelpe politiet. Han har i hvert fall ikke gjort noe ulovlig.

De spør om sønnen min bodde i nærheten av Carl Berners Plass. Jeg henter lappen der jeg hadde skrevet ned adressen hans bare noen dager tidligere. Flaks at jeg har den så lett tilgjengelig! Det er som om jeg ikke har registrert at det har skjedd en ulykke, og at det kan være Sondre som ligger på sykehuset og ikke er identifisert. Nei, det er jo bare studentkortet hans som er funnet, og det kan han lett ha mistet mens han gikk over gata. Sånn må det være. Jeg tør ikke å spørre om det var en dødsulykke. Tenker egentlig ikke tanken engang. Klamrer meg bare til halmstrået mens politiet noterer adressen. De fortsetter med å spørre om jeg har et bilde av Sondre. Jeg går ut i stua og leter febrilsk gjennom skolebildene. Føler plutselig at frykten holder på å få overtaket. Hendene mine begynner å skjelve. Endelig finner jeg det siste bildet fra videregående. Jeg leverer bildet til politimannen. Han nikker og sier at det stemmer med hårfargen.

– Men vi får ikke bekreftet identiteten før det er foretatt en obduksjon.

Sjokket setter inn. Det kan ikke stemme!

– Kanskje jeg kan prøve å ringe ham?

Jeg skjelver kraftig på hendene mens jeg leter etter nummeret. Det er nesten umulig å finne fram på mobilen, som om jeg aldri har holdt i en telefon før. Symboler og taster flyter sammen og gir ingen mening. Så dukker loggen opp, og der står det Sondre. Jeg taster, men det kommer ingen ringelyd. Mobilen er skrudd av. Signalet er borte.

Men politimannen fortsetter å snakke. Nå vil han vite hva slags klær Sondre pleide å gå med.

– Dongeribukse og genser, vanlige klær, svarer jeg mekanisk.

– For du skjønner, han som ble påkjørt hadde på seg dress og hvit skjorte, forklarer politimannen.

Og han hadde gått inn i tunnelen, fra T-banestasjonen på Carl Berners Plass. Det var sånn han ble påkjørt.

– Ja, det skjedde klokka seks i ettermiddag, i følge meldingen som kom inn fra Sporveissentralen.

Hittil har jeg hatt et bilde i hodet av en ung, lyshåret mann som går uoppmerksomt over gata. Han går i egne tanker mens han krysser trikkeskinnene, akkurat idet trikken kommer kjørende. Det kan se ut som Sondre, men egentlig er det bare en som ligner ham. Studentbeviset ligger midt i veien. Et forferdelig bilde det også, og vanskelig nok å ta til seg. Men nå danner det seg plutselig et helt annet og mye verre bilde i hodet mitt. Det er et bilde av Sondre som har på seg dress, på stasjonen. Han klatrer plutselig ned stigen fra perrongen og forsvinner raskt innover i tunnelen. Jeg begynner å skjelve kraftig over hele kroppen, og kjenner at jeg må sette meg ned.

– Vil du ha et glass vann? spør den kvinnelige betjenten. Hun henter et glass i skapet. Kollegaen hennes venter. Jeg må visst drikke litt.

– Sønnen din hadde en lapp i lomma der det sto et navn. Kjenner du en som heter Odin? Kan det være en han deler leilighet med?

Jeg må innrømme at jeg ikke vet hvem Sondre deler leilighet med. Men navnet Odin får meg til å tenke på Anders.

– Kanskje faren til Sondre vet det? Det er best å ringe ham. Det går heldigvis greit å finne nummeret til Anders blant kontaktene på mobilen. Mens jeg ringer tenker jeg at han må få beskjed med en gang, og at politiet må forklare hva som har skjedd. Anders tar telefonen. Han blir nok litt overrasket når han skjønner at det er meg, men jeg går rett på sak.

– Politiet er her. Det gjelder Sondre. Vet du hvem Odin er?

– Odin?

Jeg klarer ikke å snakke videre.

– Kanskje det er best du snakker med politiet, sier jeg, og rekker mobilen til betjenten. Han tar den, reiser seg og går bort til kjøkkenvinduet. Det er umulig å høre hva som blir sagt, for i mellomtiden snakker den kvinnelige betjenten.

– Går det bra med deg?

Jeg tenker at jeg må svare ja. Drikker litt av vannglasset for å spille rollen riktig. Det er vanskelig å svelge vannet. Alt er uvirkelig. Jeg får ikke med meg hva politimannen sier, for han snakker lavt og står med ansiktet vendt mot kjøkkenvinduet. Etter en liten stund avslutter han samtalen og kommer tilbake. Han gir meg mobilen.

– Hva sa han? Brydde han seg om det?

Spørsmålet virker nok litt rart, men han svarer likevel.

– Jo da, det gikk inn på ham.

Tankene mine går til lappen politimannen snakket om. Lappen Sondre hadde i lomma. Jeg spør hva som sto på den.

– Det sto *Odin. Ikke åpne. Ring ambulanse.* Det er mulig at han skrev lappen for å henge den opp på ytterdøra. Han hadde vel tenkt på en annen metode før han gikk til t-banen.

Det virker logisk, tenker jeg. Midt i det absurde, det totalt ufattelige, er det likevel noe som gir en slags mening, noe som virker rasjonelt. Jeg er visst i stand til å beholde en slags kontroll og tenke rasjonelt. Den kraftige skjelvingen er det eneste sikre tegnet på at jeg er i sjokk. Jeg gråter ikke. Det eneste jeg føler er at jeg fryser, veldig. All energien er borte.

Politimannen gjentar at de ikke kan bekrefte identiteten sikkert før de har foretatt en obduksjon. Han sier at de vil ha bruk for røntgenbilder fra tannlegen, og spør om jeg vet hvilken tannlege Sondre har gått til. Jeg svarer at jeg kan finne navnet på tannlegen hvis jeg går inn på nettbanken, siden jeg har betalt tannlegeregningene. Betjenten sier at jeg kan ringe dem om dette neste morgen. Det vil ikke bli gjort noe mer i kveld uansett. Han skriver ned et par telefonnummer på en lapp, og sier at jeg kan ringe når som helst.

Jeg skjønner at de har tenkt å dra. Og hva med Jonas, som fortsatt sitter inne i stua og spiller? Sondre har alltid vært hans store helt. Og han er fortsatt så liten og uskyldig. Dette går ikke. Jeg kan ikke utsette barnet mitt for noe så grusomt.

– Det går vel an å vente med å fortelle det til lillebroren hans?

– Nei, svarer politimannen nådeløst. Du kan ikke vente, du må fortelle det nå med en gang. Men det står en prest utenfor. Han står og venter, i tilfelle du vil at han skal komme inn.

Jeg må lene meg til veggen. Klarer ikke å svare, bare nikker. All tvil, alt håp er borte. De visste det hele tiden, at Sondre var død. Hva skulle de ellers med en prest? Og nå må jeg fortelle den lille gutten min at storebroren hans er død. Dette kommer til å knuse hjertet hans. Hvordan skal jeg klare det?

Jeg må si ordene. Det er ingen vei tilbake. Jeg står ytterst på kanten av et stup. Jeg må ikke se ned i avgrunnen. Dette er ikke virkelighet, uansett. Det er bare film, alt sammen.

Mens presten er på vei opp trappene går vi andre inn i stua. Jonas er oppslukt av spillet, men han slutter med det samme politimannen gir beskjed om det. Han merker nok alvoret i stemmen. Jeg setter meg ned i sofaen ved siden av ham. Hvordan skal jeg klare dette? Hva skal jeg si? Alle ser på meg. Ordene jeg prøver å finne, de føles så rare og tåkete, så kunstige. Men jeg må ha sagt dem likevel, for Jonas begynner å gråte. Jeg holder rundt ham, men det føles ikke helt ekte. Det føles som om jeg spiller en rolle i et teater. Publikum står midt på gulvet og ser på oss.

Jeg blir sittende i sofaen, sammen med Jonas. Presten lukker ytterdøra etter politibetjentene. Etterpå setter han seg sammen med oss.

Presten er hyggelig nok, men jeg vil egentlig ikke ha ham her. På det hvite gulvteppet har han laget et avtrykk med den sølete skoen sin. Hvorfor tråkker han på teppet med sølete sko? Nå må det vaskes. Men så slår det meg at teppet ikke betyr noe som helst. Og at alt er fjernt og uvirkelig. Jeg vet ikke hva jeg føler. Alt er absurd.

Hva gjør jeg nå? Jeg skjønner at jeg må gi beskjed, og tar fram mobilen.

– Må bare ta noen telefoner, mumler jeg.

– Ja, så klart, svarer presten. Jeg ringer moren min.

– Det er noe fryktelig som har hendt. Sondre er død.

– Hva?!? Hvordan skjedde det?!?

Stemmen hennes skjærer gjennom telefonrøret.

Jeg ser på Jonas. Han følger med på hvert eneste ord jeg sier. Han vet enda ingen ting om hvordan det skjedde. Men han må jo få vite det. Alle må få vite det.

– Han ble påkjørt av t-banen. Inne i tunnelen.

– Nei.... Er det sant?!?

Jeg vil ikke mer. Orker ikke å svare på spørsmål akkurat nå.

– Jeg har ikke ringt noen andre enda. Kan du være så snill å ringe dem alle sammen og fortelle hva som har skjedd?

– Ja, det kan jeg, forsikrer hun.

– Håper det er greit?

– Ja, jeg skal gjøre det nå med det samme.

– Takk.

Jeg legger på. Klarer ikke å tenke mer.

– Jeg vil ringe pappa, sier Jonas.

– Ja, det kan du gjøre.

Han får heldigvis raskt kontakt.

– Pappa kommer så fort han kan i morgen tidlig, forteller han like etterpå. Han sier at han ikke klarer å nå fram til Jernbanetorget før den siste t-banen har gått. Men han kommer tidlig i morgen. Presten sitter fortsatt i sofaen. Jeg holder på å miste grepet. Klarer nesten ikke å tenke lenger.

– Hva jeg skal gjøre nå?

Presten forklarer. Jeg må ringe et begravelsesbyrå i morgen. Han gir meg noen forslag. Han forteller at de kommer til å ringe meg fra menigheten vi tilhører, men han skriver for sikkerhets skyld nummeret på en lapp. Selv er han fra en annen menighet i nærheten, med delt vaktordning utenom kontortiden. Han forteller at de har en veldig flink kvinnelig prest i menigheten min.

Presten forklarer at han skal til Sri Lanka i morgen. Jeg prøver å følge med, men det er ikke lett. Har han ikke gjort dette før? Vet han ikke at jeg bare later som jeg hører på ham? Jeg orker ikke å ha ham her mer.

– Det går fint, forsikrer jeg.

Jobben hans er ferdig nå. Jeg klarer visst rollen bra, for han tar snart farvel.

Så snart presten har gått kan jeg snakke med Jonas. Jeg forteller alt jeg vet. Han er fortsatt helt stille.

– Jeg syns ikke Sondre hadde så mange problemer, sier han.

– Det kan hende, svarer jeg. Men det kan også være noe vi ikke vet.

Det finnes ikke en eneste gnist av energi i kroppen min. Jeg er iskald, og begynner å skjelve igjen. Vi går og legger oss, begge to i dobbeltsenga, med ulltepper i tillegg til dyner. Vi sovner med det samme.

3

SPØRSMÅL

Veggen av sorg og kaos slår inn igjen med full styrke neste morgen. Sondre er død. Det er helt ufattelig, og enda mer uforståelig at han har tatt sitt eget liv. Hvordan er det mulig at Sondre selv har gjort det slutt? Det var jo nettopp han som *aldri* mistet pågangsmotet! Livsgleden var selve kjennetegnet på Sondre. Han så det morsomme i alle situasjoner. Hvordan kunne han gjøre noe sånt, han som var så uendelig glad i livet? Han som så gjerne ville reise, og hadde planer om å bli utvekslingsstudent? Han som likte seg så godt på laben, og lurte på hva han skulle spesialisere seg i? Han som bestandig hadde det litt skøyeraktige glimtet i øyet, og det lune smilet? Han var jo helt opplagt glad i studiene han var i gang med. Hvordan kunne han gjøre noe sånt? Og hvor lenge hadde han tenkt på det?

Hadde han hatt det vondt lenge? Hvorfor fortalte han ikke noe til meg om hvordan han hadde det og hva han tenkte? Det er helt ubegripelig. Jeg klarer ikke å forstå det. Klarer ikke å fatte at det kan være sant.

Jeg tenker tilbake på tiden etter sommerferien, og prøver å huske alt vi snakket om. Jeg prøver å huske akkurat når Sondre var hjemme. Den første datoen er lett nok. Det var søndag den 11.

august, den dagen Sondre kom for å feire bursdagen sin. Da hadde vi ikke sett hverandre siden like før ferien. Det var den dagen jeg merket at noe var galt. Ganske nøyaktig en måned siden. Det var da jeg merket at Sondre var nedtrykt, urolig og sliten på en måte jeg aldri hadde sett før. Dagen før hadde vi snakket sammen på telefonen, og jeg hadde som vanlig spurt hva slags kake han ville ha til bursdagsfeiringen. Han ville bare ha en muffins med et lys på, hadde han sagt, litt spak i stemmen. Det var litt merkelig at han ikke ville ha noe mer, tenkte jeg. Men jeg gikk likevel ut og kjøpte et kakelys. Et fint lys, med melodi. Både Jonas og jeg gledet oss veldig til å se Sondre.

Da han endelig kom fikk han all oppmerksomheten fra oss begge to. Han virket glad for å se oss også, men uvanlig stille. Vi gikk på kjøkkenet for å spise muffins. Det var da jeg skulle skru på melodien på kakelyset at Sondre helt plutselig brøt sammen. *Jeg liker ikke lys med melodi! Har aldri likt det!* Han begynte liksom å skjelve da han sa det. Både i stemmen og kroppen. Jeg tok bort lyset med det samme, og fant fram et annet kakelys, uten melodi. Men jeg ble selvfølgelig bekymret. Dette var veldig merkelig. Det måtte være noe alvorlig som plaget Sondre. Sånn hadde jeg aldri sett ham før. Reaksjonen var jo altfor sterk. Det var ikke lyset, det var helt opplagt noe som lå bak. Hva kunne det være?

Jeg ville ikke spørre med det samme. Ville ikke uroe Sondre enda mer akkurat da.

Vi spiste muffins og snakket en stund om hvordan sommeren hadde vært. Jeg spurte om han hadde hjulpet faren med flyttingen. Anders, samboeren Nina, og de to jentene deres skulle flytte til Trøndelag i juli. Før ferien hadde Sondre fortalt at faren la press på ham. Anders ville ha hjelp med å kjøre båten nordover, enda Sondre hadde forklart at han måtte på feltkurs på Finse i forbindelse med studiene. Sondre hadde gledet seg til feltarbeidet, og det var dessuten obligatorisk.

Han hadde ikke blitt med på båtturen. Han hadde prioritert studiene, og seg selv.

– Så bra. Håper du hadde det fint på Finse, da?

– Jo da, det var bare litt kaldt, svarte han.

Han burde ha tatt med seg varmere klær. Kanskje han hadde blitt forkjølet? Ja, det var nok det som hadde skjedd.

Sondre var uvanlig innesluttet. Jonas ville uansett ha ham med på rommet sitt for å vise ham det nye spillet han nettopp hadde fått. Jeg hørte dem prate der inne, helt som vanlig. Men etter en halvtime kom Sondre tilbake til kjøkkenet og sa at han måtte dra. Jeg var bare akkurat ferdig med å rydde. Jeg spurte hvorfor han måtte gå så fort. Han skyldte på at han hadde mye å gjøre. Jeg fulgte etter ham ut i entreen. Uroen var ikke til å holde ut.

– Du *må* fortelle meg hva det er som plager deg! Du kan ikke gå før vi har snakket sammen!

Plutselig ble det for mye for Sondre. Han fikk tårer i øynene og satte seg ned på gulvet, rett ved siden av ytterdøra. Jeg satte meg foran ham.

– Jeg sliter, brøt han ut.

– Med hva da?

Han var gråtkvalt, men tok seg sammen og fortalte at laptopen hadde gått i gulvet. Jeg minnet ham på spesialforsikringen. Han fortalte at han allerede hadde kontaktet forsikringsselskapet. Han håpet å få en ny laptop hvis den ikke kunne repareres.

– Men hvis det ikke går bra med forsikringen så kan du jo få en ny laptop av meg til bursdagen!

Men så var det wifien som ikke fungerte som den skulle. Sondre hadde vært på telefon med leverandøren mange ganger, men den virket fortsatt ikke. De måtte visst få noen til å komme til leiligheten.

– Det går jo i verste fall an å bytte leverandør, foreslo jeg.

– Jo da, svarte han kort.

Men i tillegg var det problemer med seilbåten han hadde fått av faren tidligere i sommer. Det viste seg at han måtte finne en ny opplagsplass. Han kunne ikke la den ligge i havna på Hovedøya. Faren hadde lovet at alt var i orden med havna, men nå var det visst ikke i orden likevel. Sondre visste ikke hvordan han skulle skaffe en ny båtplass. Jeg kunne heller ikke komme på noen løsning.

– Jeg vet ikke... men hvis du ikke trenger ny laptop kan du få penger til bursdagen, og så kan du bruke dem til opplagsplass for båten til vinteren? Eller kanskje du kan bruke de pengene du fikk til sykkel? Jeg hadde gitt Sondre femten tusen kroner i juni, for å kjøpe seg sykkel. Jonas hadde fått ny sykkel samtidig, og jeg ville ikke gjøre forskjell på dem. Men akkurat da ville jeg bare hjelpe Sondre. Han var fortsatt nedslått.

– Skulle ønske du hadde kidnappet meg som barn.

Det kom helt plutselig, som et lyn fra en mørk sky. Sondre hadde jo ikke for vane å si noe negativt om faren sin. Han ville heller ikke ha noe av at jeg kritiserte Anders.

Da Sondre var liten fikk jeg høre av Anders at jeg brukte barnet mitt som *voksensamtalepartner*. Det var noe enslige mødre ofte gjorde feil, i følge ekspertene han hadde lest seg opp på. Etter at Sondre ble konfirmert valgte jeg heller å unngå Anders og hans *samværskonflikt*. Sondre måtte holde kontakt med faren selv, så var det ikke lenger noen konflikt mellom meg og Anders.

Men det var jo ikke lett, det heller. Jeg visste godt at Anders la press på Sondre, spesielt når det gjaldt julefeiringen. Jeg prøvde å støtte opp så godt jeg kunne, selv om jeg visste at det ble verre for Sondre hvis jeg sa noe til Anders. Og Sondre selv var alltid klar på at han ville besøke faren. Dette var helt nytt. Nå ønsket han altså at jeg hadde *kidnappet ham som barn*.

– Jeg tenkte jo på det, mange ganger, svarte jeg sakte. Ville kanskje ha gjort det også, hvis det ikke hadde vært for risikoen. Politiet kunne ha funnet oss, og da kunne jeg ha mistet deg, for alltid.

Dette var følsomt. Jeg begynte nesten å gråte. Det var ikke lett å snakke om det etter så mange års stillhet.

– Du er en god mor, svarte Sondre.

Han var litt roligere. Pustet liksom litt lettet ut etter at han hadde sagt det. Jeg følte at tungsinnet kanskje ville slippe taket. Det var jo ikke typisk for Sondre å tenke så mye på problemer. Han som alltid var optimist.

Jeg ville så gjerne hjelpe, men hadde vanskelig for å finne på noe fornuftig å bidra med. Jeg hadde lyst til at Sondre skulle flytte hjem igjen, og hadde foreslått det før, flere ganger. Han var ikke interessert i det, men nå ville jeg prøve på nytt. Han ville kanskje være her hvis han hadde leiligheten for seg selv?

– Kan du ikke ta deg litt fri fra alt sammen? spurte jeg. Du kan være her hjemme i høstferien, for da skal jeg på jobbreise, og Jonas skal til faren sin. Da kan du være her og bare slappe av. Ta det helt med ro. Jeg kan fylle opp kjøleskapet med mat. Det blir som en ferie.

Sondre likte idéen.

– Ja, men da sier vi det!

Jeg tenkte videre, på juleferien.

– Hva med å reise et sted sammen i jula, bare oss tre? Bare du og jeg og Jonas, sånn som før?

– Ja, gjerne, svarte Sondre igjen, tydelig lettere til sinns.

– Nå skal jeg begynne å ta meg sjøl på alvor, sa han. Har begynt å trene, faktisk. Og jeg skal begynne å komme hjem litt oftere også.

– Så bra, svarte jeg oppmuntrende. Det gleder jeg meg til! Jeg er superglad i deg, vet du!

Før Sondre gikk, ga han meg som vanlig en klem. Men denne gangen var det helt annerledes. Sondre klemte meg av alle krefter. Han var sterk, det merket jeg godt.

– Ikke knus meg da, spøkte jeg.

Jeg ville bare gjøre stemningen litt lettere. Skjønte jeg ikke at Sondre holdt fast i meg på denne måten fordi det var noe alvorlig galt, noe som gjorde ham livredd? Hvordan kunne jeg ha vært så tafatt? Nå angrer jeg på at jeg lot ham dra den dagen. Jeg burde i det minste ha forsøkt å holde ham igjen. Men jeg prøvde ikke en gang å nekte ham. Jeg lot ham bare dra. Hva ville han ha gjort hvis jeg hadde prøvd å holde ham tilbake? Jeg vet ikke. Jeg vet bare at jeg var redd for å gjøre det verre for ham, redd for å bli avvist, hvis jeg prøvde å legge press på ham. Det var derfor jeg lot ham gå. Men jeg var ikke i tvil om at noe var i veien. Sondre hadde det ikke bra, og jeg grublet på hva jeg skulle gjøre.

Men hva kunne jeg gjøre, egentlig? Alt var avhengig av at han delte problemene sine med meg. Han var jo myndig, og det var ingenting jeg kunne gjøre uten hans samtykke. Ingen instans jeg kunne henvende meg til, uten å vite hva som var i veien. Alt jeg hadde var uroen. En vag anelse om at det var noe alvorlig som plaget ham. Noe mer enn det han fortalte.

Jeg ville så gjerne finne ut av det. Neste dag prøvde jeg å ringe flere ganger, uten at han svarte. Jeg sendte også tekstmeldinger, det viser mobilen. To dager senere var det bursdagen hans. Jeg skrev en melding som jeg sendte tidlig om morgenen. Finner den også i mobilen.

Livet kan gå opp og ned, men husk at du har noen som alltid er glad i deg og stolt av deg. Stor bursdagsklem fra mamma!

Jeg leser videre i mobilen, både i kalenderen og meldingene. Sondre holdt det han lovet, og kom ofte hjem på besøk. Først var det søndag 18. august, bare en uke etter det forrige besøket. Etter den dagen la jeg bekymringene litt til side. Sondre var rolig, og det var ingen tegn til at noe plaget ham lenger. Den gode gamle humoren og optimismen var tilbake. Jeg følte faktisk at han var mer avslappet enn han hadde vært på lenge. Da han skulle gå spurte jeg om det gikk bra med opplagsplass til seilbåten. Han fortalte at han hadde funnet et sted i nærheten av Fredrikstad, og at han snart skulle seile båten dit sammen med en venn.

– Husk at du ikke har fått bursdagsgaven din enda, sa jeg. For jeg vil jo ikke at du skal forlise i en høststorm, bare fordi du mangler penger!

– Ta det med ro, det skal jeg ikke gjøre, svarte han med et smil.

Han tenkte vel som vanlig at jeg var overbeskyttende. En uke eller to etterpå kom Sondre enda en gang for å spise søndagsmiddag hjemme. Jeg hadde besøk av Rajiv, en kollega fra India. Vi snakket om valget. Rajiv hadde mange spørsmål om det parlamentariske systemet i Norge. Sondre forklarte detaljert hvordan stemmene ble regnet ut etter et stortingsvalg. Jeg husker godt hva jeg sa, etter det lille foredraget.

– This was completely new to me. It's good to have a mathematician here!

Jeg var så stolt av Sondre. Han var ikke bare høflig, han var både kunnskapsrik og intelligent.

Sondre hadde overnattet også, en gang. Det var bare en uke siden, fra fredag 6. til lørdag 7. september. Da hadde han ringt litt utpå kvelden og spurt om jeg var hjemme. Han hadde ikke med seg nøkkelen.

– Jeg hadde en krangel med han jeg bor sammen med, forklarte han. Han virket uanfektet, uten det minste tegn til bekymring.

– Bare kom, svarte jeg. Jeg skal re opp senga.

Han kom snart etter, men det var sent og vi snakket nesten ikke før vi la oss.

Neste morgen sto han opp ganske tidlig. Vi spiste frokost sammen. Det var hyggelig, men like etterpå ville han dra hjem. Jeg var litt skuffet.

– Vil du ikke være her en stund til?

– Må hjem og skifte linsene, svarte han.

Men han kom tross alt tilbake dagen etter, søndag 8. september. Det var den siste gangen han var hjemme, bare fire dager før han døde. Jeg fortalte litt bekymret om en pedofilisak som var under etterforskning, der hovedmistenkte var en mann i nabolaget. Jeg nevnte også navnet på en annen mistenkt i saken.

– Det navnet har kommet opp før, svarte Sondre. Så sa han noe som overrasket meg.

– Noen av oss som har blitt misbrukt burde ta og tagge ned butikken hans. Det er ganske mørkt om natta i den gata.

Jeg svarte at det kanskje ikke var så lurt. Det kunne jo ende med at ofre ble straffet, mens gjerningsmannen gikk fri.

– Nei da, svarte han muntert. Det er ikke mer enn forenkla forelegg for tagging!

Jeg lurte et øyeblikk på om jeg skulle spørre hva han mente med *oss som har blitt misbrukt*, men lot det passere. Det var vel noen i vennekretsen hans som hadde blitt misbrukt som barn. Og det var ikke overraskende at Sondre ville vise solidaritet og støtte. Det var egentlig helt typisk.

Jeg fulgte Sondre ut i entreen da han skulle gå. Mens han var på vei ut døra fikk jeg tid til et siste spørsmål.

– Hvordan går det med han du deler leilighet med? Han er vel ikke slem mot deg?

– Det er vel heller jeg som er slem mot han, svarte Sondre. Han snudde seg mot meg og lo idet han gikk nedover trappa. Det var den siste gangen jeg så ham. Han så rett på meg. Det nydelige smilet lyste opp hele ansiktet hans. Jeg smilte, jeg også. Han var i godt humør. Alt virket helt normalt.

Jeg tar fram mobilen igjen. Ser på dato og klokkeslett for kontakten mellom oss de siste dagene. Melding fra meg til Sondre onsdag 11. september, kl. 12:50. Han ringte tilbake cirka en time senere. Jeg ringte uten å få svar torsdag morgen, og sendte deretter en melding: *Kan du ringe meg?*

Han ringte tilbake igjen like før klokka to. Vi hadde altså snakket med hverandre på telefonen bare fire timer før han døde. Noe må ha vært fryktelig galt. Hvorfor hadde jeg ikke merket noe? Han virket ganske trøtt, det var det eneste. Jeg tenkte at han kan ha sovet dårlig. Men jeg husker godt hva samtalen gikk ut på. Det var de ubetalte mobilregningene, og nytt mobilabonnement.

Jeg oppdaget problemet med mobilregningene med det samme jeg kom hjem fra ferie. Det lå et par brev fra OneCall i postkassa. Det ene var et varsel om inkasso. Jeg ble overrasket, for noe sånt hadde aldri skjedd før. Og spesielt fordi Sondres mobilabonnement fortsatt sto i mitt navn. Sondre forklarte at regningene pleide å komme direkte til e-posten hans. Han hadde bare gått glipp av et par regninger på grunn av problemer med bredbåndet. De var betalt allerede.

Jeg hadde glemt mobilregningene da Sondre kom for å feire bursdagen. Men en uke senere fikk jeg et nytt brev med inkassokrav. Jeg tok det opp neste gang han kom på besøk. Han forsikret igjen at regningene allerede var betalt. Han virket ikke bekymret, så jeg lot meg overbevise. I begynnelsen av september kom det enda et inkassovarsel. Sondre forklarte at OneCall hadde sendt regningen videre til inkassobyrået før innbetalingen hans var registrert. Jeg ville betale alt sammen uansett, og nå var Sondre villig til å la meg ordne opp. Jeg betalte via nettbank søndag 8. september, da Sondre var hjemme for siste gang. Han syns det var mye rot hos OneCall, og ville bytte til en annen leverandør. Jeg sa meg enig, og foreslo at det var på tide å få seg et mobilabonnement på hans eget navn. Det var ikke vanskelig, men han ville selvsagt beholde det gamle nummeret. Jeg lovte å ta kontakt med OneCall for å avslutte abonnementet, og finne ut hvordan man videreførte nummeret.

Da vi snakket sammen på onsdag, klagde Sondre igjen på OneCall.

– De stengte til og med abonnementet en liten stund på mandag!

Sondre humret litt da han sa det. Men jeg forsto at han gjerne ville ha hjelp. Torsdag morgen ringte jeg kundesenteret hos OneCall. Det var dette vi snakket om litt senere på dagen, Sondre og jeg.

– Har du også vært i kontakt med OneCall?

– Jo da, flere ganger, svarte han oppgitt. Men de får meg bare til å føle meg som en dritt.

– Men, de var helt hyggelige da jeg snakket med dem, sa jeg. Og det er heller ikke noe vanskelig å bytte.

Jeg foreslo at vi kunne betale den siste regningen neste dag, fra kontoret mitt. Sondre kunne komme dit og logge seg inn på e-posten sin der. I mellomtiden kunne han finne ut hvilken leverandør han ville ha. Eller rett og slett gå tilbake til Netcom.

– Nei, dem hadde jeg problemer med før, sa Sondre.

– De er vel like alle sammen, svarte jeg.

– Kanskje det, sa han, litt trøtt i stemmen.

– Ja vel, men da sees vi i morgen, da.

– Ja. Sees i morgen.

Det var de aller siste ordene vi sa til hverandre. Så fullstendig dagligdags. Jeg sjekker tidspunktet igjen. Samtalen startet 13:53. Bare fire timer før han døde.

Jonas våkner, og jeg må legge bort mobilen. Vi lager frokost helt som vanlig. Følger rutinene, så alt blir så normalt som mulig. Mens vi spiser prøver jeg å samle tankene om alt jeg må gjøre. Jeg må klare å konsentrere meg. Venner, kollegaer, kontaktlæreren til Jonas, alle må få beskjed. Hvordan skal jeg få kontakt med alle sammen? Hva med offentlige instanser? Hva gjør man når noen er død? Jeg tenker på begravelsen. Det er lite jeg kan overlate til andre. Jeg husker hvordan det var da faren min gikk bort for mange år siden. Men den gangen var jeg ikke alene om det. Vi var tross alt fire søsken som delte på oppgavene. Nå hviler alt sammen på meg. Jeg sender først tekstmeldinger til Ruth på jobben og læreren til Jonas. Så finner jeg fram lappen som presten skrev. Så snart det åpner ringer jeg begravelsesbyrået. Konsulenten er hjelpsom, men kan ikke gi meg en avtale i dag. Jeg kan faktisk ikke komme før mandag morgen. Jeg takker for det, og forklarer situasjonen så godt jeg kan. De skal kontakte politiet og andre instanser i mellomtiden. Det er fredag, og heldigvis har jeg et slags pusterom til mandag.

Anders ringer. Jeg fokuserer med en gang på det praktiske og forteller om avtalen med begravelsesbyrået. Forteller at jeg venter på å høre fra presten, og enda ikke vet når begravelsen kan finne sted. Anders kommer raskt inn på hva politiet sa kvelden før, og spesielt dette med lappen. Det plager ham tydeligvis at han ikke er sikker på hva det betyr. Han tror det sto *Odin. Ikke lukk opp.* Han forestiller seg visst at Sondre var redd for Odin. Jeg forklarer at det i tillegg sto *Ring ambulanse.*

– Politiet mente at Sondre hadde tenkt å henge lappen på ytterdøra.

Anders vil ringe politiet. Jeg gir ham nummeret.

– Fint. Har du nummeret til Odin også?

– Nei, dessverre, svarer jeg. Men kanskje politiet har det?

– Da skal jeg høre med dem, sier han.

Jeg logger meg inn i nettbanken og finner navnet på tannlegen. I mellomtiden har Jonas gått inn på facebook-sidene til Sondre og funnet en venn ved navn Odin. Jeg kjenner igjen det smale, litt bleke ansiktet og det lyse håret med viker ved tinningene. Han er vel rundt tretti år gammel.

Jeg husker hvor jeg har sett ham. Det var en ettermiddag i september i fjor, da jeg traff Sondre helt tilfeldig på en utekafé på Grünerløkka. Sondre og denne vennen satt der med hver sin halvliter. Jeg fikk en dårlig følelse da jeg håndhilste på Odin. Jeg husker at jeg snakket med Miriam om det, like etterpå. Det var ikke lett å forklare hva det var jeg reagerte på. Kanskje det var det flakkende, unnvikende blikket til Odin, eller den litt nervøse følelsen jeg fikk fra Sondre, som om han var urolig for å bli avslørt på et slags vis. Jeg slo fra meg anelsene den gangen. Prøvde å tenke positivt. Det var hyggelig at jeg endelig fikk treffe en av Sondres venner. Jeg kjente jo stort sett bare barndomsvennene hans. Nå husker jeg også noe Sondre fortalte meg i august. Han sa at det var den vennen jeg hadde truffet på Grünerløkka han skulle dele leilighet med, etter at den forrige måtte flytte.

Jeg søker på 1881. Finner Odin på et nummer knyttet til et eventbyrå i Møllergata. Det er et personlig foretak der Odin står oppført som daglig leder. Jeg vurderer om jeg skal ringe, men bestemmer meg heller for å gi nummeret til politiet. De ville jo vite om jeg kjente Odin.

Jeg ringer nummeret jeg fikk av politimannen. Etter flere forsøk når jeg fram.

– Voldsavsnittet, sier en mannsstemme. Betjenten noterer opplysningene om Odin.

– Vi holder kontakten, sier han kort.

Kommer de til å ringe Odin? Jeg tviler. Burde jeg likevel ringe ham? Jeg vet jo at Odin og Sondre kranglet, den kvelden i forrige uke. Selv om Sondre forsikret meg etterpå om at han ikke var *slem*. Jonas følger med på alt sammen.

– Jeg lurer på om jeg skal ringe Odin, sier jeg. Jonas har løsningen.

– Skriv en facebook-melding, sier han.

– Ja, så klart.

Jeg skriver en melding der jeg gir Odin nummeret mitt og ber ham ringe meg. Det føles riktig, og trygt.

Like etterpå ringer det på døra. Jonas løper til callingen med det samme.

– Det er bestemor, sier han og lukker opp.

Vel innenfor døra kaster hun seg rundt halsen min og

strigråter. Jeg orker ikke klamringen, og stivner litt til. Jonas står jo rett ved siden av og ser på oss. Han får med seg alt. Jeg blir stående helt stille. Det føles ikke naturlig å begynne å gråte. Men jeg klarer i hvert fall ikke å trøste moren min. Jeg klapper henne lett på ryggen og vrir meg samtidig litt unna, nok til å komme meg fri.

– Vil du ha en kopp kaffe?

Jeg leder henne inn på kjøkkenet. Situasjonen er under kontroll. Og det er det viktigste nå, å beholde kontrollen. Hvordan ville Jonas føle seg, hvis jeg skulle knekke sammen? Han er førsteprioritet. Jeg må gjøre mitt beste for at han skal føle seg trygg. Snart ringer det på døra igjen. Jonas lukker opp for faren sin. Vi hilser bare kort, før Jonas drar ham med seg inn på rommet sitt og lukker døra. Jeg lar dem gjerne være for seg selv. Det er akkurat det Jonas trenger. Jeg går tilbake til kjøkkenet, og fortsetter med å lage kaffe.

Etter en liten stund kommer Jonas ut igjen.

– Er det greit at vi drar til pappa?

– Ja, det var en god ide.

Vi avtaler at han skal komme tilbake på søndag. Jeg pakker som vanlig litt klær i skolesekken, og ber om en klem før han går.

Mobilen ringer igjen like etterpå. Det er Anders enda en gang. Han forteller at politiet har gitt ham nummeret til Odin, og at han har ringt og snakket med ham.

– Odin er i Tyskland, forteller Anders. Han drar tilbake til Oslo så fort han kan. Antagelig på søndag. Han fikk så klart et voldsomt sjokk.

– Ja vel, svarer jeg.

– Odin er skikkelig forstyrra, fortsetter han. Det er best om du lar være å ringe han.

– Ja vel, da lar jeg være med det.

Det er fint å slippe å snakke med Odin, men jeg blir litt i tvil. Politiet gir altså nummeret til Odin videre, uten at de tar seg bryet med å ringe ham selv? Jeg rekker ikke å spørre, for Anders fortsetter. Han har snakket med politiet om obduksjonsrapporten.

– De sa det ville ta tre til seks måneder før den er klar. Politiet fortalte dessuten at de har gått gjennom video fra kameraene på stasjonen, siden ingen hadde sett hva som skjedde.

– Hvordan er det mulig? Klokka var jo seks om ettermiddagen?

– Ja, men det var nettopp derfor de måtte sjekke kameraene, forklarer Anders. Videoen viste at Sondre satt alene på en benk ved enden av perrongen. Han satt og så ned. Så reiste han seg opp ganske raskt, og klatra ned stigen til skinnegangen. Togføreren hadde bare så vidt rukket å se Sondre før påkjørselen. Sondre hadde krøka seg ned rett før toget traff.

Anders forklarer detaljert. Jeg blir uvel, som om jeg har fått et slag i magen. Må avslutte samtalen så fort jeg kan.

Uroen slipper ikke så lett taket. Jeg ser plutselig for meg nye bilder av ulykken. Bildene begynner liksom å avspille seg i hodet mitt, igjen og igjen. Jeg klarer nesten ikke å holde kaoset borte, men orker ikke å fortelle moren min hva Anders har sagt. Hun er jo allerede i full oppløsning. Jeg må heller late som ingenting.

– Vil du ha litt mer kaffe?

– Ja, takk.

Hun merker visst ikke noe.

Dekanen ringer like etterpå. Han begynner med å kondolere og unnskylder seg for at han er forsinket med å ta kontakt. Stemmen hans er så myk og behagelig.

– Vi har ferieavviklingen litt sent i år, skjønner du. Vikarpresten vår er heller ikke tilbake før på mandag. Det blir nok henne, vikaren altså, som skal forrette i begravelsen. Men hun er veldig flink.

Presten som skal forrette vil uansett kontakte meg så snart hun er tilbake. Dette skal bli godt ivaretatt. Jeg skal så visst ikke bekymre meg. Han forklarer alt, vennlig og møysommelig. Han har visst full kontroll. Jeg føler angsten slippe taket. Klarer å holde fokus gjennom hele samtalen. Får med meg alt, og svarer høflig.

– Takk for at du ringte.

Snart ringer det på døra enda en gang. Det er et blomsterbud som vil levere en bukett. Jeg tar nervøst imot blomstene, og ber moren min om hjelp. Det er vel noe hun kan klare. Men hun leter bare forvirret rundt i skapene etter en vase. Jeg må gjøre det selv.

Jeg setter blomstene på rommet til Sondre, der jeg slipper å se dem. Jeg kikker på kortet, og ser at det er fra sjefen min. Da har han fått vite hva som har skjedd. Det har nok også Sara, datteren hans. Hun er en av Sondres nærmeste venner.

Moren min får enda mer kaffe, men jeg orker ikke å lage mat. Hun smører noen brødskiver. Jeg vil ikke ha en eneste bit. Mens hun spiser begynner jeg å snakke. Forteller henne alt sammen. Hva dekanen har sagt nå nettopp, hva politiet sa da de var her, hva Anders har sagt, og alt det Sondre sa og gjorde de siste ukene. Det er ikke lett, men jeg må forklare henne alt sammen.

Hun hører på meg, nesten uten å avbryte, men gir meg heller ikke et eneste svar.

– Jeg forstår ikke, sier hun bare.

Etter hvert ser jeg at hun ikke følger med. Hun sitter bare der og ser hjelpeløst fremfor seg. Jeg får ikke lenger noen respons. Til slutt blir jeg også stille.

– Jeg tror jeg må gå snart, sier hun. Ja for det er jo ikke noe mer å gjøre før på mandag. Og jeg må hjem og lage middag til Roy.

Som om stefaren min ikke klarer å lage middag selv? Og hvorfor kom han ikke hit sammen med henne? Men jeg er egentlig likeglad. Orker ikke å snakke mer, og vil ikke ha noe å spise. Tanken på mat gjør meg bare uvel.

Etter at moren min har gått skrur jeg av lysene, trekker for alle gardinene og stiller mobilen på lydløst. Jeg gjemmer meg inne på soverommet, under dyna. Jeg vil bare ha det mørkt og stille, men det hjelper lite mot de kaotiske tankene.

Mens jeg ligger der i mørket strømmer minnene på. Minner fra den siste tiden, og fra tiden da Sondre var liten. Jeg prøver å styre tankene mot gode minner, lykkelige øyeblikk. Øyeblikk da han smilte det strålende, vakre smilet sitt. Morsomme ting han fant på. Kommentarer han kom med, som fikk meg til å le. Men snart dukker det opp vanskelige, vonde minner. Minner jeg skulle ønske jeg kunne slette.

Jeg tenker på en episode som skjedde da Sondre var fire år gammel. Han skulle være hos faren sin den helga. Anders ringte som avtalt lørdag morgen, men jeg skjønte med en gang at noe var galt. Stemmen var engstelig, nesten desperat. Han fortalte at han var på vei for å hente Sondre, men at det hadde skjedd noe helt forferdelig. Da jeg spurte hva det var, knakk han sammen og hulket. *Jeg har drept noen!* Men han hadde jo ikke det. Anders var påvirket av et eller annet. Noe som fikk ham til å hallusinere. Fleinsopp, viste det seg. Jeg var sint og fortvilet over at han kunne gjøre noe så dumt, enda en gang. For dette var ikke første gangen. Det hadde skjedd før, da Sondre var baby og vi fortsatt bodde sammen. Anders var som regel stille når han kom hjem fra fest. Det plaget meg ikke, for jeg ville bare sove, og ta meg av babyen. Men en gang vekket han meg midt på natta. Han var helt fra seg av redsel, og det var vanskelig å forstå hva han sa. Til slutt forsto jeg. Anders følte, eller bare *visste*, at noen av de andre på festen hadde onde hensikter. Det var som om han kunne lese tankene deres, og de snakket til ham telepatisk. Etterpå forklarte han at han hadde tatt en tablett, og at det aldri skulle gjenta seg. Han var uvanlig spak og unnskyldende. Jeg trodde ham.

Men så hadde han altså gjort det igjen likevel. Kvelden før han skulle hente Sondre. Hvordan kunne Anders være så uansvarlig? Og hvordan kunne han ta noe som gjorde ham så panisk redd? Jeg gjenkjente den desperate redselen i stemmen hans. Skjønte at han var på tripp, akkurat som før. Men det var verre å roe ham ned denne gangen, for Anders kunne legge på røret når som helst. Jeg klarte det likevel.

Han forsto etter hvert at det ikke var virkelig, det han hadde forestilt seg. Han hadde ikke drept noen. Han ble lettet over det, men så ble han fortvilet igjen. Nå var det plutselig viktig å holde avtalen om å hente Sondre. Anders hadde grått i halsen. Jeg forsikret enda en gang. Alt var helt fint. Han kunne bare komme senere på dagen, etter at han hadde sovet en stund. Han slo seg til ro med det. Nå ville han legge seg. Han hadde jo vært oppe hele natta, så det var ikke noe rart at han var trøtt.

Hvorfor ringte jeg ikke til politiet den gangen? Jeg kunne ha fått hjelp. De kunne antagelig ha arrestert Anders, om ikke annet så for å kjøre i påvirket tilstand. Jeg burde ha insistert på at han skulle komme til avtalt tid, og deretter ringt politiet. Hvis politiet fikk se ham i den tilstanden, ville de sikkert ha trodd meg. Jeg kunne ha fortalt dem at jeg var redd, at jeg trengte hjelp, og at jeg ønsket å dra til et sted der Sondre og jeg kunne få være i fred. Jeg ser det for meg, så livaktig. Gjendikter historien, langt tilbake i tid. Det var det jeg burde ha gjort. Sondre sa jo at han ønsket jeg hadde kidnappet ham som barn! Hva tenkte jeg på, den gangen? Politiet kunne vel ha tatt seg av Anders? Hvorfor valgte jeg ikke den riktige, fornuftige løsningen? Hvorfor tok jeg ikke sjansen, uansett om jeg var redd? Var jeg så usikker på om jeg ville få hjelp? Hvis jeg hadde gjort det, da ville Sondre ha vært i live i dag! Nå føler jeg meg plutselig helt sikker. Skitt! Hva har jeg gjort?!? Jeg må stille i mitt eget forhør. Hvorfor tok jeg ikke den sjansen? Det var den beste sjansen jeg noensinne hadde. Jeg angrer dypt og inderlig. Blir sint på meg selv. Jeg tok jo ikke muligheten da jeg hadde den! Prøvde heller å unngå enda en konfrontasjon. Var redd for konsekvensene. Noe så feigt!

Men jeg trodde ikke på at politiet ville klare å beskytte meg, den gangen. Anders ville sikkert ha funnet ut hva jeg hadde gjort, og hevne seg. Jeg var livredd. Han truet meg hele tiden. Det var jo han som skulle ha foreldreretten. Og han skulle gå til rettsak, hvis jeg prøvde å holde Sondre unna ham. Han skulle drepe meg. Det hadde han truet med, mange ganger.

Forsvaret er klart. Jeg var livredd den gangen. Aller mest var jeg redd for hva som ville skje med Sondre hvis jeg ble borte. Jeg var redd for at han kanskje måtte vokse opp i et fosterhjem. Det var ingen andre som kunne ta seg av den lille gutten min. Jeg var den eneste han hadde, det skjønte jeg. Foreldrene mine var jo skilt, og begge hadde nok med sitt. Søsknene mine ville heller ikke hatt mulighet til å ta seg av Sondre. Han ville enten ha havnet i et fosterhjem, eller hos moren til Anders, eller hos Anders selv. Uansett, hvis jeg ble borte ville det ha blitt veldig vanskelig. Sondre ville ikke ha tålt det.

Risikoen sto helt klart for meg. Men det var visst ikke noen andre som forsto, eller ville forstå hvor vanskelig situasjonen egentlig var. Foreldrene mine var enige i at jeg var voksen og måtte ta ansvar for meg selv. Så fikk faren min lungekreft. Han døde etter kort tid, like etter Sondres femårsdag. Jeg husker godt hva Sondre sa, da han fikk vite at bestefaren hans var død. *Det viktigste nå er at jeg har det bra.*

Det er lenge siden jeg har trodd på mirakler, men nå ber jeg uansett, på et vis. Gud, vær så snill å skru tiden tilbake så jeg kan ta det riktige valget! Gi meg en ny sjanse, vær så snill! Jeg prøver å finne en tro, men klarer det ikke. Hvis Gud finnes, da må jo dette være hans feil! Hvordan kan han la noe sånt skje?!? Jeg er ikke bare sint, jeg er rasende. Jeg gråter, men mest av raseri. Gråter helt til jeg sovner.

Det er vanskelig å stå opp neste morgen. Heldigvis ringer Annie, ganske tidlig på morgenen. Jeg husker ikke en gang hva jeg sa til henne på telefonen i går. Men nå har hun lagt planer for hva vi skal gjøre i helga. Jeg skal ikke bli sittende innendørs. Vi skal ut på tur. I Nordmarka.

– Det hjelper å komme seg ut i naturen, forsikrer hun.

Annie og jeg går tur hele dagen. Vi snakker sammen mens vi går, nesten uten stans. Går og går, helt til det er nesten mørkt. Jeg orker ikke å lage mat når jeg kommer hjem. Går bare rett til sengs.

Det er lett å sovne, men jeg våkner igjen midt på natta. Blir liggende søvnløs mange timer i strekk.

Det er morgentimene som er verst. Marerittet som er virkelighet gjentar seg hver eneste gang jeg våkner. Jeg får voldsomme flashbacks. Vonde tanker kverner hele tiden, rundt og rundt i hodet mitt. Vanskelige spørsmål strømmer på ustanselig. Jeg finner ingen svar.

Noen ganger er jeg så trøtt at jeg sovner igjen, men det er ingen trøst i det heller. Da må jeg bare våkne enda en gang, med alt det innebærer. Jeg ligger fortsatt i senga, alene i mørket. Tenker fortsatt på hva jeg kunne ha gjort for å forhindre det, og hva jeg burde ha gjort annerledes.

Tankene er nådeløse. Hvis jeg bare kunne slippe unna, på en eller annen måte. Men jeg er fanget i et mørkt, tåkete kaos.

Adrian ringer på søndag. Han gråter kraftig.

– Jeg traff jo Sondre ganske nylig. Bare et par uker siden! De var bestevenner på ungdomsskolen, Sondre og Adrian. Da de begynte på videregående ble Adrian værende igjen på Steinerskolen. De mistet kontakten i flere år. Så møttes de igjen, for cirka et år siden. Jeg husker det godt, for det var i bisettelsen til Benjamin, der vi alle hadde møttes. Benjamin var død i fengselet, av en overdose heroin. Mange av klassekameratene fra Steinerskolen var med i begravelsen. Sondre satt ved siden av meg i kapellet. Han ble litt brydd fordi jeg gråt så mye, og terget meg for det etterpå.

– Det var jo du som gråt mest av alle sammen.

– Men det var så kjempetrist, svarte jeg.

Benjamin var enebarn, og jeg syns så utrolig synd på foreldrene hans. Vi hadde vært venner, alle sammen. Benjamin var ofte hjemme hos oss etter skoletid, spesielt året etter at Jonas ble født, da jeg var hjemme i permisjon. Han var også med på Sondres konfirmasjon, han og Adrian.

Jeg husker den fine minnetalen i bisettelsen. Det var fengselspresten som holdt den. Han snakket om hvor engasjert Benjamin hadde vært i gudstjenestene i fengselet. Moren leste dikt, og faren holdt en egen minnetale.

Skal jeg si noe i Sondres begravelse? Nei, det ville jeg aldri ha klart. Jeg ville ikke ha klart å si et eneste ord uten å bryte sammen.

Søndag kveld kommer Jonas tilbake fra faren sin.

– Har du hatt det fint, spør jeg som vanlig.

– Ja. På veien dro vi til t-banen på Carl Berners Plass.

Jeg blir litt overrasket.

– Hvorfor dro dere dit?

– Jeg ville gjerne se stedet der Sondre døde.

Han ville helst se leiligheten også, men der var det jo låst.

– Vi har ikke nøkler til leiligheten, forklarer jeg.

– Jeg vet det, svarer Jonas. Men jeg ville finne ut helt sikkert om Sondre er død. Jeg tenkte at han kanskje bare fikk det til å se ut som et selvmord, som en *escape*.

– Ja vel? For å komme unna en spillegjeld da, for eksempel?

– Ja, for eksempel, sier Jonas.

– Å ja. Da skjønner jeg hva du mener.

Jeg vil ikke motsi ham. Han må få lov til å forstå hva som har skjedd på sin egen måte. Han er jo bare tretten år. Fantasien må han få beholde så lenge det kan være til hjelp. Jeg føler plutselig at det er en god historie. En historie jeg gjerne skulle ha trodd på selv. Om jeg bare kunne flykte inn i den. Bare en liten stund.

4

FORBEREDELSER

Mandag morgen drar jeg til begravelsesbyrået. Moren min skal hjelpe til, og møter meg utenfor kontoret. Jeg må kanskje kontakte Anders. I så fall vil jeg gjerne slippe å snakke med ham selv. Vi går inn og blir møtt av en tillitvekkende konsulent. Det er ikke vanskelig å velge kiste, kors og tema for dekorasjonene. Alt skal være hvitt og rent.

Konsulenten forklarer at de skal melde inn dødsfallet til skifteretten. Vi fyller ut skjema med personalia.

– Foreldrene arver, så lenge den avdøde ikke hadde barn. Innen ti dager skal det komme brev fra skifteretten. Da vil du kunne søke om fullmakt for innsyn i boet. Dersom det viser seg at boet er av liten verdi kan den som påtok seg omkostningene for begravelsen få en forenklet attest for å gjøre opp boet.

Jeg sitter med notatbok og noterer alt. Byrået må ha skriftlig bekreftelse på at jeg er villig til å ta på meg alle omkostningene ved begravelsen, hvis det er greit.

– Selvfølgelig, svarer jeg.

Jeg er lettet over at det kanskje er mulig å gjøre opp boet uten underskrifter fra Anders.

– Han bor jo heller ikke i nærheten, forklarer jeg. Så det ville ha vært vanskelig på alle måter.

Jeg vil ha minnesamvær i kirka etter begravelsen. Byråets mann må ta flere telefoner for å finne ut av mulige tidspunkt for begravelsen, for så å avtale leie av lokaler.

– Obduksjonen vil føre til forsinkelser, forteller han. Han tar en telefon til Rikshospitalet.

– Vi kan ikke overføre kista fra sykehuskapellet til kirka før på torsdag, melder han. Og siden begravelser bare utføres på onsdager, blir første mulighet altså påfølgende onsdag.

Jeg ser for meg begravelsen som en marerittaktig opplevelse som jeg blir tvunget til å gjennomgå. Som om det ikke allerede er ille nok, det som har skjedd. Nå skal det gå nesten to uker før begravelsen er overstått.

Men det er mye å gjøre. Programmet skal utarbeides. Vi må finne et bilde, og velge salmer, og tenke på musikkinnslag, og avtale med musikere. Vi må også bestemme oss for serveringen ved minnesamværet, og finne ut hvor mye mat som skal bestilles. Til slutt må vi formulere en avisannonse. Det må vi nesten gjøre med det same, sier konsulenten.

Det er dette jeg har vært aller mest engstelig for.

– Sondre har tre halvsøsken, forklarer jeg. I tillegg til lillebroren på min side har han to småsøstre på farssiden, altså Anders to døtre med samboeren Nina.

Byråets mann tar utfordringen på strak arm, og setter opp et utkast der foreldre og halvsøsken på begge sider er navngitt. Det er selvfølgelig best å ha felles annonse. Annonsen bør stå på trykk både i *Aftenposten* og *Adresseavisen*, siden Anders er fra Trøndelag.

Jeg har ikke en eneste innvending, men det er opplagt at vi ikke kan legge ut annonser uten å kontakte Anders.

Vi blir enige om å sende et utkast til e-posten hans, og følge opp med en telefon. Hvis Anders har tilgang til e-posten kan vi kanskje ta korrekturen med det samme. Konsulenten sender mail, og ringer like etterpå. Anders tar telefonen.

– Jo da, han skal se på utkastet og gi tilbakemelding snarest, sier konsulenten etterpå.

Vi får en kopp kaffe mens vi venter. Snart ringer Anders tilbake. Jeg får med meg at han insisterer på at Ninas navn også må være med i annonsen, ved siden av hans eget. Konsulenten forklarer at det ikke er plass på samme linje. I så fall må det kanskje legges inn ekstra linjer for begge steforeldrene?

– Ellers vil det se ut som steforeldrene er gift med hverandre. Anders får beskjed om at det kommer til å bli dyrere med en ekstra linje. Jeg nikker til konsulenten. Det er greit, jeg kan betale. Etter hvert kommer de visst til enighet, og konsulenten legger på.

– Det var som å snakke til veggen.

Møtet med begravelsesbyrået har vart i flere timer. På vei ut ringer mobilen. Det er Odin.

Jeg må først forklare hvorfor jeg ga nummeret hans videre, heller enn å ringe. Jeg vil at Odin skal ha tillit til meg, og jeg er usikker på hva Anders kan ha sagt.

– Jeg ga nummeret ditt til politiet fordi de ba om det, sier jeg. Politiet må ha gitt det videre til Anders. Håper det ikke var vanskelig for deg?

– Nei da, svarer Odin. Jeg er bare så utrolig sjokkert og lei meg. Jeg måtte så klart avbryte Tysklandsturen. Jeg kjørte tilbake nesten med det samme.

Odin forteller at han tror Sondre skrev noe på et ark som han deretter brant opp.

– På stuebordet fant jeg rester av brente papirbiter. Og et tau også. Og på badet fant jeg en teppekniv.

Odin tar til tårene. Han gråter så kraftig at det blir vanskelig å forstå hva han sier. Men det er tydelig at han ikke orker å dra tilbake til leiligheten.

– Har du noe annet sted å bo?

– Jo da, jeg kan bo hos kjæresten min inntil videre.

Men han er allerede sikker på at han ikke klarer å fortsette å bo i leiligheten.

– Det er uansett bra at du har noen å bo hos akkurat nå, så du slipper å være alene.

– Jo da, hulker Odin.

– Vi skal nok ta oss av leiligheten. Men akkurat nå er vi midt i planleggingen av begravelsen.

Jeg ber Odin notere tid og sted, og forklarer at det kommer til å bli minnesamvær i kirka like etter begravelsen.

– Jeg driver cateringfirma, sier Odin. Jeg kan levere snitter.

Jeg takker for tilbudet.

– Kan jeg ringe deg tilbake om et par dager?

Jeg vil gjerne ha tilgang til leiligheten, så snart Odin er klar til å dra tilbake. Det er viktig å få undersøkt stedet, ikke bare for å lete etter avskjedsbrev, men for å se etter tegn på hva Sondre hadde foretatt seg. Det er viktig, men hva kommer jeg til å finne der? Hvordan kommer jeg til å takle å komme inn i leiligheten?

Jeg ringer Annie og ber om hjelp.

– Så klart jeg kan stille opp, svarer hun. Men det må bli på lørdag når jeg har fri.

– Ja, det er greit. Så får Odin tid til å roe seg ned. Jeg kan jo ikke tvinge ham heller. Det er han som har nøklene, og det er hans leilighet, også.

Etter møtet hos begravelsesbyrået får vi det travelt. Vi må gi beskjed til så mange som mulig om tid og sted for begravelsen.

Søsteren min og begge guttene hennes skal komme fra Spania. Hun vil gjerne bestille billetter så fort som mulig. Så er det broren min som skal fly fra Trondheim, og lillesøster med familie som skal komme med bil fra Vestlandet. Vi diskuterer hvor alle skal bo. Moren min må koordinere. Hun har jo god plass i huset sitt, og det er bare en halvtimes kjøretur unna. Hun ringer etter hvert alle sammen.

I mellomtiden får jeg også en oppringning. Det er studentpresten. Hun forteller at hun kommer til å ta seg av informasjonen til medstudentene på instituttet.

– Vi vil legge ut en protokoll, forteller hun. Altså en bok som studentene kan skrive sine siste hilsener i. Jeg skal sende den til deg etter begravelsen. Det er nok mange av medstudentene som vil komme i begravelsen.

Jeg forteller henne hvor og når begravelsen skal finne sted. Hun vil nok komme selv også, sier hun.

Det viser seg at studentpresten kjenner Sondre.

– Jeg er moren til Mia, sier hun.

Jeg husker selvfølgelig Mia. Hun var en av Sondres beste venner på videregående. Det er altså moren til Mia jeg snakker med. Dette er en del av jobben hennes, men det er tydelig at hun er preget av det som har skjedd. Hun faller en stund litt ut av den profesjonelle rollen, og forteller hvor dypt sjokkert de er, hele familien.

Jeg tenker på de andre vennene til Sondre. Hvordan skal jeg få gitt dem beskjed om begravelsen? De har nok ikke for vane å lese dødsannonsene i avisen.

Jeg åpner laptopen og går gjennom Sondres venneliste på facebook. Han har hundrevis av facebook-venner, men det er ikke mange av dem jeg har truffet. Jeg kjenner egentlig bare barndomsvennen Adrian, og MJ og Sam fra basketlaget, og Sara, Mia og Mikkel fra videregående. Jeg har også hørt mye om Victoria. Både fra tiden på Hartvig Nissen og senere, spesielt det siste året. Det var Victoria som inviterte Sondre med på Asia-tur i fjor vinter.

Jeg sender venneinvitasjoner til alle sammen. Sam svarer raskt. På veggen sin har han allerede lagt ut en liten video av Sondre fra en tur med basketlaget.

Sam studerer i Toronto, og kan ikke komme i begravelsen. Jeg svarer selvsagt forståelsesfullt, men han unnskylder seg likevel. Han vil så gjerne at jeg skal vite hvor mye Sondre betydde for ham. Vennskapet i basketlaget, og alle turneringene. Sam forteller at han og Sondre dro på sin første konsert sammen. Det var på Sentrum Scene, og de hadde bare så vidt fylt atten. Året etter flyttet Sam og familien hans til Uganda. Flyttingen var ikke lett for Sam, og han var kjempeglad for å få besøk av Sondre.

– Ugandaturen var en opplevelse for Sondre også, sier jeg. Det var den aller første utenlandsturen han dro på alene. Han kom tilbake og fortalte at du bodde i et palass.

På facebook-veggen til Sondre finner jeg en lang rekke meldinger. *Hvil i fred*, står det på de fleste av dem. Jeg har aldri sett meldinger som dette på facebook. Så vanskelig det er å beskrive følelser. Men det er selvfølgelig her jeg kan nå de aller fleste av Sondres venner og bekjente.

Jeg må legge ut en melding på Sondres vegg med informasjon om begravelsen. Det tar lang tid å skrive den, for jeg har jo ingen mal, og hvert eneste ord må være riktig. Til slutt legger jeg meldingen ut. Det står bare tid og sted for begravelsen, at alle er velkommen, og at det blir minnesamvær etterpå. Det må vel holde. Neste oppgave er enda verre. Salmer til begravelsen. Vi må velge ut tre eller fire salmer, har dekanen sagt. Finnes det noen salmer som ikke handler om Jesus? Det viser seg at moren min ikke husker mer enn en håndfull salmer. Alle handler selvfølgelig om Jesus. Jeg forstår jo at hun ikke makter å hjelpe meg, men jeg blir irritert på henne likevel. Hun blir også irritert, og setter seg etter hvert på stua for å se på TV sammen med Jonas. Jeg fortsetter letingen på laptopen ved kjøkkenbordet. Snart blir hun rastløs. Jeg hører at hun ringer Roy for å bli hentet.

– Han kommer om en halvtime, sier hun etterpå.

Idet hun skal gå får jeg vite at hun må på jobb neste dag.

– Det går vel greit?

– Jo da, mor. Takk for hjelpen i dag, da.

Jeg prøver å være høflig og grei. Prøver så godt jeg kan å skjule skuffelsen.

Neste morgen kommer presten på besøk for å snakke om begravelsen. Hun skal forberede seg til å skrive minnetalen om Sondre. Hun får hilse på Jonas, og jeg forteller at faren hans er buddhist.

– Ingen av oss er medlemmer av statskirka, men det er absolutt ikke noe problem med en kirkelig begravelse. Vi vil bare tone ned noen av de kristne symbolene. Alt må bli riktig, i forhold til hva Sondre ville ha ønsket.

Presten er forståelsesfull. Hun har vel ikke forventet at jeg er noen trofast kirkegjenger. Vi finner likevel en god tone. Jeg viser henne bilder fra fotoalbumene, og snakker i flere timer om Sondre og det han fikk oppleve gjennom barndommen og oppveksten. Hun får også nummeret til Anders. Presten vil snakke med ham før hun setter seg ned for å skrive. Deretter skal hun sende et utkast til oss begge. Hun vil gjerne at vi leser gjennom og retter på det, så alt skal bli riktig.

Presten har fått vite at vi skal hente kista fra Rikshospitalet på torsdag. Den skal kjøres til mottakskapellet som ligger vegg i vegg med kirka.

– Jeg vil gjerne være der for å ta imot dere, sier hun. Dekanen vil være der også.

Jeg takker henne oppriktig mens hun gjør seg klar til å gå.

Jeg har enda en oppgave denne dagen. Jeg må ringe politiet og be dem om å returnere bildet de har fått låne. Det viser seg at det må hentes på politihuset på Grønland. Jeg får beskjed om å ta kontakt på et mobilnummer så snart jeg er framme.

Det er en kvinnelig betjent som har ansvar for saken. Hun kommer ned i vestibylen med bildet. Jeg spør om det vil ta lang tid å få obduksjonsrapporten. Hun bekrefter at det kan ta inntil seks måneder. Så vil hun gi meg noe mer, sier hun. Først leverer hun meg Sondres studentkort. Jeg legger det i veska.

– Jeg har noe annet også. Kjenner du igjen denne? Hun viser meg en lommelykt.

– Ja... svarer jeg usikkert.

Hun forteller at de fant den ved siden av Sondre da de gikk inn i tunnelen for å hente ham ut.

Det er ikke vanskelig å kjenne igjen lommelykta Sondre fikk i gave av faren for mange år siden. Jeg vil selvsagt ha den.

– Har du noe å bære den i?

Betjenten er plutselig hjelpsom.

Jeg har ikke det, så jeg får en konvolutt. Hun oppfatter antagelig hvor sjokkert jeg er. Dette med lommelykta var jeg helt uforberedt på. Det fører meg veldig nært inn på hva Sondre tenkte de siste minuttene.

– Vi kunne vel ha gått på kontoret mitt, sier hun.

– Det går greit, svarer jeg høflig.

På t-banen hjem blir jeg sittende i dype tanker. Hva tenkte Sondre før han forlot leiligheten? Han hadde tatt med seg akkurat det han trengte. Studentkortet for å bli raskt identifisert. Lommelykta for å kunne se når han gikk inn i den mørke tunnelen.

Han hadde planlagt det som skulle skje. Men hvorfor? Hvordan kunne han finne på å gjøre noe sånt? Hva tenkte han om selve påkjørselen, eller risikoen for å bli invalid? Og hva tenkte han om oss som han forlot? Hva med lillebroren og meg? Forsto han at det ikke var noen vei tilbake?

5

VENNER OG FAMILIE

Samme kveld får jeg en uventet tekstmelding:
Heihei. Dette er mariann, jeg er en god venninne av sondre. Du og familien har min dypeste medfølelse. Det er utrolig ondt, og vi elske han utrolig høyt. Om det er noenting eg kan gjøre i forhold til begravelse eller samtala er det bare å ringe. Sondre var så viktig for så mange, verdens snilleste og fineste fyr. Sender en stor klem til dere - mariann.

Jeg svarer:
Tusen takk! Det er så ufattelig. Strever med å forstå at det har skjedd. Marie Hansen vil synge i begravelsen. Vi prøver å finne en sang. Vet du om noen? Klem

Mariann skriver tilbake:
Eg sitt her med mange venna, vi skal tenke på forslag til sang. Hilse så mye fra alle.

Jeg er glad for at venner av Sondre tar kontakt. Det har ikke noe å si at jeg aldri har truffet dem før. Jeg føler at vennene sitter med nøkkelen til å forstå hva som har skjedd. Jeg vil vite mest mulig. Vennene kan sikkert fortelle meg ting. Og det er det aller viktigste for meg. Jeg må vite.

Ninas mor, Edith, sender meg også en melding. Hun tilbyr seg å hjelpe til med begravelsen. Det er rart å snakke med henne nå, etter alle disse årene uten kontakt.

9/18, 5:08pm
Edith
Jeg vil ringe deg om det praktiske som også vi kan hjelpe med. Småjentene tar det veldig tungt de også. Vi tenker mye på dem og på lillebroren. De fikk lørdag vite at Sondre var påkjørt og mandag fikk de vite at han ville det selv. De nye vennene og lærerne viser stor forståelse og omsorg. De kommer til meg i helga.
Edith ringer som lovet litt senere på dagen og har mange idéer til minnesamværet, blant annet en billedkavalkade. Det er problemer med telefonen hennes og jeg har i tillegg vanskelig for å få med meg alt hun sier, så jeg foreslår at vi fortsetter samtalen på facebook.

9/19, 5:50am
Ingrid
Det var fint å snakke med deg. Jeg skal snakke med lillesøsteren min om billedkavalkaden. Hun er mer inne i det med foto og digitalisering av gamle papirbilder. Jeg skal også snakke med presten om det fins utstyr i kirken.

9/19, 12:39pm
Edith
Både jeg og Nina har digitale foto som vi kan sende dere. Som jeg sa deg har jeg fremviser og lerret. Jeg var lærer og er web-ansvarlig i historielaget så jeg sitter inne med kompetanse på å arrangere møter med bilder. Jeg fikk en ide siden dere disponerer to rom (kirkestua tar bare 70, ser jeg): det ene rommet har mat og evt. taler, det andre har kondolanseprotokoll + bilde av Sondre med mulighet for å tenne telys (konkret sorgbearbeiding for ung-dommene) og en bildepresentasjon som går i sirkel. Evt. svak musikk på CD-spiller. ELLER vise bildene på rommet med maten FØR vi spiser. Jeg er veldig redd for at Anders skal føle at jeg bryr meg. Jeg kan bare ikke la være å tenke på dette hele tiden.

9/19, 1:33pm
Edith
Vær så snill å drøfte bilder med Anders. Han har sikkert mange følelser rundt dette. Vil ikke at han skal bli lei seg.

. . .

Inntil dette har jeg prøvd å være imøtekommende. Jeg har kontaktet dekanen om lerret og fremviser. Han har sagt at de har utstyr og kan hjelpe til med å sette det opp. Men med den siste meldingen setter jeg strek for hele prosjektet. Det er ikke først og fremst det ekstra arbeidet hun vil pålegge meg. Det er beskjeden om at jeg må diskutere bildene med Anders. Hvis hun vil at jeg skal lage billedkavalkade må hun vel selv kunne ta ansvaret for at Anders ikke blir lei seg? Hva med meg? Tenker hun på om jeg blir lei meg? Og hva mer er det å bli lei seg for nå? Evner hun å forstå hvordan jeg har det, som må organisere begravelse for mitt eget barn? Hun kan tenke hva hun vil. Dette holder jeg meg langt unna.

De neste dagene fortsetter oppgavene å strømme på. Kontaktlæreren til Jonas vil snakke med meg om hvordan de andre elevene skal informeres. Helsesøster kommer på banen. Jeg må delegere oppgaver på jobben også. Flybilletter må avbestilles. Så må jeg gjøre avtaler med musikerne som skal synge og spille i begravelsen.

Jeg må også følge opp med Odin. Vi avtaler å møtes på lørdag kl. 12, utenfor leiligheten i Carl Berners Plass. Det er mye å holde styr på, men jeg klarer å holde det gående.

Torsdag skal vi hente kista. Den skal kjøres fra Rikshospitalet til kapellet. Det er visst det man kaller det, å *hente kista*. Som for å unngå å si at vi skal hente den avdøde.

Konsulenten hos begravelsesbyrået forteller hvordan det skal gjøres. Vi skal møte opp med bil ved kapellet på Rettsmedisinsk Institutt. Vi skal ha med roser som vi skal legge på kistelokket som *et siste farvel*. Søsteren min og guttene hennes har kommet fra Spania, men det er ikke plass til alle i bilen til Roy. De må vente ved kirka.

Vi er nervøse alle sammen, og kommer altfor tidlig til Rikshospitalet. På parkeringsplassen får vi en brikke som skal settes på biltaket når vi skal følge etter bilen med kista.

Inne i kapellet er alt bare uhyggelig, vondt og trist. Synet av den hvite kista er helt forferdelig. Det slår meg plutselig med full tyngde at Sondre ligger inne i kista. Uroen skyller gjennom meg. Jeg føler at vi må komme oss ut herfra så fort som mulig.

– Vi drar, kommanderer jeg. Vi kan legge på rosene senere. Kista blir båret raskt ut av kapellet. Stefaren min hjelper til å plassere den i bilen fra begravelsesbyrået. Vi setter oss inn i følgebilen og kjører av gårde. For en gangs skyld er alle helt stille. Når vi nærmer oss kirka blir jeg litt roligere. Nå tar vi med Sondre hjem. Nå får vi ham endelig i trygghet. Han har kommet til et sted der sjelen hans kjenner seg igjen.

Vi kjører forbi fotballbanen der han trente som liten, ned sideveien vi alltid krysset når vi gikk tur i helgene. Så passerer vi veikanten der han sto og solgte juletrær i fjor vinter. Jeg hadde kjøpt varmedress til ham, og besøkte ham med kaffe på termosen og skinnvotter.

Det er fint at det er hit vi skal, til et sted der han er hjemme. Inne i kapellet legger vi endelig rosene fra oss på toppen av kista. Det er så vidt jeg klarer å gå helt bort til den. Treverket lukter av furu, og jeg trekker inn lukten. Det er så utrolig vondt. Jeg tar på kista. Bare så vidt. Den er virkelig. Endelig kommer tårene strømmende. De andre går etter hvert, men jeg blir stående enda en lang stund. Dekanen venter tålmodig.

Samme natt drømmer jeg om Sondre. Det begynner med en sterk følelse av at jeg har funnet ham. Jeg fant Sondre! Jeg roper med det samme jeg ser ham. Det er en stor lettelse. Jeg skynder meg. Idet jeg når fram ser jeg at han er liten, omtrent tre år, og sitter i en tvilling-trille sammen med fetteren, Ennio. Begge guttene er blide og fornøyde. De er så søte og små der de sitter, Sondre til venstre og Ennio til høyre. Trilla står øverst i trappa, ved en vannkilde.

Det er et kjent sted, i Spania. Jeg var ved kilden for et par år siden, sammen med søsteren min. Vi var i en liten landsby oppe i fjellet, på en dagstur. Jeg fant kilden helt tilfeldig mens vi vandret rundt i landsbyen. Vi drakk av vannet. Det var en spesiell, rolig, stemning der.

I drømmen føler jeg en intens glede når jeg oppdager Sondre ved siden av denne kilden. Det er det første jeg husker. Jeg føler ikke at jeg har vært engstelig fordi han var borte, men det har jeg nok vært. Nå er jeg både lettet og glad. Han har det helt fint. Sondre er trygg, og jeg har funnet ham.

Neste dag ligger det to brev i postkassa. Det ene er fullmakten fra skifteretten. Det andre er fra begravelsesbyrået. Det gjelder eiendeler av Sondre som har blitt overført fra Rikshospitalet. Nå kan de hentes på hovedkontoret på Grefsen, mot fremvisning av fullmakt. Jeg vil ha dette overstått så snart som mulig. Det er for seint i dag, men kanskje i morgen tidlig, før avtalen med Odin i leiligheten? Jeg finner kontortidene. Det er heldigvis åpent på lørdager.

Broren min kommer. Han gir oss begge en god klem. Thomas er som en klippe akkurat nå.

Jeg viser ham inn på rommet. Han skal bo på Sondres rom. Mens vi er på tomannshånd forklarer jeg at jeg må til leiligheten neste dag, og spør om han kan ta med seg Jonas på tur mens jeg er der.

– Han ville jo så gjerne se leiligheten, men det kan ikke skje nå, for jeg vet ikke hvordan det ser ut der. Det er best om han ikke får vite at jeg drar dit uten ham, ellers ville han bli skuffet.

Thomas er helt enig. Og Jonas blir glad når vi forteller at han skal få bli med onkel Thomas på tur.

– Hvor skal vi dra? spør Thomas jovialt.

Neste morgen drar de tidlig av sted. De har planlagt en hel dagstur. Jeg drar like etterpå. Først til begravelsesbyråets hovedkontor. Nervene står på høykant. Hva slags eiendeler er det jeg skal få denne gangen?

Det viser seg at jeg kun får utlevert et sett med nøkler i en ziplock-pose. *Høyre bukselomme*, står det på posen. I tillegg er det et nummer, antagelig et saksnummer hos politiet.

Det er en lettelse at jeg har fått akkurat det jeg trenger. Nå har jeg altså nøkler til leiligheten. Det er ingen grunn til å avlyse avtalen med Odin, men jeg har i hvert fall nøkler selv, i tilfelle jeg trenger det. Jeg er ikke lenger avhengig av Odin.

Klokka tolv skal Annie og jeg møte opp utenfor leiligheten for å treffe Odin. Jeg kommer med trikken til Carl Berners Plass, rett fra begravelsesbyrået. Annie kommer kjørende. Vi er tidlig ute begge to, og treffes allerede klokka elleve, på bakeriet rundt hjørnet. Det viser seg at det er folksomt på bakeriet. Jeg gruer meg til å snakke med Odin på et offentlig sted. Men så kommer jeg på at en venn av meg faktisk bor tvers over gata. Ja, så klart.

Jeg ringer og ber pent om en tjeneste. Vi trenger bare et sted å møtes i ro og fred. Han er heldigvis hjemme, og alt klaffer. Vi kan komme når som helst.

Litt senere kommer Odin. Vi gir hverandre en klem, selv om vi bare så vidt har truffet hverandre før. Odin gir meg et sett nøkler. Jeg gir dem videre til Annie og forklarer at det er hun som skal inn i leiligheten, mens vi to drar på et lite kaffebesøk. Deretter krysser vi gata og ringer på. Vennen min slipper oss inn, serverer kaffe og går ut like etterpå, i et ærend. På den måten kan Odin og jeg prate uforstyrret.

Jeg har mange spørsmål, og Odin har også en god del på hjertet. Han forteller at han ble kjent med Sondre høsten 2009 i Trondheim, i forbindelse med studentradioen. Sondre hadde nettopp flyttet til Trondheim for å studere ved NTNU, og ville gjerne bli med i radioen.

– Jeg var PR-sjef for radioen, forteller Odin. I januar 2010 skulle jeg og en venn som heter Elias flytte ut av en leilighet vi delte, i et gammelt hus i Innherredsveien. Da fikk Sondre og Mikkel overta rommene våre. Det var tre soverom i leiligheten, og de delte med ei jente som heter Stina.

Jeg forteller Odin at jeg faktisk var på besøk hos Sondre i Innherredsveien. Det var like etter at han flyttet inn, i påsken 2010, mens Mikkel og Stina var på ferie. Sondre fortalte at jeg var den første av foreldrene som kom på besøk. Det var tydelig at han satte pris på at jeg kom.

– Særlig etter at jeg vaska ned badet og kjøkkenet.

Odin må ta en telefon. Mens han snakker får jeg tid til å tenke tilbake på besøket hos Sondre i Trondheim.

Vi hadde kranglet en god del, Sondre og jeg. Jeg var veldig glad for å se ham, men misfornøyd med røykingen hans. Han hadde jo lovet å slutte før han dro hjemmefra, men det var tydelig at sigarettforbruket heller hadde økt. Sondre nevnte også litt spøkefullt at naboen deres var en gammel hippie som det ryktes drev med hasj-salg. Sommeren etter var Sondre hjemme i ferien. En dag kom jeg tilfeldigvis hjem fra jobben litt tidlig, og oppdaget at Sondre satt og røykte hasj på balkongen. Han stumpet den lynraskt da han så meg, men lukten var ikke til å ta feil av. Jeg spurte litt skarpt hva han drev med.

Sondre merket nok hvor skuffet jeg var. Han beklaget på det sterkeste. *Det skal aldri skje igjen*, lovet han. Jeg spurte ham rett ut om han røykte mye hasj, men han forsikret at det bare hendte en sjelden gang. Jeg ba ham være fornuftig, men uten noe større dramatikk.

Det var i bunn og grunn røykingen i seg selv jeg var mest redd for. *Du vet jo at bestefaren din døde av lungekreft*, formanet jeg stadig. Sondre var klar over risikoen, og forsikret hele tiden at han prøvde å slutte. Det siste året hadde han sagt at han var nede i en sigarett om dagen. Nå er det visst på tide å revurdere.

Odin røyker også. Lukten var tydelig da jeg ga ham en klem. Odin røyker, og det er kanskje mer enn tobakk.

– Røykte Sondre mye hasj?

Jeg spør med det samme, i det øyeblikket Odin legger på. Han får ikke tid til å tenke seg om.

– Det ble nok altfor mye i Trondheim, svarer han. Men ikke så mye her i Oslo, etter at vi kom tilbake.

Han ler en nervøs liten latter.

Jeg setter på meg en uberørt mine. Odin merker sikkert ikke hvor opprørt jeg egentlig blir. Han fortsetter fortellingen sin, om vennskapet med Sondre.

Sommeren 2011 dro Odin, Sondre og Elias på ferie til USA.

– Jeg har så klart hørt om USA-turen, sier jeg. Men Sondre sa ikke akkurat hvem han reiste sammen med. Han fortalte bare at det var et par venner fra Trondheim.

De tre vennene hadde leid en bil og kjørte helt fra Colorado til California, og tilbake igjen.

– Det var søstera mi vi besøkte i Denver, forklarer Odin. Jeg kommer inn på boten Sondre fikk den gangen.

– Jo da, vi kom ut for en fartskontroll i Nevada, og ble stoppet mens Sondre holdt en åpen ølboks i hånda. Dette med åpne beholdere med alkohol i bil er visst ulovlig i den staten.

– Ja, og i tillegg var ikke Sondre gammel nok til å drikke alkohol engang.

Han var bare tjue år. Jeg husker Sondres kommentar den gangen. I USA er attenåringer gamle nok til å drepe folk i Afghanistan, men for unge til å drikke øl.

Odin husker hvordan de lo med det samme de ble stoppet av politiet.

– Helt til vi fikk vite at vi kunne bli fengslet. Da ble vi plutselig alvorlige.

Etter USA-turen flyttet Odin hjem til Oslo. Det var altså året før Sondre også flyttet tilbake.

– Men vi hadde ikke så mye kontakt før nå i sommer, forteller Odin. For det var i begynnelsen av august at jeg flytta inn i leiligheten.

– Ja, jeg hørte det, sier jeg. Det var vel etter at den forrige leieboeren flytta ut. Vet du hva han het, han som bodde der før deg?

– Ingen anelse, svarer Odin. Men han var ikke noen venn, bare en tilfeldig fyr. En bekjent kan man vel si.

– Du var jo i Tyskland da det skjedde, fortsetter jeg. Når var det du så Sondre for siste gang?

Odin blir alvorlig.

– Det var om ettermiddagen, dagen før jeg dro til Tyskland. Jeg har så dårlig samvittighet fordi jeg lot Sondre være igjen alene. Men, du skjønner at jeg fikk en forespørsel om å kjøre noen til en festival der nede. Det var ganske godt betalt, det var derfor jeg gjorde det. Sondre fikk vite om turen dagen før. Da ble han veldig ute av seg. Det var ikke noen krangel akkurat, men Sondre fikk et sånt tomt uttrykk i ansiktet da jeg fortalte at jeg skulle dra. Og så bare tok han jakka og forlot leiligheten, uten et ord.

Dette var siste gang Odin så ham. Sondre var borte hele natta, og Odin dro til Tyskland neste morgen.

– Sondre overnatta hos meg da dere hadde kranglet forrige gang, sier jeg.

– Ja, Sondre bare tok jakka og gikk den gangen også. Men vi hadde ikke krangla, insisterer Odin. Og jeg prøvde å finne ut hvor han var. Jeg ringte flere i vennegjengen, og de ringte også rundt til andre venner.

Ingen hadde fått kontakt med Sondre. Likevel dro Odin av gårde neste morgen som planlagt, uten å vite hvor Sondre var.

– Men hvorfor ble Sondre så opprørt over at du skulle til Tyskland?

Odin har fortsatt ingen svar. Gjentar bare gråtkvalt at han angrer så fryktelig på at han dro.

Jeg kan ikke spørre mer om dette. Det er best å skifte tema.

– Sondre likte jo ikke å gå med dress, sier jeg.

– Nei, svarer Odin. Men jeg tvang ham noen ganger til å ta på seg dressen når vi skulle feire noe i forbindelse med radioen.

– Jeg tenkte egentlig mer på julefeiringene, fortsetter jeg. Du skjønner, faren til Sondre lot ham aldri slippe unna forpliktelsene. Han måtte alltid feire annen hver jul hos faren, til og med etter at han hadde fylt atten. Snakket Sondre noen gang om forholdet til faren, om at det var vanskelig?

– Nei, men så var ikke Sondre særlig åpen om privatlivet. Jeg husker bare at Sondre kalte ham *en god far, men en dårlig arbeidsgiver*.

Dette er noe jeg har hørt før, helt ordrett. Men det er flere år siden, før Sondre dro til Trondheim. Det var den gang han jobbet for Anders i feriene. Sondre hadde jo ikke hatt sommerjobb hos faren etter at han begynte å studere. Når hadde han sagt dette til Odin? Kan de ha kjent hverandre mens Sondre fortsatt bodde hjemme hos meg? Men Odin sa at det var via studentradioen de ble kjent.

Jeg gir ikke opp. Odin har tross alt delt leilighet med Sondre hele den siste måneden. Han må vel ha merket noe utenom det vanlige?

– Sondre var veldig nedfor i begynnelsen av august, fortsetter jeg. Da gråt han og fortalte at han skulle ønske jeg hadde kidnappet ham som barn.

– Gråt han? spør Odin overrasket. Jeg har aldri sett Sondre gråte. Det gjorde han aldri.

– Men han gjorde det den ene gangen. Jeg tror Sondre var veldig nær ved å løsrive seg fra faren. Veldig nær.

Odin svarer ikke. Han har merkelig nok ingen ting å si, hverken til den siste kommentaren min, eller til dette med kidnappingen.

– Faren hans forventet at Sondre skulle være med på å flytte familiens båt til Trøndelag i sommer, til tross for at det kolliderte med obligatoriske feltkurs.

– Ja, svarer Odin. Jeg reagerte på at faren brukte småjentene til å ringe Sondre og fortelle hvor mye de savnet ham.

Han bekrefter at Sondre hadde avlyst båtturen, men til gjengjeld hadde han hjulpet til med pakkingen.

– Sondre lempa kasser for faren en hel uke i juli.

Odin vet visst ikke mer. Eller vet han noe han ikke vil ut med? Er det virkelig sant at han ikke forsto at noe var galt? Det er vanskelig å si. Jeg la heller ikke merke til noe unormalt da jeg snakket med Sondre samme dag som han døde. Men rett etter ferien merket jeg tydelig at noe var galt.

– Det er så utrolig vanskelig å forstå at han tok et sånt valg, sier jeg fortvilet. Uten å fortelle meg noe, eller legge igjen en beskjed i det minste!

Odin er like uforstående.

– Sondre begynte til og med å jogge i sommer. Han dro med seg både meg og en venn ved navn Alex på joggetur rundt Sognsvann. Ja, det skal være visst at Alex trenger litt mosjon. Sondre ville gjerne komme i form, så han meldte seg på treningsstudio også.

– Hvordan var det med økonomien?

– Han hadde alltid god orden på sånt, svarer Odin. Det var mulig at Sondre ikke fikk noe studielån dette semesteret. Han var uheldig og strøk til eksamen, og vi snakket om at det kunne komme til å bli vanskelig uten studielån. Men det var ikke noe alvorlig problem. Sondre tjente en god del penger på bitcoins. Det har jeg også gjort.

– Bitcoins, hva er det?

– Det er en elektronisk valuta, forteller Odin. Du skjønner, verdien på Bitcoins har steget mye, helt fra to dollar i starten til over 150 dollar nå.

Annie ringer og melder at hun er ferdig med jobben. Odin forteller at han uansett må gå snart, for å rekke en avtale hos psykologen. Det er en privat psykolog, så det er ikke billig. Men moren hans betaler.

– Jeg har gått i terapi ganske lenge, sier han. Men ikke så ofte. Det blir nok oftere nå.

– Ja, det er så klart forståelig.

Før vi går ber jeg Odin gi beskjed hvis Anders tar kontakt med ham igjen. Vi må etter hvert hente eiendelene til Sondre, og det må vi gjøre sammen, siden vi begge er arvinger.

– Det skal jeg huske, lover Odin.

Vi møter Annie utenfor. Hun gir Odin nøklene. Hun forteller at hun har tømt søppelet, ryddet kjøkkenet og tatt oppvasken. Hun har også fjernet en teppekniv fra en speilhylle på badet, og tatt med en rull med tau som hun fant på stuebordet.

Odin skal til å gå. Jeg må finne ut om det er noen andre jeg kan snakke med.

– Er det noen av vennene jeg kunne snakke med for å finne ut mer?

Odin nevner flere navn som jeg skriver ned på en lapp. Det er Elias, Mikkel, Mariann og Jacob. Mikkel og Mariann har jeg allerede på lista.

– Alle sammen er på facebook, sier Odin. Alle unntatt Jacob.

Etter at Odin har gått, forteller Annie mer. Hun har gjennomsøkt leiligheten etter beskjeder fra Sondre, uten å finne noe. I tillegg har hun tatt med seg laptopen hans, lommeboka, to mobiler, og noen papirer. Hun har også fått med seg alle minnepinner og eksterne harddisker. Hun har med andre ord tatt alt som kan inneholde informasjon, nøyaktig som bestilt. Alt er i bagasjerommet i bilen, pakket ned i noen plastbokser.

Vel hjemme hos meg går vi gjennom alle sakene. Taurullen som lå på stuebordet er fortsatt innpakket i plast. Den er kjøpt hos Claes

Olsson. Annie drar fram en blokk med notatpapir. På det siste arket står det skrevet med store bokstaver:

SORRY TIL DE SOM MÅTTE SE DET. VIRKELIG.

Det ser ut til å være skrevet veldig raskt. Man kan se at han har begynt å skrive en G i stedet for en K i det siste ordet. Men det er lett å kjenne igjen Sondres håndskrift. Dette var de siste ordene han skrev. Det gjør vondt å lese dem.

Sondre hadde stor omtanke for andre. Men hva med meg, og hva med lillebroren? Tenkte han på oss? Han tenkte jo på tilfeldige forbipasserende. Da kan han vel ikke ha glemt lillebroren sin, i hvert fall?

Annie har tatt med en hel boks med papirer. Jeg går gjennom en mappe som gjelder seilbåten.

Sondre fortalte at båten var en gave fra faren. Papirene viser at båten har tilhørt Ninas eldste bror, Carl. I mappen ligger det en håndskrevet kontrakt der det står at båten overdras fra Carl til Sondre. Prisen for båten er *3 sigaretter og en lunka CB.*

Vi finner også et skjema for søknad om medlemskap i Revierhavna Båtforening på Hovedøya. Skjemaet er ikke ferdig utfylt. Det mangler opplysninger om to faddere som må til for å støtte medlemskapet.

– Jeg fant båtnøkkelen også, sier Annie.

Hun åpner en annen boks, og drar fram en nøkkel som er festet til en stor kork.

– Men hva skal jeg gjøre med dette? Jeg kan jo ikke ta meg av seilbåten nå.

– Nei, det kan du ikke, svarer hun.

– Og dessuten er det viktig at boet er av liten verdi, for da slipper jeg å forholde meg til Anders. Hvis det blir noe tvil om boets verdi kan det bli vanskelig.

– Ja, svarer Annie. Du har nok rett.

– Denne båten var liksom en gave fra Anders til Sondre. Han kan ta den tilbake, hvis han vil ha den. Jeg vil legge papirene og nøkkelen tilbake.

– Ja, men først bør du ta kopi av papirene, foreslår Annie.
Ja, det var en god ide.
– Jeg drar til leiligheten i morgen tidlig, sier jeg. Jonas ville så gjerne se den. Nå som det er ryddig og jeg har nøkler, kan vi dra dit begge to og se oss om. Og så kan jeg legge tilbake papirene og båtnøkkelen samtidig.

Vi tar bussen til Carl Berners Plass tidlig neste morgen, Jonas og jeg. Vi låser oss inn i oppgangen og går opp alle trappene. Med det samme vi kommer inn i leiligheten kan jeg merke at Annie har gjort en god jobb. Stemningen er ikke uhyggelig, men heller nesten koselig. På kjøkkenet og badet er det reint og fint. Jeg legger merke til at det står kattemat og en skål med vann på kjøkkenet. Odin har ikke fortalt meg at han har en katt. Annie har ikke nevnt noe om det, hun heller.

Døra til Odins rom er lukket.
– Ikke gå inn dit, sier jeg til Jonas. Det er Odins rom.

Stua er delt av med en bokhylle, der senga til Sondre står innerst mot veggen. Sengetøyet er velkjent. Gult med mørkeblå figurer. Det er vasket utallige ganger, men fargene er ganske klare fortsatt.

Øverst på bokhylla står globusen jeg ga Sondre til jul. Favorittcapsen har han hengt på toppen av den. Jeg leter i skuffene på kommoden og nattbordet. Leter etter hvert intenst i hele rommet, i tilfelle det skulle ligge en lapp et sted som Annie ikke har fått øye på. Men jeg finner ingenting, hverken bak nattbordet, under kommoden, eller i madrassen.

Bokhylla er derimot full av bøker. Interessante bøker. Sondre var glad i å lese, og vi ga hverandre ofte bøker i gave. Her står det bøker av Dalai Lama, noen biografier, mange romaner, og enkelte faktabøker. En av dem bærer tittelen *Hasj. Himmel og Helvete*. Jeg kikker litt i den.

Mens Jonas ser seg om på kjøkkenet, tar jeg fram mappen med papirer. Jeg plasserer den på toppen av kommoden, og legger båtnøkkelen ved siden av.

Så leter jeg videre i sengesiden av bokhylla. Der finner jeg en håndskrevet, litt krøllete lapp:

Båten må fjernes umiddelbart!

Og på baksiden er det et telefonnummer. Det er Sondres eget nummer.

Jeg setter meg i sofaen og prøver å forestille meg hva Sondre kan ha tenkt mens han satt her. Noe må ha skjedd etter at Sondre og jeg snakket sammen på telefonen for siste gang. Men hva? Den lille lappen plager meg. Hvordan har den havnet her i leiligheten? Kan det være noen fra båtforeningen som har funnet veien hit, eller er det Carl selv som har vært på besøk? Men det står jo ikke noe navn på callingen nede, og dessuten er ringeklokka ute av stand.

Kan den som har skrevet lappen ha lagt den igjen i postkassa fordi Sondre ikke var hjemme? Men i så fall, hvorfor var Sondres nummer skrevet på baksiden av lappen? Hadde eieren av lappen notert nummeret først, og skrevet beskjeden om båten etterpå, fordi Sondre ikke var hjemme? Men hvis lappens eier hadde Sondres nummer, hva var poenget med å legge igjen en lapp? Var det ikke lettere å skrive en tekstmelding?

Det er frustrerende at jeg ikke klarer å finne noen rimelig forklaring på hva som kan ha skjedd, eller hvordan lappen med den ubehagelige meldingen kan ha endt opp i bokhylla.

Jonas setter seg i sofaen ved siden av meg. Jeg må legge bort grublingen.

– Er vi ferdig snart?

– Ja. Men kan jeg ta med denne?

Han viser meg en liten Bubblehead-figur.

– Det er greit, svarer jeg.

Odin vet ikke at jeg har nøkler til leiligheten, og han må ikke få vite at jeg har vært her. Det er best å dra, for han kunne jo finne på å ta seg en tur. Men det føles ikke godt å forlate leiligheten. Jeg har lett over alt, uten å finne et eneste svar. Bare flere løse brikker i puslespillet.

Neste dag kommer søsteren min og de to guttene hennes fra Spania. Roy henter dem på flyplassen. Jeg snakker med dem alle på telefonen, men aller mest med Ennio. Han klarer ikke å holde tårene tilbake. Sondre og Ennio er ikke bare fettere, de har vært bestevenner siden de var bittesmå. Vi blir enige om at Ennio skal bo hos meg. Jonas er fortsatt hjemme fra skolen. Det blir fint for ham også, å få fetteren sin på besøk.

Dekanen har fortalt at vi kan komme tilbake hvis vi vil tilbringe mer tid ved kista. Jeg vil gjerne være mer ved kista, men enda viktigere er det å treffe Sondres nærmeste venner. Dagen før begravelsen skal musikerne få anledning til å øve i kirka. Jeg kontakter Odin, MJ, Mikkel, Mariann og Elias, og inviterer dem til å komme til kirka denne dagen, for å samles ved kista. Alle har takket ja. Ennio vil også bli med.

I kirka er musikerne i gang med øvingen. Dekanen hilser oss velkommen. Det er strålende sol ute, og etter å ha hørt litt på øvingen går Ennio og jeg ut igjen for å ta imot vennene.

Mikkel er den første som kommer. Jeg kjenner igjen den tynne skikkelsen og det lange, bleke håret på lang avstand. Ennio forteller at han har truffet Mikkel før. Det var en gang han var på ferie hos oss og fikk bli med Sondre på skolen, i første klasse på videregående.

Idet Mikkel når fram gir han meg en klem, og håndhilser på Ennio. Mikkel forteller at han husker Ennio, fra den gangen på videregående. Vi blir stående foran kirka og prate mens vi venter på de andre.

Mikkel og Sondre gikk i samme klasse, alle tre årene på videregående. Jeg husker ham egentlig best fra de siste året. Da traff jeg Mikkel om sommeren, før de begge skulle flytte til Trondheim for å studere. De skulle dele studentbolig det første semesteret. Jeg husker også en mørk vinterkveld da Mikkel og moren hans kom for å hente noen av Sondres bøker. De skulle ta dem med i bilen når de kjørte nordover. Etter første semester var Sondre og Mikkel lei av studentbyen, og ville flytte til en gammel leilighet i Innherredsveien. Det var altså Odin og Elias som bodde der før dem. Leiligheten hadde tre soverom, og Sondre rekrutterte Stina som leietager til det tredje rommet.

– Kjenner du Mariann?

– Ja så klart, svarer Mikkel.

– Hun var en nær nabo i Innherredsveien, og dessuten er hun bestevenninne med Hanna, kjæresten til Elias. Mariann og Hanna er barndomsvenninner. De vokste opp i samme nordnorske bygd.

– Vi var en veldig sammensveiset gjeng, sier Mikkel. Alle sammen var aktive i studentradioen. Men nå er det dessverre bare meg igjen i Trondheim. Alle de andre bor jo her i Oslo. Mikkel studerer fortsatt psykologi, men han flyttet ut fra Innherredsveien for et halvt år siden fordi huset skulle rives.

– Det er så rart å gå forbi tomta der huset sto. Det blir enda verre nå. Men aller verst er det for Odin. Vi må ta ekstra godt vare på ham, for han tar det veldig tungt.

Snart kommer MJ gående. Jeg har ikke sett ham siden russetida for fire år siden. Han har nesten ikke forandret seg. Det lyse, bølgete håret henger som vanlig litt for langt ned i panna. Han går mot oss med tunge skritt, og gir meg en kraftig klem med det samme han når fram. Han takker for at jeg har bedt ham være med på å bære kista.

MJ var Sondres beste venn på basketlaget. De holdt mye sammen i russetida også, til tross for at de gikk på forskjellige skoler. De siste tre årene har han studert medisin i Trondheim. Likevel kjenner han bare Mikkel så vidt.

Snart etter kommer Mariann, Elias og Odin. Mariann og Elias har fått skyss i Odins bil. Mariann går med svart jakke og strikkelue over det mørke håret, enda det er ganske varmt. Elias har på seg en rutete flanellskjorte med oppbrettede ermer.

Vi håndhilser. Mariann smiler, mens Elias er mer innesluttet og dyster. Odin virker nesten jovial, og takker for sist.

Vi går i samlet flokk inn i kirka. Dekanen hilser på oss alle, og viser vei ned trappene til kjelleren. Kista står ikke lenger i kapellet, den er flyttet til kjølerommet i kjelleren.

Jeg kjenner ikke den samme roen her som i kapellet, men det er nok mest fordi det er flere til stede. Alle tar oppstilling rundt kista, uten et ord. Det er en sterk opplevelse, og stemningen blir ganske trykkende. Alt er stille, inntil jeg merker at MJ står med hodet bøyd og gråter. Jeg tenker at noen av vennene kanskje vil være alene, så jeg går ut i gangen og venter. Dekanen inviterer oss på kaffe og te på pauserommet ved siden av kontoret. Vi blir sittende og prate ganske lenge. Mesteparten av tiden går med til å dele minner om Sondre. Etter hvert kommer jeg inn på de vanskelige spørsmålene. Hva var det som plaget Sondre? Hvordan kunne han gjøre det slutt på den måten, uten et eneste forvarsel? Ingen har noen forklaring.

– Sondre var egentlig ganske privat, sier Odin. Han hadde ikke for vane å snakke om personlige problemer.

Elias forteller at han og Sondre var medstudenter på Blindern, hele det siste året. De var også på samme feltarbeidsgruppe om sommeren. Han hadde lagt merke til at Sondre hadde det vanskelig de siste månedene.

– Jeg prøvde å få ham til å fortelle meg hva det var, da vi var sammen på Finse på feltarbeid. Jeg prøvde så godt jeg kunne å få Sondre til å åpne seg, men han ville ikke ut med hva det var som plaget ham.

– Jeg opplevde noe av det samme, sier jeg. Sondre var heller ikke åpen med meg, da jeg ba ham fortelle hva som var i veien.

– Sondre burde ha fått profesjonell hjelp, insisterer Elias. Det er så utrolig trist at han ikke fikk hjelp.

På vei ut av kirka forteller Odin at de har lyst til å arrangere gravøl for Sondre, hvis det er i orden.

– Ja, selvfølgelig, svarer jeg. Det blir sikkert fint for alle sammen å samles etter begravelsen.

6

BEGRAVELSEN

Begravelsen blir ikke så forferdelig som jeg har vært redd for. Det er tross alt dekanen og konsulenten hos begravelsesbyrået som har ansvaret. Jeg overlater alt til dem. På parkeringsplassen utenfor kirka hilser jeg på Anders og hele hans familie. Ganske anstrengt, men høflig nok. Alle skal naturlig nok gi meg en klem. Det blir mange klemmer på Jonas også. Slektninger og venner har kommet, nesten alle sammen. Mange av dem har jeg ikke sett på årevis. Det er også flere kolleger til stede. Og mange, mange venner av Sondre.

Det er overveldende, men det føles godt at så mange stiller opp. Jeg gjør ikke noe forsøk på å holde tårene tilbake. Jeg er langt fra alene om det.

Kirka er nesten fullsatt idet klokkene ringer. Etter den første salmen, tar presten regien. Snart kommer hun til fremførelsen av minneordene:

Sondre ble tjuetre år gammel. Et rikt liv, fylt av gode relasjoner og opplevelser. Og så er vi her allikevel fordi han valgte å avslutte livet selv. Han bar på noe som han ikke delte med andre og som han ikke så noen utgang på, som var for vondt og vanskelig. Det er en smertefull dag. Men vi er også her for å hedre Sondre og hans minne.

En enkel og lett forståelig historie. Bedre kunne det vel ikke sies. Presten nevner alle familiemedlemmene, og snakker om utenlandsreiser og besøk til slektninger, og Sondres reiser mellom foreldrene som bodde *på hver sin kant av landet*. Hun fortsetter med å fortelle om skole, idrett og revyer på videregående:

Sondre var en ressursrik og engasjert ung mann som gjerne investerte tid og krefter i vennene, basketen, musikken, og det han ellers hadde interesse og glede av.

Hun forteller videre om fiske og bading hos faren, der mye av tiden ble tilbragt på sjøen. Jeg blir forbauset over å høre at Sondre som syttenåring reddet livet til den eldste av søstrene, som da var to år. *Det skjedde da hun gikk på sjøen uten vest*, forteller presten. Sondre snakket veldig lite om hva han holdt på med hos faren. Men jeg er likevel overrasket over at han ikke nevnte noe så viktig. Var det for å beskytte faren, fordi han hadde latt søsteren gå uten redningsvest?

Presten fortsetter med enda et bidrag fra Anders:

I sommer arvet Sondre en liten seilbåt av Ninas bror, onkel Carl. Med den skulle Sondre og Odin nyte sjølivet.

Jeg legger merke til at Odin også er med i Anders sin fortelling om seilbåten, uten at jeg helt forstår hvorfor. Det slår meg plutselig at Anders ikke har spurt meg om jeg vet noe om Odin. Er det fordi han allerede vet det selv? Kjenner han Odin fra før?

Presten runder av talen med å snakke om studiene i Trondheim, og det siste året i Oslo:

Sondre begynte først å studere i Trondheim. Det ble mest samfunnsfag, men vel så viktig var studentradioen. Der var han medarbeider og fikk spille og snakke om sin lidenskap musikk, og det var ikke bare hiphop, men et bredt spekter av musikk som Sondre entusiastisk delte med lytterne og alle sine venner. Da han kom tilbake til Oslo, fant Sondre en leilighet på Carl Berners Plass som han delte med Odin. Det var noen tegn innimellom på at det var ting han strevde med, men ikke mer enn det som det så ut til at livet vanligvis bærer med seg. På Blindern var han også engasjert i sosiale sammenhenger, og som han fortalte mamma Ingrid hadde han begynt å ta bedre vare på seg selv. Hva Sondre bar inni seg vet vi ikke. Men at han valgte å avslutte sitt liv er vondt og ufattelig. En ung mann som vil bli dypt savnet av mange.

Det er en verdig seremoni. Andakten er fin, og det er stemningsfull musikk. Solisten synger nesten helt perfekt. Men idet kista skal bæres ut, åpner kirkedørene seg mot en forvirret drosjesjåfør som fortsatt står utenfor og venter, lent mot siden av bilen. Noen må ha forlatt taxien uten å betale. Nå må sjåføren være rask med å flytte seg for å slippe fram følget med kista. Det hverdagslige rotet står i komisk kontrast til alt det høytidelige. Situasjonen blir plutselig enda mer surrealistisk, og jeg føler meg løsrevet fra alt. Som om det bare er et skuespill som snart skal være over, bare jeg spiller den rollen jeg har fått.

Jonas og jeg følger etter kista ut dørene. Det er vi som skal gå først, rett etter bærerne. Odin og Anders er begge med på å bære. Utenfor dørene setter de kista på vogna som står klar. Det er en lang rekke mennesker som kommer etter oss ut gjennom kirkedørene. Jeg snur meg idet vogna med kista vender inn på den lille stien, og vi begynner å gå mot det åpne gravstedet. Det er overveldende å se hvor mange mennesker vi har bak oss. Menneskemengden strekker seg som et langt tog, hele veien fra gravstedet til kirkedørene. Og det viser seg at det er et flott gravsted Sondre har fått. Et sted høyt oppe, rett under en liten treklynge. I passe avstand fra kirka.

Så er det minnesamvær. Miriam har laget mini-pizzaer. Hun gir meg beskjed om at hun har levert pizzaene på kjøkkenet, og forteller at Odin ikke har levert noen snitter. Ellers er det begravelsesbyrået som har ansvaret for serveringen.

Lokalene er helt fullsatt. Det er slektninger jeg ikke har sett på mange år, gamle naboer, venner og medstudenter av Sondre, mine venner og kollegaer, noen venner av Jonas, og et par av lærerne hans. Det er flott at så mange vil stille opp og vise at de bryr seg, men etter hvert blir det slitsomt.

Det er en ekstra utfordring at Jonas skal på klassetur. Foreldrene til MJ har tilbudt seg å kjøre ham opp til hytta i Nordmarka like etter begravelsen. Jeg må bli med Jonas hjem for å hjelpe ham med å komme seg av gårde.

Jeg er glad for å ha en unnskyldning for å slippe unna, selv om det fortsatt er mange gjester i kirka idet vi drar. Jonas og jeg får skyss hjem. På rommet hans ligger klærne og sekken klar. Han skifter og får med seg sakene, og blir hentet som avtalt. Like etterpå får jeg besøk igjen. Moren min har tatt med seg wienerbrødene som ble til overs, og setter i gang med å lage kaffe til alle. Stua blir fullsatt. De prater høylytt. Jeg prøver å følge med, men stemmene deres flyter snart sammen til en eneste røre. Jeg klarer ikke mer. Jeg går stille inn på soverommet og skifter. Så drar jeg, uten å gi beskjed til noen, mens alle mine nærmeste sitter og spiser wienerbrød.

Jeg går til Annie, der det er stille og rolig. Kaster meg ned på sofaen hennes og blir liggende der, uten et ord.

Annie lager en kopp te til meg.

– Jeg snakket med Anders, forteller hun etter hvert. Jeg sa bare at jeg var i leiligheten for å rydde. Han lovet å ta kontakt med deg innen et par dager, angående henting av sakene til Sondre.

Jeg puster lettet ut over at alt gikk bra.

– Så fint. Takk og lov for at jeg slapp å snakke med Anders under minnesamværet. Nå håper jeg bare at gjestene snart kan bli ferdig i leiligheten min.

7

OPPGJØR AV BOET

I dagene etter begravelsen har jeg fortsatt familien på besøk. Det tar på kreftene å ha så mange besøkende, men det nytter ikke å vente med å ordne opp i boet. Søstrene mine kan få lov til å hjelpe meg mens de er her. Posten må omadresseres, bankkort sperres og studielånet slettes. Det verste med det hele er at jeg må forklare igjen og igjen hva som har skjedd, hver gang jeg må snakke med en kundebehandler.

Vi ringer eiendomsfirmaet som eier leiligheten, og forteller at leiekontrakten må sies opp. Så ringer jeg saksbehandleren hos skifteretten. Jeg trenger bare å fylle ut et elektronisk skjema, så kan jeg få tilsendt erklæring om privat skifte for dødsbo med liten verdi. Jeg må dessuten be om en fullmakt for innsyn i boets midler. Det vil jeg trenge for å få informasjon fra banken.

Jeg leter i hyllene på rommet til Sondre. Kanskje jeg kan finne noen papirer fra Lånekassa? Ennio hjelper til. Skolebøker fra videregående står fortsatt pent oppstilt i hyllene. Jeg har jo holdt orden på rommet hans.

Jeg blir sittende og lese i arbeidsbøkene. Sondre fikk alltid gode karakterer, men han ble ekstra glad da han fikk en sekser i spansk muntlig. Jeg blar i arbeidsboka i spansk for første videregående. Det var hans første år med spansk. *Hjemmeoppgave for Uke 4, 2007: Me gusta: Nevn tre ting du liker.* Sondre har svart: *Me gusta hip hop. Me gusta basquetbol. Me gusta marijuana.* Hva er dette? Sondre var jo bare seksten år gammel i februar 2007. Hadde han prøvd hasj allerede?

Jeg tilkaller Ennio.

– Dette må du se!

Ennio leser, han også. Først trekker han på smilebåndet, men så blir han alvorlig.

– Vet du noe om dette? spør jeg opprørt. Han har vel aldri fortalt deg at han har røykt hasj?

– Ikke direkte, forsikrer Ennio. Men jeg trodde jo egentlig at han gjorde det da.

– Hvorfor trodde du det? Ennio tenker seg litt om.

– Jeg vet ikke. Jeg husker bare en gang Sondre foreslo at vi skulle kjøpe hasj. Det var den sommeren vi var i Agua Dulce.

Det var sommeren 2007, samme år som spanskleksen.

– Men dere var bare seksten år. Dere gjorde vel ikke det?

– Nei, så klart ikke, svarer Ennio. Jeg ante jo ikke hvor man fikk tak i sånt. Hadde ikke lyst til å prøve det, heller.

– Men spurte du Sondre om han hadde prøvd det?

– Nei, jeg tenkte egentlig bare at han hadde lyst til å prøve det, for han sa ingenting om at han hadde prøvd det allerede.

– Han hadde nok det, i følge denne, sier jeg og peker på arbeidsboka. Odin fortalte meg dessuten at Sondre og vennene hans røykte mye hasj i Trondheim. Det var veldig rart å høre det, for jeg har bare sett Sondre røyke hasj en eneste gang. Det var en gang han var hjemme om sommeren, for to år siden.

Jeg forteller Ennio om den gangen jeg overrasket Sondre mens han røykte hasj på balkongen. Da var han tross alt over tjue år gammel, og han forsikret dessuten at det ikke var noe han gjorde ofte.

– Og så viser det seg at han hadde røykt hasj siden han var seksten, uten at jeg oppdaget det!

Jeg lurer på hva spansklæreren sa til den leksa. Men det som virkelig forundrer meg er at Sondre ikke fortalte Ennio om hasjrøykingen. De var jo nesten som brødre. Om det var noen han ville ha delt dette med, så var det vel Ennio?

Kontrakten for seilbåten er et annet problem. Den er udatert og håndskrevet, men undertegnet av både Sondre og Carl. Og båtens registreringsnummer er med.

– Se her, sier jeg til Thomas. Det står at båten er overdratt til Sondre for *3 sigaretter og en lunka CB.*

– Ring Småbåtregisteret, foreslår han. Der kan du vel finne ut hvem båten er registrert på.

Jeg ringer, og det viser seg som forventet at Sondre ikke hadde omregistrert båten.

– Er kontrakten i det hele tatt gyldig?

– Vet ikke, svarer Thomas. Den er jo udatert også.

Det hele virker ganske useriøst, og det gjør vondt å tenke på at båten viste seg å være en plage for Sondre. Det er jo ikke noen enkel oppgave å finne opplagsplass for en seilbåt for vinteren, og heller ikke billig. Seilbåten var en gave fra faren. Han må ta ansvar for den.

Dagene går, uten at Anders tar kontakt angående sakene til Sondre i leiligheten. Jeg hører heller ikke noe fra Odin. Lørdag morgen bestemmer jeg meg for at noe må gjøres. Anders må kanskje tilbake til Trøndelag allerede i løpet av helga, så det kan ikke vente lenger.

Jeg sender en tekstmelding.

Hva skal vi gjøre med tingene til Sondre? Når drar du tilbake til Trondheim? Kan vi treffes ved leiligheten kl. 13? Ingrid.

Etter få minutter ringer en rasende Anders. Han har allerede vært i leiligheten og hentet alle sakene, og nå er han på vei til Fretex.

Det eneste jeg klarer å få fram er et sjokkert lite utbrudd. *Hva?!?*

Men det er nok til å få Anders til å gire opp enda et hakk.

– Ikke ta den tonen! roper han. Annie fortalte at du ikke ville ha noe med tinga til Sondre å gjøre! Ja, vi har vel alle vår måte å sørge på! Men jeg hadde ikke hatt noe imot litt hjelp med all bæringa!

Sjokket gjør meg først opprørt, men så blir jeg iskald.

– Vi behøver ikke å diskutere hva som har skjedd. Vi må bare vi finne ut hva vi skal gjøre nå.

Jeg klarer som ved et under å holde både tanker og stemme rolig.

– Jeg får vel kjøre en tur til deg da, foreslår Anders. Hvis du ikke har tenkt deg noe sted?

Han er plutselig langt mindre hissig.

– Jeg blir her, så det går helt fint, svarer jeg.

– Forresten var det lite papirer i leiligheten, og jeg fant heller ikke laptopen eller playstation-spilleren, sier Anders.

– Nei vel, svarer jeg, fortsatt like rolig. Men jeg vet at laptopen hadde gått i gulvet, så det kan hende den var levert til reparasjon.

Vil han tro på dette? Det er uansett ikke aktuelt å innrømme at Annie har tatt med seg laptopen. Da er det bedre med en rimelig bortforklaring, så får han tro hva han vil. Anders stiller heldigvis ikke flere spørsmål.

Så snart samtalen er over blir jeg panisk. Jeg ringer Annie med det samme for å fortelle hva som har skjedd, og ber henne om hjelp.

– Jeg klarer ikke å møte Anders på egen hånd!

Annie forstår det, og hun har heldigvis tid til å stille opp enda en gang. Det tar henne bare noen få minutter.

Jeg forteller hva Anders har forklart, og hva han har sagt om henne.

– Jeg har aldri sagt noe sånt til Anders, svarer hun sjokkert. Jeg husker veldig godt hva jeg sa. Jeg fortalte bare at jeg hadde rydda i leiligheten, og hva jeg gjorde der. Det jeg sa kunne umulig misforståes!

– Nei da, det vet jeg.

– Men jeg må fortelle deg hva Odin sa, legger hun til. Da jeg skulle gå fra kirka fortalte at han hadde snakket med Anders. Og i følge Anders hadde Sondre brutt kontakten med faren. Det var visst i løpet av de siste seks månedene.

– Brutt kontakten?!?

Plutselig ser jeg alt sammen i et nytt lys. Ikke minst Sondres kommentar om kidnappingen.

– Men her er det noe merkelig, Annie. For da jeg snakket med Odin, fortalte han at Sondre hadde lempa kasser for faren *en hel uke i juli*. Det var like før Anders skulle flytte. Jeg spurte om han visste noe om forholdet mellom Sondre og faren. Han fortalte ikke noe om noe brudd. Hvorfor ikke? Han kan vel ikke ha glemt å fortelle meg noe så viktig? Visste han ikke noe om det før i minnesamværet? Men jeg snakket jo med Odin i minnesamværet også. Hilste på kjæresten hans, til og med. Han sa ikke ett eneste ord da heller, om at Sondre hadde brutt kontakten med faren!

Spørsmålene raser i hodet mitt. Hvorfor brøt Sondre kontakten med faren? Hvor vanskelig var bruddet for Sondre? Kunne det ha blitt så vanskelig for ham at han tok sitt eget liv av den grunn? Men han sa jo at han ønsket jeg hadde kidnappet ham! Tidspunktet var heller ikke lett å forstå. Faren skulle flytte, langt av gårde til og med. Hvorfor var det nødvendig å bryte kontakten akkurat da? Det ville jo uansett ha blitt mindre kontakt mellom dem når avstanden ble større?

Anders ringer etter noen få minutter, og forteller at han står parkert utenfor. Annie og jeg går ned til ytterdøra i første etasje. Anders trenger ikke å gjøre annet enn å lesse søppelsekker og pappkasser ut av bilen og gi dem til oss. Vi kan bære dem videre opp trappene etter at Anders har kjørt. Jeg legger raskt merke til at globusen ikke er med.

– Kan jeg få globusen? Det var min siste julegave til Sondre.

– Jeg skal se hva jeg kan få til, svarer Anders.

Det er bra at jeg har Annie her. Vi har på forhånd båret ned de gamle høyttalerne og platespilleren Sondre fikk av Anders. Jeg tar en rask tur inn i kjellerboden og henter skiskoene Sondre lånte av faren for flere år siden.

– Ja, og så var det noen papirer og en båtnøkkel som lå i leiligheten, skyter Annie inn. Håper du fikk med deg det? Du kan vel ordne opp i det?

– Ja, det med seilbåten kan jeg fint ta hånd om, svarer Anders.

Alt er så mye greiere når det er andre tilstede.

– Odin fortalte at du ikke hadde kontakt med Sondre de siste seks månedene, sier jeg spørrende.

– Nei, det var ikke seks måneder akkurat, svarer Anders. Det var vel siden slutten av juli at jeg ikke nådde fram til han.

Anders forteller at Sondre tok med småsøstrene til Tusenfryd, like før de skulle flytte. Det var 16. juli de traff hverandre for siste gang. Flyttingen skjedde bare et par dager senere. Etter det brøt altså Sondre kontakten med faren. Hvorfor ville ikke Sondre ha kontakt med faren mer? Og hvorfor snakket han ikke med meg om det? Hvis jeg bare hadde visst dette før! Da ville jeg ha kunnet gjøre mye mer. Jeg ville ha forstått hva jeg skulle gjøre for å hjelpe Sondre gjennom krisen.

Tankene mine raser, men jeg vet at jeg må være forsiktig. Jeg spiller uanfektet. Anders må ikke få følelsen av at jeg konfronterer ham. Jeg vet hva det kan føre til, og jeg vet også at det er han som har makten. Han kan fortelle meg nøyaktig så mye eller lite han selv vil.

Jeg blir uvel. Raseriet, avmakten, redselen for å vise hva jeg egentlig føler, alt truer med å bryte gjennom den kjølige overflaten. Jeg må jobbe hardt for å holde meg rolig.

Anders tar fram et sett med nøkler.

– Odin er i Amsterdam, forklarer han i en dagligdags tone. Så vi avtalte at Elias skulle ta imot nøklene når vi var ferdig i leiligheten. Men det er ikke så lett å få tak i Elias heller, for tida. Kunne du ta nøklene? Odin henter dem når han er tilbake.

– Greit det, sier jeg, og tar imot nøkkelsettet.

– Jeg har noe til deg også, sier jeg mens jeg åpner konvolutten fra politihuset. Jeg tar fram lommelykta.

– Denne fikk vel Sondre av deg?

– Joda, svarer Anders med et gjenkjennende, litt overrasket blikk.

Jeg legger lommelykta pent tilbake i konvolutten, og gir den til ham.

– Du skjønner, Sondre tok med seg denne da han gikk inn i tunnelen. Jeg fikk den av politiet.

Han legger konvolutten raskt inn i bilen. Det virker nesten som om han er redd for å brenne seg på den. Jeg studerer det hele nøye. Det er vanskelig å se hvordan han egentlig reagerer. Men han får det plutselig travelt. Han setter seg i bilen og kjører av sted.

Jeg snur meg mot Annie.

– Jeg håper han forsto hva jeg mente med å gi ham den lommelykta. Jeg syns han fortjener et minne om Sondre på vei inn i tunnelen.

– Ja, det syns jeg også, svarer hun.

Annie og jeg bærer sakene opp trappene og inn på Sondres rom. I tillegg til det som ligger i pappkasser og plastbokser har jeg fått flere poser med klær, dyna og puta med det velkjente sengetøyet, og en skittentøypose som inneholder de klærne Sondre hadde på seg før han skiftet til dressen. Jeg lukter på puta, og er glad for alt sammen.

– Helt utrolig, sier jeg. Anders trodde liksom at jeg ikke ville ha sakene til Sondre! Han var på vei til Fretex!

– Ja, at det går an! Uten å spørre deg, eller gi noen beskjed! Men hørte du det Anders sa om at Odin er i Amsterdam?

– Ja, svarer jeg. Hva tror du han driver med der? Og hvorfor måtte han dra så plutselig? Og hvorfor har ikke Odin sagt noe om at han har gitt Anders nøklene? Jeg ba jo Odin om å holde kontakten. Han er virkelig ikke til å stole på!

Et par timer senere kommer Anders tilbake med globusen. Annie har gått hjem, men jeg slipper å treffe ham aleine. Han setter bare globusen fra seg utenfor ytterdøra mens han sender meg en tekstmelding.

Neste morgen drar Annie og jeg til leiligheten på Carl Berners Plass. Døra til Odins rom står på vid vegg. Det ligger klær og andre saker strødd rundt i rommet. Det er ingen seng der, bare en madrass på gulvet. På toppen av en haug med skittentøy har Odin plassert en tallerken med en halvspist brødskive.

– For et rot!

– Ja, og det er mye verre her enn det var i de andre rommene, da jeg kom første gangen. Sondres klær var i hvert fall nyvaska, alle sammen, selv om de lå på golvet. Det var ikke noe søppel i søppelkassa i kjøkkenbenken heller.

– Ja vel? Men var det noen plastpose i søppelkassa?

– Nei, det var det ikke, sier Annie ettertenksomt.

– Men da hadde vel Odin allerede tømt søppelet, før du kom?

– Ja... det må han ha gjort.

På kjøkkenet får vi øye på en tom Carlsberg ølboks, ved siden av et askebeger med noen sigarettstumper.

– Nei, se her, sier Annie. Kan det være Odin som har tatt seg en øl, han som ikke liker å være her?

– Kan det ikke være Anders da?

– Nei, han kjører jo, svare Annie.

Idet jeg kommer inn i stua legger jeg straks merke til capsen til Sondre. Noen har kastet den fra seg i sofaen. Anders ville visst ikke ha den.

– Det er jo favorittcapsen hans! sier jeg opprørt. Den som hang på globusen!

Playstation-spilleren står på gulvet, fortsatt koblet opp til skjermen. Merkelig at Anders ikke fant den. Han hadde det kanskje travelt? Men øl og sigaretter var det tid til?

Jeg legger capsen forsiktig i veska. Så finner vi en søppelsekk og samler sammen alle sakene som Anders har satt igjen. Det meste er suvenirer og andre småting som Sondre samlet på og hadde stilt ut rundt omkring i leiligheten. Jeg kjenner igjen en ekstern harddisk som ser ut som en rød legokloss. Den står i vinduskarmen og fungerer som base for en yak-figur. Yaken er en suvenir fra den gangen Sondre og jeg var i Tibet, da han var seks år gammel. I bokhylla står de små Star Wars-figurene. Sondre sparte på dem helt fra han var liten. Anders må vel ha visst hva de betydde for ham?

På kjøleskapet finner jeg en magnet som jeg tok med fra Russland i fjor. Sondre hadde dekorert leiligheten med alle de små gavene han hadde fått av meg. De var ikke verdifulle, men han satte pris på dem likevel. Nå er de helt uerstattelige.

Nede i kjellerboden finner jeg det gamle skateboardet til Sondre. Det er et kjært minne som jeg også gjerne vil ta med hjem. Jeg husker hvor mye Sondre øvde på å få til den perfekte ollie.

Annie og jeg går raskt gjennom resten av innholdet i boden, men det er ikke noe annet jeg drar kjensel på. Det står en pappkasse med papirer som vi kikker litt i. Det ligger brev der, adressert til noen med et navn jeg ikke kjenner igjen. Kan dette være den tidligere leieboeren? Han vil nok uansett ha tilbake papirene sine.

Ubetenksomt setter jeg kassa tilbake i boden, uten å notere navnet eller ta med noen av papirene. Tenker at kassa står trygt. Jeg får komme tilbake til dette senere.

Neste dag ringer plutselig Carl. Han presenterer seg med fullt navn. Stemmen hans er uvanlig kjølig og glatt.

– Er du Ninas bror?

Jeg spør mest for å vinne tid.

– Jo, svarer han kort.

– Jeg var litt i tvil, dere har jo forskjellige etternavn.

– Jeg skifta navn på grunn av noen problemer med familien, forklarer han.

– Var du i begravelsen?

– Nei, det var på grunn av familien det også, svarer Carl. Men jeg var i gravølet.

– Ja vel, men der var ikke jeg, vet du. Var du en av gjestene i konfirmasjonen til Sondre, kanskje?

– Ja, det var jeg, svarer han.

– Jeg kan ikke huske deg, fortsetter jeg. Men det er jo veldig lenge siden.

– Ja, det er forståelig.

Carl kondolerer. Så kommer han som forventet inn på seilbåten. Han forteller at han har ringt Småbåtregisteret, og snakket med den samme kundebehandleren som jeg var i kontakt med et par dager tidligere.

Carl har fått vite alt jeg har sagt. Det er det han vil fortelle meg. Det er noe skremmende ved kjøligheten hans, og den velartikulerte måten han snakker på.

– Jeg fant kjøpskontrakten, forklarer jeg. Og så lurte jeg på om båten var omregistrert. Og om kontrakten i det hele tatt var gyldig, når den ikke var datert.

Carl kan fortelle at det er en helt gyldig kontrakt.

– Hvis du ikke vil ha båten foreslår jeg at du overdrar den til meg ved å undertegne en ny kontrakt.

– Jeg vil ikke ha båten, bekrefter jeg. Og derfor har jeg bedt Anders om å ta seg av den. Har han ikke fortalt deg det? Jeg blir usikker på dette med en ny kontrakt.

– Og hva med Anders, skal ikke han også skrive under? Vi er jo begge arvinger?

– Det er ikke noe problem, svarer Carl. Anders kan godt skrive under han også. Dere kan skrive under på hvert deres dokument. Carl har allerede skrevet et utkast og vil gjerne sende det til meg. Jeg gir ham e-post adressen min, og lover at jeg skal se på det snarest.

– Men hva har du tenkt å gjøre med båten?

– Nei, den er jo ikke verdt noe, sier Carl med et sukk. Enten får jeg selge den for en krone, eller så får jeg bare finne en annen måte å bli kvitt den på.

Det er først nå, i det oppgitte lille sukket, at jeg aner følelser i stemmen hans.

Det er dyrt å ha båt i Oslo. Det var ingen verdifull gave, det var en byrde denne onkel Carl hadde overlatt til Sondre. Ville Sondre ha båten, egentlig?

Utkastet til kontrakt kommer innen fem minutter. Mens jeg leser blir jeg enda mer usikker. Kontrakten mellom Carl og Sondre var nesten useriøs, og uten dato. Denne kontrakten er så formell at den gjerne kunne ha vært skrevet av en advokat. Hvorfor er det så viktig med denne kontrakten, hvis Carl egentlig bare vil bli kvitt båten? Er han redd for at jeg skal anmelde ham for å ha stjålet båten? Men han vet jo at den fortsatt er registrert på hans navn i Småbåtregisteret.

Jeg ringer Forbrukerrådet neste morgen, og spør om en kontrakt uten dato kan være gyldig.

– Jo da, sier konsulenten. Det er den nok.

Det er slett ikke det svaret jeg har håpet på. Jeg kan ikke annet enn å forklare hele saken, selv om jeg gjerne vil slippe å fortelle historien enda en gang. Til min lettelse er han forståelsesfull.

– Nå skal du bare ta et dypt pust, sier han. Dette skal gå bra. Han fraråder meg å undertegne noen kontrakt. Jeg bør heller skrive en e-post der jeg gjør det klart at *min sønn aldri har eid den nevnte seilbåten, og at boet dermed ikke vil gjøre krav på seilbåten, og naturlig nok heller ikke ta på seg ansvar for heftelser eller betale for vedlikehold og oppbevaring av båten.* Jeg noterer alt ordrett.

– Dersom det etter hvert kommer krav fra disse folka, og det blir sendt til inkasso, da skal du bare gi beskjed til inkassobyrået om at *dette kravet er bestridt.* Og du har vel innboforsikring?

– Jo da, det har jeg.

– Da vil dette også dekke omkostninger i forbindelse med en eventuell tvist, i tilfelle det går så langt. Her er det med andre ord ingen grunn til å bekymre seg.

Jeg takker rådgiveren hjertelig. Han er virkelig en reddende engel. Så formulerer jeg en e-post nøyaktig som han har foreslått. Det kommer ikke noe svar fra Carl, hverken på mail eller telefon. Ingen bekreftelse på at han har fått mailen, ikke noe takk, ikke et eneste ord.

Odin ringer et par dager senere. Han er tilbake fra Amsterdam, og vil komme innom for å hente nøklene sine. Jeg forteller at jeg har vært i leiligheten, etter at jeg fikk nøklene, og at jeg tok med meg noen av Sondres ting som sto igjen der. Men jeg er usikker på om det var Sondres LP-plater, og et par andre ting også.

Odin forklarer at LP-platene nok er hans. Vi avtaler at han skal komme innom med bilen for å hente sakene sine. Odin kan veien.

– Jeg vet hvor det er, jeg har vært hos Sondre før.

Det overrasker meg egentlig, at han har vært hjemme hos oss tidligere. Jeg lurer på når det kan ha vært, men sier ingenting.

Jeg pakker sakene. Odin kommer snart, og parkerer rett utenfor døra. Jeg hjelper til med å bære platene ned i bilen.

Mens vi bærer forteller jeg at leiligheten på Carl Berner er sagt opp og husleien betalt for oktober. Jeg kan hente Sondres møbler ut av leiligheten når som helst, men det er nok best at Odin er der. Jeg må jo vite hva som tilhørte Sondre og hva som er hans. Så snart Odin har skaffet seg et sted å bo må han gi meg beskjed. Odin lover å holde meg informert.

– Vil du ha en kopp kaffe før du går?

Odin takker ja, og vi går begge tilbake til leiligheten og inn på kjøkkenet. Mens jeg setter på kaffen forteller jeg om pappkassa jeg fant i kjellerboden.

– Det lå noen papirer i den, med et ukjent navn, sier jeg. Kanskje den tilhører han som delte leiligheten med Sondre tidligere?

Odin vet ikke, men lover at han vil gjøre sitt beste for å finne eieren. Jeg fortsetter med den tomme ølboksen.

– Og så sto det en boks Carlsberg på kjøkkenbenken. Er det du som har drukket øl?

– Nei, det hadde jeg vel husket, sier Odin defensivt. Men Carl var der, sammen med Anders.

– Ja vel?

– Ja, han skulle hjelpe til med å bære. De kom begge to, dagen før begravelsen, men så ble de ikke ferdig. Det var da jeg måtte låne bort nøklene, fordi jeg skulle til Amsterdam like etterpå.

Jeg snur meg raskt og skjenker i kaffekoppene. Vil ikke avsløre hvor opprørt jeg blir. Så Carl var altså sammen med Anders, inne i leiligheten. Ikke bare etter begravelsen, men dagen *før*. Odin hadde allerede gitt fra seg nøklene da jeg traff ham i begravelsen.

Hvorfor nevnte han ikke noe om dette da vi snakket sammen i minnesamværet? Trodde han at Anders hadde fortalt det selv? Eller hadde Anders foreslått at det var unødvendig å snakke med meg? Jeg husker Anders foreslo at jeg ikke måtte ringe Odin, fordi han *tok det så veldig tungt*. Men hva med den vidåpne døra inn til Odins rom? Hvorfor hadde ikke Odin i det minste lukket døra før han ga fra seg nøklene? Eller var det Anders og Carl som hadde vært inne på rommet hans, og ikke brydd seg med å lukke døra etter seg?

Jeg må la spørsmålene ligge, for øyeblikket. Odin må ikke merke at jeg er mistenksom.

– Hadde du det fint i Amsterdam?

Jeg setter opp en uskyldig mine.

– Joda!

– Hva gjorde du der, forresten?

Det er vel et naturlig spørsmål.

– Å, det var bare en ferietur. Følte at jeg trengte å komme meg litt bort.

– Ja, så klart, sier jeg støttende. Begravelsen var utrolig slitsom... Men det gikk i hvert fall veldig bra, alt sammen. Og minnetalen var kjempefin. Du hørte vel det presten sa om at du og Sondre skulle lære å seile?

– Ja, det hørte jeg. Det gjorde inntrykk å høre navnet sitt i kirka.

– Kan tenke meg det. Men var det ikke litt overraskende å få vite at du også skulle lære å seile med den båten? Visste du det?

– Jo da. Jeg var jo med da Sondre fikk nøkkelen og papirene til båten, da de skrev kontrakten.

– Så det var derfor det var tre sigaretter, siden det var tre av dere? Du vet, *tre sigaretter og en lunka CB*?

Odin blir litt usikker, men skjønner vel etter hvert at jeg har sett kontrakten. Jeg forteller at jeg var i tvil om kontrakten var gyldig, siden den var udatert.

– Husker du når det skjedde?

Odin vet ikke helt, men tror det kan ha vært en gang i slutten av juni eller begynnelsen av juli. Han var med Sondre på båttur litt senere.

– Det var litt av en tur. Fint vær og alt, helt til vi fikk trøbbel med motoren. Men vi kom oss i havn.

Jeg forteller at Carl har ringt.

– Han ville ha meg til å undertegne en ny kontrakt. Men jeg ble litt skeptisk, så jeg ringte Forbrukerrådet.

– Å ja... Kanskje jeg kan overta båten, foreslår Odin. Jeg har noen slektninger i Østfold som har en marina. Det er mulig de kan oppbevare den der.

Selvfølgelig. Sondre fortalte jo at han hadde funnet et sted å ha båten i nærheten av Fredrikstad, og at han snart skulle seile den dit sammen med en venn. Det var Odin som var vennen. Det var Odin som hadde hatt løsningen.

– Ja, gjerne for meg, svarer jeg. Men da bør du nok ta kontakt med Carl ganske snart. Vil du ha nummeret hans?

– Nei, det har jeg, svarer Odin.

Han er ferdig med kaffen og reiser seg for å ta farvel.

– Før du går, kan du sjekke om vi har tatt noe mer som er ditt? Jeg viser ham plastposen med småting fra leiligheten. Odin graver i posen og plukker ut en plastflaske med japanske tegn, en gul bade-and, og en lommelerke med Sovjetsymboler. Den siste tok jeg med fordi jeg mente den var en suvenir jeg hadde gitt Sondre fra Mongolia. Odin forklarer at lommelerka var en gave han fikk av faren sin, kjøpt i Moskva.

– Beklager, sier jeg. Jeg var egentlig ikke sikker på det der. Jeg kjøpte en hel haug med suvenirer da jeg var i Mongolia. Så da ga jeg vel lommelerka til Roy, stefaren min, mens Sondre fikk skinnlua.

– Sånt skjer, svarer Odin. Han får det travelt. Legger sakene i jakkelommene og tar farvel.

Jeg blir urolig etter at Odin har gått. Det er vanskelig å samle tankene om alt han har sagt. Det første jeg gjør er å skrive ned alt sammen, for å være sikker på at jeg ikke glemmer noe. Carl var altså i leiligheten sammen med Anders, både før og etter begravelsen. Han må vel ha tatt med seg både båtnøkkelen og kontrakten mens han var der. Det fortalte han ikke noe om, da han ringte.

Carl ble nok nervøs fordi han hadde gjort noe ulovlig. Strengt tatt hadde han jo overdratt båten til Sondre, og da han ringte Småbåtregisteret for å forsikre seg om at båten fortsatt sto i hans navn, skjønte han at jeg hadde sett kontrakten. Det var nok derfor han ville ha meg til å skrive under en ny kontrakt.

Men hadde ikke Anders fortalt at jeg ikke ville ha båten? Kunne han ikke bare ha ringt meg og sagt at Anders hadde bedt ham om å ta tilbake båten, og ganske enkelt spørre meg om det var i orden? Hvorfor var Carl så mistenksom?

Odin hadde gitt fra seg nøklene til leiligheten til Anders, da han og Carl var der før begravelsen. Men hvordan visste han egentlig at Carl var med etterpå også? Fikk han vite det av Anders, eller av Carl selv? Eller var det bare noe han antok, når han hørte at noen hadde drukket Carlsberg i leiligheten mens han var borte? Kjenner han Carl godt nok til å vite at det måtte være han som hadde drukket Carlsberg?

Odin var sammen med Sondre, den gangen Sondre og Carl skrev under kontrakten. Han visste alt om seilbåten, og var også klar over problemet med båtplass. Men Odin nevnte ikke båten med et eneste ord før jeg tok det opp i dag. Hvis han hadde hjulpet Sondre med å lete etter en opplagsplass, hvorfor sa han ikke noe om dette tidligere? Men mest av alt er det dette med telefonnummeret. Odin har allerede nummeret til Carl. Når la han Carls nummer inn i kontaktlista, og hvorfor? De hadde vel ikke lagt planer om å holde kontakten, da de møttes på Hovedøya? Mens Odin var i Amsterdam hadde både Anders og Carl vært i leiligheten for å hente sakene til Sondre. De må ha kommunisert ganske mye for å holde rede på hvilke saker som tilhørte Odin, men var det nødvendig for Odin å ha nummeret til begge to?

Det er uansett helt opplagt at Anders ikke ville ha meg der, da de ryddet i leiligheten. Da han skjelte meg ut etterpå var det bare for å dekke over det hele. Og var det virkelig politiet som hadde gitt Anders nummeret til Odin? Eller var dette også en dekkhistorie? Hadde Anders nummeret til Odin allerede?

Jeg ringer Annie og forteller henne alt sammen.

– Husker du at vi lurte på hvem som hadde drukket Carlsberg i leiligheten? Vel, Odin var sikker på at det var Carl! Og Anders fikk meg til å tro at han var rasende fordi jeg ikke ville hjelpe til med å bære. Det var ikke sant! Egentlig ville han ikke ha meg der. Han ville rydde ut sakene fra leiligheten i fred og ro, sammen med Carl. Og så hadde Odin allerede nummeret til Carl, så det trengte han ikke få av meg. Odin kjenner visst Carl ganske godt!

– Ja, for ellers ville han ikke ha tenkt på Carl med det samme du nevnte at det var en boks Carlsberg, svarer Annie nøkternt. Men da kjenner han jo Anders ganske godt også. Siden han vet at Carlsberg ikke er noe Anders drikker.

– Akkurat. Og husker du at vi lurte på hvorfor døra til Odins rom sto på vid vegg? Odin hadde heller ikke noen betenkeligheter med å gi fra seg nøklene til Anders, og dra av gårde til Amsterdam. Hva betyr det?

– At de kjenner hverandre fra før, svarer Annie.

– Ja... Og da er det klart Odin også skulle få *lære å seile i onkel Carls båt.*

– I tillegg tok Odin seg tid til en ferie i Amsterdam. Var han ikke opptatt med å finne seg et nytt sted å bo?

– Antagelig mer opptatt av andre ting.

– Men så kommer det store spørsmålet, sier jeg. For hvis det er løgn, om det så bare er halvparten av alt dette, hva er det de prøver å skjule?

Det blir helt stille i telefonen. Ganske lenge.

– Jeg vet ikke, svarer Annie til slutt.

– Men det er helt opplagt at det er noe rart med Odin, sier jeg. Har du noen gang hørt om en tredveåring som henter tilbake en bade-and fra moren til en død venn? Jeg kan forstå at han vil ha en vannflaske fra Japan og en lommelerke fra Moskva, men en helt vanlig gul gummi-and, som man kan få kjøpt på Ikea eller hvor som helst? Hva skal han med den?

– Du har rett. Det er noe veldig rart med Odin. Og det er opplagt at Carl og Anders har noe å skjule. Det må være noe de prøver å dekke over med alle løgnene.

– Ja, men hva skal jeg gjøre? spør jeg tvilende. Skal jeg gå til politiet?

– Med hva da? En mistenkelig bade-and?

– Nei vel, Annie... Men da får jeg etterforske dette selv. For jeg må virkelig ha svar!

8

ETTERFORSKNINGEN

Question everything, står det på bakgrunnsbildet på Sondres iPhone. Det lyser mot meg som en påminnelse om hvordan Sondre var, og hvordan han tenkte. Det er også en utfordring. Jeg kjenner at spørsmålene blir stadig flere og mer påtrengende. Jeg er ikke lenger i tvil om hva som må gjøres. Jeg må finne ut av hva som har skjedd. Jeg må sette i gang full etterforskning.

Du får ikke svar på alt, sier søsteren min. Som om det skulle være god nok grunn til å la det hele være? Jeg får selvfølgelig ikke vite alt, hva nå det måtte bety. Men det jeg kan gjøre, det jeg *må* gjøre, er å finne ut alt jeg kan. Jeg må samle så mange brikker av puslespillet som mulig. Og sette sammen nok av brikkene til å danne meg et bilde som er forståelig.

Jeg begynner med min egen mobil og loggen over tekstmeldinger mellom Sondre og meg:

18:33 24 april 2012
Sondre: Har fått meg bsu :)
19:34 29 april 2012
Sondre: På vei hjem nå :) megasliten
15:50 30 april 2012
Sondre: Tomt i skapet, og tomt for farris
16:37 8 juni 2012

Ingrid: Hei! Er du i Oslo nå, eller når kommer du?

10:05 25 juni 2012

Ingrid: Er på vei til flyplassen. Kan du ta med deg, spise opp eller kaste (helt ut av leiligheten) den maten som står i midterste hylla i kjøleskapet? Lås døra! KLEM!

14:22 8 august 2012

Ingrid: Hei! Nå er jeg i Munchen på vei hjem. Ringer deg så snart jeg er framme på Gardermoen. Håper alt går bra med deg! Klem!

18:54 8 september 2012

Ingrid: Hei. Hvordan går det?

14:13 19 september 2012

Ingrid: Du kommer til middag i dag ikke sant?

14:15 19 september 2012

Sondre: Ja :)

14:15 19 september 2012

Ingrid: Fint!

18:12 19 september 2012

Ingrid: 12040283704

13:26 23 september 2012

Sondre: Gratulerer med dagen! Bsuen er riktig, men har 900 på den fra før :) klem

18:19 8 oktober 2012

Ingrid: Hei Sondre! Mente du å ringe meg? Jeg prøvde å ringe deg tilbake men da tok du ikke telefonen!

17:24 15 november 2012

Ingrid: Vi er i bakerste vogn

14:22 24 november 2012

Ingrid: Hei, hvordan går det?

19:21 13 desember 2012

Ingrid: Glad i deg også

16:31 23 desember 2012

Sondre: Sitter på t-banen, har ikke med nøkkel :) er framme nøyaktig 1700

16:40 23 desember

Sondre: Er dere hjemme da?

23:52 31 desember 2012
Ingrid: Godt Nyttår!
13:39 2 januar 2013
Sondre: Hei hei :) åssen går det?
19:38 2 januar
Ingrid: Fint. Nettopp ferdig. Stor klem!
11:32 3 januar
Ingrid: Blir på sykehuset til i morgen tror jeg.
12:04 3 januar
Sondre: Ok :) det var jo relativt kjapt. Regner med at det løste
seg på enklest mulig måte? Har du tid til besøk i morgen tror du?
Håper du har det forholdsvis greit, og sender varme tanker! Glad
i deg!
12:09 3 januar
Ingrid: Det er visst besøkstid kl. 18. Vet ikke så mye enda.
Kanskje du kan følge meg på hjemturen? Er veldig slapp. Glad i deg
også!
13:42 12 januar
Sondre: Husk å skrive handleliste!
13:42 12 januar
Ingrid: Ok
20:10 23 februar
Ingrid: Hei Sondre! Er tilbake fra Spania. Skal hilse masse fra
Ennio og Oreste. Har med en gave til deg. Hvordan går det? Klem
fra oss begge!
19:02 13 juni
Ingrid: gla i deg også
12:53 14 juni
Sondre: Husk å overfør penger da! Ses i morgen :)
12:54 14 juni
Ingrid: jeg setter dem inn på den vanlige kontoen.
12:55 14 juni
Sondre: Supert :)
16:25 15 juni
Sondre: Er på vei :)
16:31 15 juni

Ingrid: ok. maten er klar

16:40 24 juli

Ingrid: Hei! Hvordan går det med deg? Vi er i Delhi. Hvor er du?
Klem fra oss begge to!

17:14 24 juli

Sondre: Hei :) er hjemme! Litt sliten for tida, men har det fint
hvis jeg skal se stort på det :) kos dere masse i delhi, kjempeglad i
dere!

06:56 25 juli

Ingrid: Endelig livstegn fra deg! Begynte å bi bekymret! Kan vi
snakke på skype i ettermiddag? Kjempeglad i deg! Klem!

Jeg hadde nok vært litt bekymret i slutten av juli. Sondre hadde
sagt at han skulle hjelpe faren med å kjøre båten nordover. Det var
det jeg tenkte på da jeg spurte hvor han var. Jeg sendte også et par
meldinger på facebook i midten av juli, uten å få noe svar. Det var
derfor jeg ble så glad når han endelig svarte den 24. juli, selv om
han var litt sliten for tida. Men jeg kan ikke huske noen Skype-
samtale, så jeg tror ikke han hadde logget seg på Skype. Kanskje
han ikke hadde Internett?

18:54 1 august

Ingrid: Hei! er du der Sondre? ta telefonen da vel!

20:23 3 august

Sondre: Ringer om en liten halvtime :)

17:21 7 august

Sondre: Har betalt den regninga nå :)

19:24 7 august

Ingrid: flott!

08:47 13 august

Ingrid: Livet kan gå opp og ned men husk at du har noen som
alltid er glad i deg og stolt av deg! Stor bursdagsklem fra mamma!

14:17 18 august

Sondre: Er på smestad :)

14:19 18 august

Ingrid: ok. Da setter jeg på steikeovnen

08:54 7 september

Ingrid: Reiseplan: Drar torsdag 10. oktober. Returnerer onsdag 16. oktober ca. kl. 18.

Jeg husker godt da jeg sendte akkurat denne meldingen. Sondre og jeg satt og spiste frokost, etter at han hadde overnattet. Jeg hadde nettopp fortalt at jeg skulle på en jobbreise, og spurt Sondre om han kunne tenke seg å bo hjemme hos oss den uken for å passe på Jonas. Det var første gang jeg hadde bedt Sondre om å være barnevakt en hel uke. Moren min pleide alltid å stille opp, og det ville hun sikkert ha gjort denne gangen også. Men det var viktig for meg å få Sondre til å komme hjem. Jeg hadde invitert ham hjem i høstferien, men jeg var ikke sikker på om han kom til å gjøre alvor av det. Jeg ville forsikre meg om at han kom hjem ved å be ham om å ta ansvar for Jonas mens jeg var borte. Sondre hadde sagt seg villig til å stille opp, og jeg sendte ham meldingen med det samme for at han skulle huske datoene.

Jeg tar kontakt med OneCall og ber dem sende meg den siste mobilregningen, inkludert samtalespesifikasjon for den siste måneden. Jeg er på jakt etter informasjon både fra mobilbruken og transaksjonene på kontoen. Jeg tar med meg papirene fra skifteretten til banken og ber om utskrift av alle transaksjoner det siste året.

Kjøp med kort er registrert med både dato og klokkeslett, mens uttak og overføringer er registrert kun med dato. Etter en rask gjennomgang av transaksjoner i august og september drar jeg tilbake til banken for å be om mer informasjon. Det gjelder klokkeslettet for det aller siste minibankuttaket, samme dag som han døde. Jeg går til samme kundebehandler som sist. Jeg har allerede fortalt henne historien. Hun er heldigvis hjelpsom, og ringer for å skaffe informasjon om klokkeslettet, siden det ikke kommer opp på skjermen hennes. Vi venter utålmodig mens personen i den andre enden søker. Jeg er så nervøs at jeg skjelver. Endelig får vi svaret. Uttaket ble gjort kl. 15.03. Det var under tre timer før Sondre forlot leiligheten på vei til t-banen. Uttaket var på 600 kroner. I lommeboka lå det fortsatt 550 kroner. Dette betyr mye for meg, forsikrer jeg. Hun forstår det.

– Man går ikke og tar ut penger i minibanken hvis man har

tenkt å ta livet av seg, resonnerer hun. Jeg sier meg enig i det, og takker enda en gang for hjelpen.

Mens jeg går hjemover tenker jeg på hva som kan ha skjedd i løpet av de tre timene etter at Sondre tok ut pengene i minibanken. Hadde han fått besøk av noen? Annie hadde funnet to brukte vinglass på kjøkkenet, men de kunne ha stått der siden dagen før. Kanskje Sondre hadde fått en tekstmelding? Eller hadde noen ringt? Det kan mobilen hans gi svar på. Den er lukket med passord, men det er kanskje mulig å få passordet åpnet?

Etter at jeg har fått samtalespesifikasjoner for august og september, søker jeg opp nummeropplysninger og noterer navn og adresse på alle Sondre ringte eller sendte meldinger til. Også datatrafikk er spesifisert, alt med både klokkeslett og dato. På denne måten får jeg et ganske godt bilde av Sondres bevegelser de siste ukene og månedene. Jeg leverer også mobilen, en iPhone3, inn til Mobilfikser'n og får åpnet den firesifrede koden. Det er først etter at jeg har gått gjennom tekstmeldingene at jeg skjønner at dette ikke var den mobilen Sondre brukte den siste tiden.

Denne mobilen brukte han mellom oktober 2009 og mars 2012. Det var likevel denne mobilen han hadde lagt til lading før han forlot leiligheten. Annie er sikker på det. Den nye mobilen som han brukte til daglig var en iPhone4. Den var lagt pent ned i eska til den gamle mobilen, og deretter var eska lagt ned i en av plastboksene som han brukte til oppbevaring.

Jeg skjønner ikke hvorfor Sondre byttet om på de to mobilene. Ville han beskytte eller gjemme bort den nye mobilen, eller ville han ha fatt i noe som var lagret på den gamle? Kunne det være et telefonnummer, eller en melding? Nei, det kan ikke stemme. Begge mobilene er jo iPhone.

Kan Sondre ha sett for seg at Odin ville ta ting fra leiligheten? Var det derfor han ikke hadde skrevet noen meldinger? Eller var det Odin som hadde byttet om på mobilene? Kan Odin ha fjernet noe? Hadde han tenkt å ta den nye mobilen? Han hadde kanskje ikke regnet med at Annie kom til å ta med seg alle mobilene fra leiligheten?

Den gamle mobilen inneholder uansett mye informasjon. Jeg

finner meldinger fra banken med saldoopplysninger fra brukskontoen, hver gang Sondre hadde sendt SMS for å sjekke saldoen. Mobilen inneholder også meldinger fra Lånekassa som forteller når og hvor mye Sondre hadde fått i studielån siden høsten 2009. I tillegg har jeg utskriftene fra banken for det siste året.

Det er noe veldig merkelig med økonomien. I følge selvangivelsen hadde Sondre nesten ingen inntekt. Det var for det meste studielån som kom inn på brukskontoen. Til gjengjeld var det heller ikke mye forbruk før i slutten av juli. Utskriften for august og september viser riktig nok en hel rekke kjøp av dagligvarer, kaffe fra bakeriet, kioskvarer, noen øl på utesteder, og betaling av husleie via kontoen. Men veldig få kjøp før det. Sondre hadde heller ikke betalt regninger via kontoen, hverken for husleie, strøm, bredbånd eller mobil. I februar og mars hadde Sondre betalt husleie på nærmeste Kiwi-butikk, registrert som kjøp. Enkelte måneder var det ikke betalt med kort for mer enn 100 kroner. Hvordan betalte han for daglige innkjøp hvis han hverken tok ut kontanter eller brukte kort?

Utskriften viser noen få transaksjoner mellom brukskontoen og andre kontoer i løpet av høsten 2012 og våren 2013. Alle sammen er navngitt. Jeg noterer hvem som har overført penger, og søker opp dem jeg ikke kjenner, både i skattelister og gule sider. Jeg gjør også bedriftssøk. Det kommer opp interessante opplysninger om både Odin og Carl. Odins cateringfirma er nyopprettet i januar. Det er et aksjeselskap med en egenkapital på 150,000 kroner. Odin er styreleder så vel som daglig leder. I tillegg er det to styremedlemmer. Den ene av dem har lånt adresse til firmaet, en leilighet på Grünerløkka. Den andre heter Erik og bor på Skillebekk. Jeg finner flere transaksjoner mellom Sondre og Erik. Først får Sondre penger av Erik, og like etterpå gir han det samme beløpet tilbake. Hver gang er beløpet 3,000 kroner. Kan det være husleie? Men hva er poenget med å overføre penger fram og tilbake?

Det finnes ikke noen ved navn Erik blant Sondres facebook-venner, men han har en venn ved navn Thor med samme etternavn. Det er et sjeldent etternavn. I følge skattelistene er det ingen andre med samme etternavn i Norge. I facebook-profilen oppgir Thor at han er født på Hawaii, og arbeider i en nattklubb på Solli Plass. Da Ennio var i Norge i november i fjor, besøkte han Sondre på Skillebekk. Da traff han også den vennen som Sondre delte leilighet med. Jeg ringer Ennio og ber ham se på Thors facebookprofil. Ennio bekrefter at det var Thor han traff. Det var altså broren til styremedlemmet i Odins cateringfirma som delte leilighet med Sondre før han flyttet til Carl Berners Plass.

Jeg leter videre etter Odins cateringfirma, men kan ikke finne hverken utsalgssted eller hjemmeside. Jeg tenker på snittene som Odin lovte å levere til begravelsen, som jeg selvfølgelig ikke hadde sett noe til.

Carl er på sin side daglig leder for et aksjeselskap som driver med arkitektvirksomhet. Selskapet hans ble opprettet i 2012 med en egenkapital på 100,000 kroner. Eneaksjonær i firmaet er Carls far. Og det obligatoriske styremedlemmet er søsteren Nina. Firmaet har lite eller ingen avkastning.

Dette stemmer ikke med Carls historie om det dårlige forholdet han hadde til familien sin. Carl skiftet dessuten navn allerede i 2005. Han hadde kanskje problemer med foreldrene da han skiftet navn, men det kan ikke ha vært mye uenighet mellom Carl og faren i 2012 da firmaet ble opprettet. Enten har problemene gjenoppstått ganske nylig, eller så er det rett og slett ikke sant, det Carl sa om *familieproblemer*.

Jeg søker opp aksjeselskapet til Anders med det samme. Brønnøysundregisteret viser at bedriften er meldt konkurs etter oppbud. Det vil altså si at Anders selv meldte foretaket konkurs. Det skjedde 2. september, bare ti dager før Sondre døde. Og det var rettsmøte i Ski den 26. september, dagen etter begravelsen.

Dette var nytt. Anders hadde ikke bare flyttet, han hadde begjært foretaket konkurs samtidig. Anders brøt visst alle bånd til Nesodden, akkurat idet Sondre brøt kontakten med ham. Var alt dette tilfeldig?

Jeg bruker mye tid på å kartlegge Sondres nettverk på facebook.

Carl har ingen facebookprofil. Det har heller ikke Jacob, som Odin regner som en av vennegjengen. Alle de andre er aktive på facebook, og mye er offentlig. Jeg blar gjennom billedgalleriene deres, og kartlegger hvem som er venner med hvem, for alt det er verdt. Odins kjæreste, vestafrikanske Miri, bruker et fiktiv etternavn: *Corleone.* Men det egentlige navnet hennes er lett å spore. Jeg legger merke til at hun har sin egen bedrift, hun også. Det ble opprettet allerede da hun var nitten. Jeg ser også at min kollega Cecilia, som sitter i resepsjonen, er facebookvenn med Odin.

Det er ikke lett å forstå hvordan Sondre hadde råd til å betale et depositum på 28,000 kroner for leiligheten på Carl Berners Plass i slutten av november 2012. I følge leiekontrakten med boligselskapet ble pengene satt inn på en depositumkonto opprettet den 28. november. Blant papirene finner jeg kvitteringen for innskuddet. Beløpet var betalt kontant. Samtidig var det ikke noe tilsvarende uttak fra bankkontoen.

Dette er også merkelig. Jeg ville jo betale depositum for leiligheten Sondre skulle leie. Jeg fortalte ham det flere ganger, både da han først kom tilbake til Oslo og da han senere skulle flytte til den nye leiligheten. Men han sa hele tiden at det var unødvendig å betale depositum. Da han flyttet tilbake til Oslo, fortalte han at han måtte finne seg et sted å bo. Jeg ville gjerne at han skulle bli boende hjemme hos meg og Jonas. Jeg snakket flere ganger om at det var vanskelig på boligmarkedet, og dyrt å leie. Men Sondre var fast bestemt. Han ville ikke bo hjemme.

Etter hvert foreslo jeg at han kunne søke hybel på Kringsjå. *Det var vel ikke så ille å bo der da du var liten?* Men han ville ikke høre snakk om studentbyen heller. Litt senere fortalte han at han skulle flytte inn i et bofellesskap sammen med tre venner, og at det ikke var noe depositum å betale.

Mot slutten av november skulle Sondre flytte igjen, til Carl Berners Plass. Måneden før hadde jeg satt inn 40,000 kroner til ham på en BSU-konto, men da jeg fikk høre om flyttingen spurte jeg enda en gang om han ikke ville ha depositumet av meg. Han fortalte at det ikke var noe å betale denne gangen heller. Han skulle nemlig flytte inn hos en bekjent, og det var broren som eide leiligheten. Han skulle få bo der mens eieren var i utlandet. Det var løgn alt sammen. Kontrakten var jo undertegnet av Sondre, og utleieren var et boligselskap, ikke en privatperson. Og Sondre hadde faktisk betalt depositum. Hvorfor hadde han løyet? Hvem hadde hjulpet ham med pengene til depositum? Og hvorfor var hele beløpet betalt kontant?

I lommeboka ligger det en kvittering fra Ikea, fra desember 2012, like etter at Sondre flyttet til Carl Berners Plass. Sondre hadde handlet for flere tusen kroner, og igjen hadde han betalt med kontanter. Det står svart på hvitt på kvitteringen. Jeg finner også et par Spend-On kort. Det er nok disse han har brukt til daglige innkjøp. Men de måtte jo fylles, og hvor kom alle kontantene fra? Jeg går gjennom tekstmeldingene på den gamle iPhonen, på jakt etter flere spor.

Sondre hadde nok ikke for vane å slette meldinger. Det er mye å gå gjennom. Jeg begynner med vennegjengen fra Trondheim. Aller først leser jeg det som var sendt mellom Sondre og Odin. Det begynner i januar 2010, da Odin skulle flytte ut, og Sondre inn i Innherredsveien.

19:47 14. jan. 2010

Sondre: Hey! Jeg er definitivt klar til å flytte inn, og har en kompis som også er keen. Rekker du å la oss komme innom så han får sett stedet imorra?

Odin: Lett...

14:12 23. jan. 2010

Sondre: Yo! Våken? Send meg melding når det passer at jeg kommer bort og rydder!

22.20 25. jan. 2010

Sondre: Hey! Snakka med huseier ennå? Eller, hvis jeg skal ringe, sender du nummeret? One love

Odin: Vi snakker med huseier på torsdag eller fredag. Han ringer deg snart..

Sondre: Aait!

23:11 29. jan. 2010

Sondre: Pass nummeret da! Bomba blaadklat! :P

Odin: Passa raSSclat..

Så en pause fram til juni, etter at Sondre kom tilbake fra turen til Uganda for å besøke Sam. Meldingen ble antagelig sendt fra studentradioen.

17:57 4. juni 2010

Sondre: Wow, fant en mixtape ved navn mix 1, lagd av deg. I is pon Fiyah, brethren :D

Odin: Hehehe. Yuh nuh seh we linck up the youth dem with fiyha wibes. Nuff respect. Go hælj. Kommer opp på mandag. Kan ta pils.

21:21 4. juni 2010

Sondre: Go hælj! Og irie, gleder meg.

Odin hadde visst bodd i Innherredsveien mens Sondre var hjemme i Oslo.

10:02 15. juli 2010

Odin: Yo. Fant nøkkel. Snakkes etter helga.

11:00 15. juli 2010

Sondre: Aait kis, cool runnings.

06:55 16. juli 2010

Odin: Yo. Har du passordet til nettet?

10:28 16. juli 2010

Sondre: Kahlua42

I begynnelsen av august var Sondre fortsatt i Oslo.

20:12 5. aug. 2010

Sondre: Brur, er i byen om 10, hvis du vil henge!

Odin: Bror! Dinner and a movie med dama. Diverre

20:32 5. aug. 2010

Sondre: Hehe, oldschool. Kos deg, snakkes!

Ved neste utveksling er Sondre tilbake i Trondheim, mens Odin er på tur.

16: 57 20. aug. 2010

Odin: Yo. Tar ferga over fra marokko til spania. Skjera?

Sondre: Tja, misunner deg som faen, og du har post. Ha det exelente en espana, hombre!

Odin: Jepp. Henter posten på neste trondheimstur. Tipper neste uke en gang.

Odin ble visst ikke lenge i Spania, for litt over en uke senere er han tilbake i Trondheim.

19:30 29. aug. 2010

Sondre: The eagle has landed. Brooklyn is in the building

Hadde Odin kjørt bil hele veien fra Marokko til Norge? Det er sikkert mulig på en uke, men da må man være effektiv.

I løpet av høsten og vinteren 2010-11 treffes Sondre og Odin stadig i Trondheim. Odin glemmer lader, jakke og lue hos Sondre. De pilser på Brukbar og vorser i Wessels gate. I mai 2011 drar de til USA.

22:47 26. mai 2011

Sondre: Toget går 2256 herfra :)

22:54 27. mai 2011

Odin: Yo! Kjøp strømadapter!

18:05 28. mai 2011

Sondre: Haha, will do!

I juli er de tilbake fra turen, og treffes i Oslo.

14:31 20. juli 2011

Sondre: Yo! Er oppe og går, men mobilen din er skrudd av eller no. Ring på når du ser dette a :)

20:49 21. juli 2011

Odin: Maridalsveien 39. Langt unna?

Sondre: Aait :) På Majorstua på vei til 20 bussen, bare å begynne å spise ass. Ringer fra sagene hvis jeg ikke finner.

Odin: Du rekker det;)

21:39 21. juli 2011

Sondre: Står det på klokka?

Odin: 007

Sondre: Åpne døra da!

I oktober 2011 treffes de igjen i Trondheim, og en måned senere avtaler de å gå på Skype. Odin er antagelig utenlands igjen. Siste beskjed er fra Sondre til Odin.

11:51 25. jan. 2012

Sondre: Sitter i taxien utafor hotellet om 1 min.

Hvor var Sondre da?

Jeg fortsetter å lese lange tråder med meldinger, sendt mellom

Sondre og Elias, Hanna, Mariann, Mikkel og Stina. Meldingene mellom Sondre og Elias begynner allerede i desember 2009. Den 15. desember er Sondre *på døra*. Neste melding er fra Elias, da han fortsatt holdt til i Innherredsveien og Sondre bodde sammen med Mikkel på studentbyen.

12:50 15. jan. 2010
Elias: Kan du kjøpe med en iskaffe? :P
Sondre: Seff :) Sjekker du hva du skal ha for bøkene? Så tar jeg ut cash der :)
Sondre blir visst værende etter at Elias har dratt, for han spør etter passordet til det trådløse nettverket samme kveld. Neste dag er Sondre igjen på vei til leiligheten, men det passer dårlig fordi Elias *har damebesøk atm.*

Etter dette følger flere meldinger i forbindelse med inn- og utflyttingen, deretter en viktig melding fra Elias:

Elias: Sorry, men brukbar folket vet at du har legget mitt, så ikke bruk det her :/
Sondre: Damn
Sondre var bare nitten, Elias var et par år eldre, mens Odin var i slutten av tjueårene. Sondre fikk altså bli med i gjengen til tross for sin unge alder. Jeg trengte visst ikke være redd for at han var ensom i Trondheim.

Februar 2010 fortsetter med flytting, så intervjuer for studentradioen. I begynnelsen av april spør Elias om Sondre skal til Oslo i påskeferien.

16:55 2. apr. 2010
Sondre: Nope, moren min ville til Trondheim :P
Jeg husker den påsken veldig godt. Jonas og jeg var på besøk hos Sondre en hel uke, mens Mikkel og Stina var bortreist. Sondre og jeg kranglet en hel del, spesielt til å begynne med. Jeg oppdaget at Sondre røykte daglig, og maste som vanlig om at han måtte slutte. Sondre ble som vanlig minnet om at bestefaren hans døde av lungekreft.

Men det var ikke bare krangling. Vi hadde det moro på Pir-badet. Jeg vasket ned badet og kjøkkenet en tidlig morgen mens Sondre sov. Vi dro også på Ikea og bestilte rammemadrass til

Sondre. Jeg gikk dessuten i en butikk i nærheten og kjøpte flere ting til kjøkkenet. Han var glad for det.

I juli og august 2010 møttes Sondre og Elias i Oslo, blant annet på Øya-festivalen. På Øya har Sondre med *ferdigrulla sigg i lomma*. Det var nok ikke bare tobakk i den sigaretten. Neste dag hadde Sondre bursdag. Han ble 20 år. *Grattis med dagen kis! Nå kan du endelig drikke sprit*, hilser Elias klokken 02:44 på morgenen.

Senere i august er alle tilbake i Trondheim, og utover høsten er de ofte ute og fester, på Strossa, og Hyblene på Studentersamfundet, i baren på Credo, på Lucas, og aller mest på Brukbar. I en melding sendt 11. desember spør Elias om Sondre kan *kjøpe med sjokolade*. Han får ikke noe svar, men fire dager senere kommer ny melding, og det ser ut til at de har møtt hverandre siden sist.

15. des. 2010

Elias: Sayonara bitch! Ha en god jævla jul osv. Er du i oslo på nyttårsaften?

Sondre: Haha! Herlige høytider til deg og. Yup, drar ned 29.

Elias: Fett. Jeg ankommer oslo igjen på ettermiddagen på nyttårsaften. Drar til t-town 1. jan

Elias skal altså på tur i juleferien. Han fortsetter med den tøffe tonen, og våren 2011 kommer det stadig flere meldinger. I slutten av mai sender Elias bilde av bilen de antagelig skal kjøre med i USA, *Chevy riding high*. Sondre svarer: *Kan invadere et land i den greia der :)*

Vel tilbake i Norge spør Elias om Sondre kan sende ham *get high bildet fra la som mms?* Bildet viser Elias iført t-skjorte med påskriften *Get High* foran et stort grønt neon-lysende marihuana-blad med blå bokstaver der det står *Medical*.

Det er ikke mye tvil om hva Elias er opptatt av. I neste bilde har Sondre hatt det moro med å sette ansiktet inn i et liksom avisoppslag med undertittel *Exclusive: Face of the teenage cyber terrorist*. Det var alt fra USA-turen.

Sondre og Hanna begynte å utveksle meldinger i april 2010. For det meste om uteliv, men de tar også følge til Dragvoll, og avtaler å skrive sammen. Hanna er med på Øya-festivalen og sender Sondre bursdagshilsen klokka 02:44, samtidig som Elias sender sin:

Gratulerer med dagen you awesome kinda guy, you! Tar'e pent'a :D

Det var endelig et godt råd. Litt senere har Hanna bursdag. *Gratulerer med dagen! Du er superschpa og tøff*, skriver Sondre. I oktober sender Hanna *fellesmelding* med invitasjon til Pirbadet. Sondre blir nok med, for noen dager senere melder han at han har bankkortet hennes. I november kommer det mer.

23:10 14. nov. 2010

Hanna: Hei soinner! Sku du ha nokka for lomme-rusket? Glømte helt å spørre. Where are my manners.

Sondre: Nei, erru gæren :)

Hanna: ait, schweet. :)

Det fortsetter i samme stil i 2011.

18:01 4. apr. 2011

Hanna: Hallais. Skal du på med mm?

Sondre: Yo, nei, forkjøla :(

Hanna: Dakar :(Så syk at mariann ikke kan komme innom og låne vaskemaskinen? Hun har kake og overraskelse.

Sondre: Nei, absolutt ikke så syk :) er for så vidt tomt for røkelse i tempelet mitt, en liten dært hadde sattes stor pris på. Ved teutates! Koz og klemz

Etter 20 minutter svarer Hanna at hun *trur det skal gå greit*.

Så kommer de siste meldingene, fra desember 2011.

13:06 14. des. 2011

Sondre: Yo :) sitter på bussen, kan jeg ringe om noen timer?

Hanna: Japp :)

21:40 14. des. 2011

Hanna: ... Og sjokolade? :)

Sondre og Stina begynner å utveksle meldinger tidlig i desember 2009. Sondre først. *Kommer du i kveld? Jeg har en gave til deg* :)

I januar 2010 utveksles stort sett meldinger om musikk til radiosendinger og muligens dj-oppdrag. I februar bestemmer Stina seg for å flytte inn i Innherredsveien.

08:20 15. feb. 2010

Stina: Hvor mye er depositum på den villelille knarkerboligen?

12:51 15. feb. 2010

Sondre: Ikkeno :)

Stina: Da betaler jeg full leie neste gang d skal gjøres, hvor lenge er d til?

Sondre: Før 20 mars :) yey!

Stina: Om fem dager da.

Sondre: Nei, mars. Men kanke vi bare snakke før mandagsmøtet?

23:00 15. feb. 2010

Stina: Kondolerer m uinngang kan ikke vi møtes en dag og bare slenge? Kansje du til og med kan ordne en liten fredsbean

Her er det ikke mye tvil om hva Stina snakker om. Og Sondre kan ordne, *senere i kveld*. I april 2010 spør Stina om nummeret til Odin.

Sommeren 2010 er Stina hjemme i Bærum. Sondre og Stina treffer hverandre ofte i Oslo. Sondre har fortsatt Elias sin legitimasjon. I tillegg til uteliv er de opptatt med bading, grilling, og fotballkamper, virker det som. Stina er også med på Øya-festivalen i august.

Utvekslingen med Mariann begynner i oktober 2010, og gir enda mer innblikk i hverdagen i Trondheim.

19:45 30. okt. 2010

Mariann: Wæ, fæn hørte ikke tlf. :) så du er ute no? I så fall va d nadas. Hyblan i kveld?

21:42 30. okt. 2010

Sondre: Kansje det :) er ferdig med sending snart, where u at?

Mariann: Vi sitt hjemme hos meg, med MASSE tequila. Kom hit?

Sondre: Ooh, høres bra ut. Tusler bortover med Aksel om ca 15 min!

Mariann: Nicenice. :)

Det fortsetter med en lang rekke avtaler om å møtes, hjemme eller på utesteder, med eller uten andre venner, ofte med tilbud om drikkevarer, eller matlaging. Frokostspising klokka to, og sene kvelder på byen, men av og til skal det soves allerede ved midnatt.

Mariann er ofte tom for papir, mangler *sigg*, klager på jobben, og ber pent om å få låne vaskemaskinen. Sondre har sendinger i radioen og må av og til på forelesning, lese eller jobbe med en oppgave. De ser nedlastede filmer. Begge har noen dj-oppdrag på utesteder. Sondre leser tegneserier og spiller litt basket. Mariann inviterer på hyttetur.

12:10 18. mars 2011

Mariann: Fellesmail! Alle hytteturdeltakere må medbringe sengetøy/sovepose og handduk. Dette er fordi min far mener man ikke kan vaske klær på vinteren. Eller no. Eg tar med høytalera. Koz. <3 Også treng vi no spill.

17. mai er Sondre hos *bæssmor* og spiser kake kl. 13:38, men lover å bli med Mariann og Hanna ut og drikke champagne etterpå. Måneden etter vil Mariann vite hvordan Sondre har hatt det på tur i USA med Elias og Odin.

13:26 23. juni 2011

Mariann: Norge no ja hæ?

Sondre Hehe, helt riktig :) hva skjer?

Mariann: Halleluja, kom dokk opp til Trondheim! Eg kjede meg, leser gripende antikke dramaer, og prøve å kjøpe sko online med kun tankekraft. Hatt det fett og fint og strålende? Noen nye eksotiske sykdommer og kopierte bankkort?

14:19 23. juni 2011

Sondre: Tenkte meg opp til uka :) hatt det helt latterlig lol, og kommet fra det relativt uskadd, faktisk! Ill tell you all about it in person): ellers god stemning?

Sommeren og høsten 2011 fortsetter meldingene minst like ofte som før. Jeg legger spesielt merke til en melding fra Mariann sendt 23. september 2011 klokken 19:24: *Yo! Katti kommer dokk? And can you bring chocolate?* :)

Sondre svarer at han *har sending til 20:00.* Han er altså den som skal forsyne hasj til festen.

I januar 2012 får Mariann det travelt med å pakke, og i februar er hun i Oslo. Et par måneder etterpå har Sondre, Elias og Hanna alle flyttet til Oslo, omtrent samtidig alle sammen.

Den første meldingen mellom Sondre og Mikkel er datert 3. april 2011. Mikkel og Sondre var jo allerede gamle venner. Mikkel må ha byttet nummer.

Er det trygt å gå gjennom rommet ditt? spør Mikkel i den første meldingen. Den neste kommer tre dager senere.

Mikkel: På kino – ser en skrekkfilm om et bildekk

Sondre: Wicked. Kan du i datalagringsdirektivets navn kjøpe noe printerpapir på vei hjem er du snill? Blått :)

Mikkel: Skal se om jeg finner. Går det med noe annet enn blått?

Sondre: Ja, det var en metafor uansett.

Sondre hadde jo sans for humor. Her hadde han det moro med bruk av koder og henspill til redsel for overvåkning. Mente han at Mikkel var paranoid, eller var det selvironi?

I juli tar Mikkel opp fornyelse av leiekontrakten.

11:00 5. juli 2011

Mikkel: Yo! Hvordan gjør vi det med ny leiekontrakt og slikt? Har du prata med Asgeir om det?

Sondre: Nope. Møtte han her om dagen, da han låste meg inn, og han nevnte nada annet enn vasking. Men du skulle jo egentlig skrive ny, når er du i byen igjen?

Mikkel: Om tre uker. Kan fikse underskriving, men kan du få hørt med ham om vi faktisk får fornye?

Sondre: Kis, du ligger to måneder etter, prata med han for lenge sida. Men skal si det til han neste gang når du er her og sånn :) ferier og fest fett!

11:20 5. juli 2011

Mikkel: Bra! Er i Oslo om tre uker. Kan få kontrakt på mail og sende den til ham i posten eller i verste fall dra opp og signere.

19:32 19. juli 2011

Sondre: Yo! Noe spennende å fortelle?

13:05 20. juli 2011

Mikkel: Ja! Akkurat nå drikker jeg absint i Praha, etter et opphold i Budapest ..og en festival som var awesome. Hva med deg?

14:10 20. juli 2011

Sondre: Fett :) jeg chillern. Tar det som at vi ses i trondheim til høsten

Mikkel: Er tilbake i Oslo på mandag. Kan prate om ordning av leiekontrakt da. Men lett Trondheim. Du blir der altså et år/ halvår til?

Sondre: Kult :) ja, ser sånn ut. Heia oss!

Jeg husker at Sondre var litt usikker på hva han ville studere på den tiden. Han lurte på om han skulle fortsette i Trondheim eller flytte tilbake til Oslo. Men etter ferien var både Sondre og Mikkel tilbake i *T-town*.

20:00 23. sept. 2011

Mikkel: Kis, skal du til Mariann i kveld?

Sondre: Yes :) sending nå bare

Mikkel: Aight. Veit ikke hvor hun bor, så gidder du si ifra når du går forbi hjemme? Så har jeg guide.

Sondre: Jadda, masa. Mekk spliff

Mikkel: For deg? Da må jeg ha noe å mekke med.

Sondre: Så gi faen da, sutreguri. Er der om 20

Mikkel må altså ha hjelp til å finne veien til Mariann. Ellers er tonen dagligdags.

I februar 2012 skjer det noe utenom det vanlige, og Mikkel betror seg til Sondre.

12:39 10. feb. 2012

Mikkel: Våken?

13:24 10. feb. 2012

Sondre: Fuck fuck fuck

16:45 15. feb. 2012

Mikkel: INGEN må få vite det. Ingen.

17:08 15. feb. 2012

Mikkel: Takk for at jeg kan stole på deg :)

Sondre: Null stress, kompis! Stakk på ai suma uansett forresten, så tilbudet står et kvarter til :)

AiSuma var en restaurant like i nærheten. Hva skulle Sondre der? Hva slags tilbud var det snakk om? Og hvorfor var Mikkel så takknemlig?

De siste meldingene er datert mars 2012.

00:12 15. mars 2012

Mikkel: Våken?

Sondre: For så vidt lagt meg, kunne rulla en nattings. Hva skjer?

Mikkel: Har du en pipe jeg kunne låne?

Jeg har lest mer enn nok meldinger. Nå er det på tide å få

Sondres venner på tomannshånd, og invitere dem hjem til meg, en etter en. Jeg begynner med Mariann og Alex. Det var dem Sondre hadde ringt mest til den siste måneden. Jeg tar kontakt med Alex via facebook, og Mariann på SMS.

De vil gjerne snakke med meg, og jeg inviterer dem begge på middag samme helg, Alex på lørdag og Mariann på søndag. Alex trenger ikke noen veibeskrivelse, for han har vært her før sammen med Sondre da de gikk på videregående.

Alex har mye å fortelle. Han ble kjent med Sondre da de gikk på videregående, via barndomsvennen Mikkel. Høsten 2009 dro han til Trondheim for å studere. Alex flyttet inn på studentbyen sammen med Mikkel og Sondre, men etter det første semesteret var han allerede lei av studiene. Han dro tilbake til Oslo, og fikk jobb på en bensinstasjon. Nå bor han på Ekeberg sammen med kjæresten Emma.

Alex forteller at han hjalp til med å bære den ekstra brede og tunge rammemadrassen opp alle trappene da Sondre flyttet fra Skillebekk til Carl Berners Plass. Men senere var han ikke så ofte på besøk. Det var som oftest Sondre som kom til ham, eller de møttes ute. De var også på joggetur sammen rundt Sognsvann.

I mars var riktig nok Alex i leiligheten for å vanne planter mens Sondre var bortreist. Han kan ikke huske hvor Sondre hadde vært den gangen, men det var uansett bare et par dager. Jeg spør om han vet noe om den andre leieboeren i leiligheten. Alex sier at han aldri så noen andre. Han tror ikke Sondre delte leiligheten med noen inntil Odin flyttet inn i begynnelsen av august.

Jeg syns dette er litt merkelig, for jeg spurte Sondre flere ganger om hvordan det gikk med *samboeren*, og om de kom godt overens. Sondre fortalte at det gikk bra, og at han var en rolig type som *bare jobba og sov*. Kan det være derfor Alex ikke har sett ham? For Sondre hadde vel delt med noen? Hvordan kunne han ellers ha klart å betale over 10,000 kroner i månedsleie når han fikk under 7,000 i måneden i studielån? Alex svarer at han ikke hadde spurt Sondre hvor mye han betalte i husleie, og at han egentlig aldri hadde tenkt over at det var dyrt å bo der alene.

– Jeg skulle så gjerne ha visst hva som var i veien, sier jeg. Vet du noe? Fortalte Sondre deg noe?

Alex sier at han tror det skjedde noe i slutten av juli, etter at Sondre og de andre vennene hadde vært på en festival på Sørlandet. Det var Odin, Elias og Hanna, Mariann og Sondre som dro sammen på festivalen. Alex vet ikke helt hva det var som skjedde, men han vet at Sondre følte seg ukomfortabel sammen med de andre vennene etter dette. Selv merket ikke Alex at noe var galt før i begynnelsen av september. Det var på søndag 1. september, mens de to gikk tur på Ekeberg. På veien passerte de to andre turgåere, og like etter spurte Sondre om de hadde stoppet og snakket med dem. Det hadde de ikke, svarte Alex. Men Sondre trodde åpenbart at de hadde hatt en lang samtale. Alex skjønte at noe var galt, og etter hvert forsto Sondre det også.

– Jeg ba Sondre om å snakke med en lege, sier Alex. For å få henvisning til psykolog. Jeg ga han nummeret til min egen fastlege, og anbefalte å ta kontakt med henne.

Jeg viser Alex samtalespesifikasjonen. Der kan vi se at Sondre ringte nummeret han fikk av Alex allerede neste dag. Deretter ringte han Fastlegetelefonen, sikkert fordi fastlegen til Alex ikke hadde ledig plass. Neste oppringning var til Stensparken Medisinske Senter på Bislett. Sondre ringte samme nummer to dager senere. Det var den 4. september. Alex mente at Sondre hadde vært hos en lege på denne tiden, men visste ikke sikkert. Men fredag 6. september ringte Sondre til Alex og sa at han følte at noe var galt.

– Sondre trodde at Odin kunne ha putta et eller annet i ølet hans, sier Alex. Men vi fant raskt ut at det ikke kunne stemme.

Sondre var ute et sted da han ringte. Han hadde vært i kontakt med Stina den kvelden også, men hun var visst ikke i byen. Samtalespesifikasjonen bekrefter at Sondre først ringte Stina, og deretter Alex.

Alex og Emma traff Sondre på Ekeberg den kvelden. Sondre var klar på at han ikke ville dra hjem, siden Odin var der. Alex foreslo at Sondre kunne overnatte hos dem, men han ville heller dra hjem til meg. Det var den kvelden han kom for å overnatte, etter det han kalte en krangel.

– Jeg tror Sondre hadde psykotiske episoder, sier Alex. Både på Ekeberg da vi gikk tur, og fredagen etter, før han dro hjem til deg. Jeg blir fortvilet. Sondre må jo ha visst at noe var galt, siden han snakket med Alex om det. Hvorfor ville han ikke snakke med meg?

– Hvorfor sa han ingen ting? Jeg ville jo ha gjort hva som helst for å hjelpe ham!

– Han kan vel ha tenkt det samme som deg, sier Alex. Han var glad i deg og ville vel beskytte deg, han også.

Jeg forstår ikke helt hva Alex mener, men stiller ham heller et annet spørsmål som jeg gjerne vil ha svar på.

– Tror du Sondre gikk rundt i byen alene den siste natta?

– Nei, han fant seg sikkert et sted å overnatte.

Men Alex vet heller ikke hvor Sondre var den natta. Jeg er ikke overbevist.

– Jeg vil gjerne invitere både deg og Emma hit igjen på middag, sier jeg før han drar. Vi avtaler neste helg.

Dagen etter kommer Mariann. Jeg har mye jeg vil spørre henne om, både om tiden i Trondheim og det siste året i Oslo. Mariann og Sondre flyttet til Oslo omtrent samtidig, våren 2012.

– Vi arbeida begge to med å pusse opp et aktivitetssenter for barn og ungdom, og seinere drive det, sier Mariann. Men i oktober i fjor var prosjektet slutt, og senteret ble overtatt av bydelen.

Sondre hadde fortalt meg at han hadde fått deltidsjobb på en fritidsklubb. Om høsten spurte jeg hvordan det gikk med jobben, men da sa han at klubben hadde blitt nedlagt. Jeg får ikke dette til å stemme med selvangivelsen, for der står det at Sondre ikke hadde inntekt det året. Mariann forklarer at de fikk lønna utbetalt kontant, siden de var registrert som frivillige. Det var Hanna som var prosjektleder, forteller hun.

– Var det godt betalt?

Mariann vet ikke. Det var timebasert.

– Kunne det være nok til depositumet for leiligheten?

Mariann er usikker.

– Men kanskje Sondre tjente penger på bitcoins? Odin sa noe om det.

– Æ har ikke peiling på bitcoins, svarer hun. Men æ hørte alltid at Sondre, Odin og Elias snakka om det.

Mariann ble først kjent med Sondre via Hanna og Elias, etter at Sondre hadde begynt i studentradioen. Da Sondre flyttet inn i Innherredsveien ble de naboer også. De bodde bare femti meter fra hverandre, og Mariann hadde ikke vaskemaskin.

– Det var en god del flørting til å begynne med, men vi var ikke noe kjærestepar, Sondre og æ.

Jeg har jo allerede lest flere år med tekstmeldinger mellom dem, men det vil jeg ikke fortelle. Jeg spør om hun besøkte Sondre ofte på Carl Berners Plass også, og om hun vet noe om han som hadde delt leiligheten med Sondre?

– Han bodde på soverommet, forteller Mariann. Der Odin har flytta inn nå. Men han va nesten aldri der. Æ trur kanskje han var oljearbeider.

Nå blir jeg usikker. Hvem snakker sant, Alex eller Mariann? Eller vet de virkelig ikke?

– Jeg fant en pappkasse i kjellerboden, forteller jeg. Den inneholdt papirer som kan ha tilhørt denne oljearbeideren. Er det mulig å finne ham kanskje? Han vil vel ha papirene sine?

Mariann lover å spørre Odin.

Jeg forteller Mariann hva Alex har sagt om de psykotiske episodene. Mariann sier at hun har hørt om et tilfelle der Sondre ikke ville treffe Elias og Odin ute, etter at Elias sendte en melding med forslag om å treffes et sted.

– Sondre trodde visst at Elias og Odin hadde planer om å ta han, sier Mariann.

– Hva? På hvilken måte?

– Banke han opp, eller no. Men sjøl opplevde æ aldri at Sondre oppførte seg merkelig.

– Før han dro til Trondheim pleide Sondre å ha et balltre stående ved enden av senga si, forteller jeg. Det var etter at han ble forsøkt rana rett utenfor her, en gang han kom hjem litt sent på kvelden.

– Det balltreet hadde han i Trondheim også, forteller Mariann.
Og så hadde han noe i skapet han kalte en zombiepack. Den
inneholdt noe overlevelsesutstyr. Det var nå liksom bare Sondre,
det. Æ tenkte aldri på det som noe merkelig.

– Sondre kunne jo spøke om alt mulig, også.

– Ja, vi hadde mange gode samtala, sier Mariann. Men æ kan
huske en gang Sondre var nedfor. Han sa at han var lei seg fordi
han ikke fikk brukt det potensialet han tross alt visste han hadde.
De hadde også diskutert selvmord, og hvorvidt det kunne
forsvares.

– Sondre var fast bestemt på at det var galt, sier Mariann. Han
var veldig bestemt på det. Det e det som e så merkelig, at han
kunne gjøre noe sånt. Det hadde æ aldri trudd.

Jeg tenker på eksamensresultatene som var så gode på
videregående. Etter første semester på universitetet gikk det bratt
nedover. Sondre var opptatt med radioen, men var det andre
grunner til de dårlige resultatene? Det gikk jo dårlig det siste året
også, det viser utskriften fra universitetet i Oslo. Og det til tross
for at han hadde gledet seg veldig til å begynne på det nye
studiet.

Sondre hadde ikke vært fornøyd det siste året i Trondheim, det
visste jeg. Men i januar 2012 fortalte han begeistret at han skulle
begynne på nytt studium i Oslo. Han ville ha oss med til Botanisk
Hage på Tøyen, der han hadde lyst til å bli praktikant. Jeg var så
fornøyd med at Sondre hadde funnet ut helt sikkert hva han ville.
Han hadde fått tilbake ambisjonene og den gamle gnisten. Han
virket så glad på den tiden.

Etter at studieåret begynte var han fortsatt fornøyd. Han fortalte
at han likte seg godt, og spesielt på laben. Han sa riktig nok ikke
noe særlig om hvordan det gikk til eksamen, men nevnte en gang at
han hadde hatt uflaks før sommeren og skulle opp til konte-
eksamen i august. Gikk de dårlige resultatene mer inn på ham enn
han ga uttrykk for? Var det stressende at han strøk til eksamen?
Hvorfor hadde det blitt så vanskelig?

Var det sant det Odin fortalte om at Sondre hadde røykt mindre
hasj i Oslo enn han gjorde i Trondheim? Odin hadde jo sagt at han

ikke traff Sondre så ofte før i sommer. Hvordan kunne han egentlig vite hvor mye Sondre røykte?

Mariann vet sikkert en hel del. Men jeg kan ikke spørre henne direkte om hasjrøykingen.

– Alex fortalte at dere var på en festival i sommer, sier jeg prøvende. Var du med på den?

– Ja, det var en dj-festival i Arendal, svarer Mariann. Det var vel den 19. til 21. juli. Vi hadde det fint alle sammen. Det var kjempeflott vær. Vi bada og kosa oss i tre daga.

Sondre hadde ikke med seg noen shorts, men han fikk låne en av henne. Etterpå hadde han beholdt den. I følge Mariann var visst alt bare idyll på festivalen. Alex sa noe helt annet. Jeg begynner å tvile igjen, men vil ikke at Mariann skal merke noe.

– Skal vi se etter shortsen din blant klærne hans? De ligger på rommet hans, alle sammen.

Mariann vil gjerne se rommet. Hun ser seg nøye om, og kikker i bokhyllene mens jeg leter i posene med klær. Jeg finner en shorts, men det er ikke hennes. Mariann kan godt tenke seg en av t-skjortene i stedet, og plukker ut en med påskriften *Hakuna Matata*. Hun er visst oppriktig glad for å få med seg et minne om Sondre.

Mariann takker for seg og drar hjem. Jeg blir sittende og tenke gjennom alt hun har fortalt. Alex og Marianns historier stemmer ikke helt. Alex sa jo at han ikke trodde Sondre delte leiligheten med noen. Hvem var i så fall denne *oljearbeideren*? Dessuten er det festivalen. Alex mente de hadde hatt en uoverensstemmelse der, mens Mariann fortalte at alt hadde vært kjempefint.

Jeg vil vite mer om dj-festivalen, og leter på facebook, på Sondres profil. Sehr Schön-festivalen er blant de siste arrangementene han meldte at han deltok på. Det er visst en ganske eksklusiv festival, spesielt for tekno-interesserte. Arrangørene har lagt ut bilder av vakre mennesker som hygger seg i naturskjønne omgivelser. Været er kjempefint, akkurat som Mariann sa. Teltleir ved bredden av et vann, og servering i en gammel låve, eller et stort uthus. Om natta er det lyssatt med fargerike led-lys.

Jeg tenker på de psykotiske episodene Alex fortalte om. Trodde han virkelig at vennene var ute etter ham? Hadde Sondre blitt paranoid?

Jeg går på nettet igjen, og søker på paranoia. Hos nettdoktoren finner jeg en god del informasjon om paranoid schizofreni. Schizofreni er en sykdom som vanligvis bryter ut tidlig i tyveårene hos menn, og litt før hos kvinner. *Årsakene er usikre, men forskning viser at genetiske faktorer spiller en rolle.* Dette må jeg vite mer om. Jeg husker plutselig noe Miriam fortalte for en stund siden. Hun har en eldre søster som lider av schizofreni. Hun vet sikkert mye om sykdommen.

Jeg ringer Miriam med det samme. Hun er glad for å høre fra meg.

– Jeg har tenkt veldig mye på deg siden begravelsen, sier hun. Hvordan har du det?

Jeg forteller om alt jeg har funnet ut, og spesielt om Sondres psykiske tilstand.

– Kan Sondre ha fått schizofreni? Jeg har jo tenkt på det du fortalte om søsteren din. Hvordan oppdaget dere egentlig at søsteren din var syk?

– Søsteren min er en god del eldre enn meg, og det begynte da jeg var liten, da hun var omtrent femten eller seksten år gammel. Jeg husker bare at foreldrene mine tok henne med til flere forskjellige leger. Det er så lenge siden.

– Det er sikkert ikke så lett å finne ut, sier jeg.

– Nei, det er akkurat det, sier Miriam. Men vet du, svigerinnen min er faktisk ekspert på schizofreni. Hun har behandlet schizofrene i mange år. Kanskje du kan snakke med henne? Skal jeg ringe henne for deg, og høre om hun kan møte deg?

Det vil jeg mer enn gjerne. Miriam ringer med det samme, og vi gjør avtale med svigerinnen om å møtes hos Miriam tirsdag etter arbeidstid.

På mandag tar jeg kontakt med fastlegen min, og får time allerede neste morgen. Jeg må ha en sykmelding. Dessuten vil jeg be om henvisning til psykolog. På den måten kan jeg sikkert finne ut enda mer om psykiske lidelser. I tillegg trenger jeg hjelp til å finne navnet på Sondres fastlege. Jeg vil prøve å få innsyn i journal hans, og gjerne også snakke med den nye legen han kontaktet.

Vel inne på legekontoret forklarer jeg legen hva som har skjedd. Hun gir meg både sykmelding og henvisning til psykolog med det samme. Jeg viser for sikkerhets skyld fram erklæringen fra skifteretten og forklarer at jeg gjerne vil vite så mye som mulig om min sønns helse, for å finne svar. Kan hun ringe fastlegeordningen og be om navnet på Sondres fastlege? Hun ber om fødselsnummeret hans, og taster det inn i datamaskinen sin.

– Sondres fastlege holder til i Trondheim, sier hun.

– Det må være den gamle fastlegen hans, sier jeg.

– Nye fastleger registreres ikke i systemet før neste måned, legger hun til.

Hvis Sondre fikk ny fastlege i september er det fortsatt for tidlig å finne ut hvem det er. Men siden jeg har nummeret til legekontoret så er det vel bare å ringe dit? Jeg drar hjem og ringer den gamle fastlegen med det samme. Han er forståelsesfull og noterer navn, adresse og personnummer. Han skal gjøre hva han kan for å få sendt meg kopi av Sondres journal. Han må bare innom praksisen sin først, for å finne papirene.

Noen dager senere får jeg kopi av journalen i posten, sammen med et brev der legen skriver at han har klarert dette med Fylkeslegen for å forsikre seg om at det er greit. Og det er det altså.

Journalen inneholder uansett ikke noe spesielt. Det viser seg bare at Sondre gikk ganske ofte til legen. For det meste klagde han på halsbetennelse. Den sterkeste medisinen han fikk på resept var Noskapin, mot tørrhoste. Det kom sikkert av at han røykte.

Så ringer jeg Stensparken Medisinske Senter. Der forklarer jeg igjen situasjonen. Jeg får snakke med en hyggelig sykepleier som forteller at Sondre fikk time hos dem den 4. september, hos en lege som dessverre er på ferie akkurat nå. Men jeg kan gjerne få snakke med ham så snart han er tilbake. Det beste er kanskje å sette opp en time, foreslår sykepleieren.

– Da skriver jeg bare at moren kommer. Passer det med tirsdag kl. 12?

– Ja, gjerne, svarer jeg takknemlig.

Samme kveld drar jeg på besøk til Miriam for å snakke med svigerinnen hennes, spesialisten. Hun vet en del om bakgrunnen, men jeg forteller henne likevel hva som har hendt, og hva jeg selv og Sondres venner har sett og opplevd.

– Kunne det være et utbrudd av schizofreni, tror du?

– Det er ikke utenkelig, sier hun. Med forbehold om at diagnosen kan være vanskelig å stille selv under helt vanlige omstendigheter.

Det finnes flere typer schizofreni, forteller spesialisten. Alvorlighetsgraden varierer også. Noen ganger kan pasienten være klar over sin egen sykdom, andre ganger ikke.

– Sønnen min var helt sikkert klar over at noe var galt, forteller jeg. Han bestilte jo time hos en lege. Det gjorde han allerede dagen etter den episoden vennen hans fortalte om, da de gikk tur.

– Vennene er i hvert fall veldig gode informanter.

Jeg spør henne om årsakene til schizofreni, og om hvilke faktorer som spiller størst rolle, enten det er arv eller miljø. Jeg har lest om tvillingstudier som viser at genetiske faktorer er viktige, men at schizofreni ikke dermed behøver å være arvelig. Nå får jeg vite at miljøfaktorer også er viktige. Stress og påkjennelser kan utløse schizofreni, men det kan også bruk av hasj eller andre narkotiske stoffer.

– Mange undervurderer farene ved å røyk hasj, legger hun til.

Dette er urovekkende, og gjør meg enda mer betenkt over det vennene har fortalt. Jeg takker for hjelpen. Er glad for at hun tok seg tid til å treffe meg, enda vi ikke kjenner hverandre fra før.

Jeg har fått mye informasjon, men på vei hjem tenker jeg at det fortsatt er mye å finne ut av. Jeg må snakke med legen Sondre gikk til, og psykologen, og flere av Sondres venner. Spesielt Elias, Stina og Mikkel. Jeg må også snakke med venner som ikke er med i gjengen rundt Odin.

Jeg tenker først og fremst på Sara. Hun var en av Sondres aller nærmeste venner. Det har tekstmeldingene fra den gamle mobilen bekreftet. Etter videregående holdt de stadig kontakten, selv om de bodde på hver sin kant av landet. Sara var i utlandet en periode, men de sendte hverandre stadig tekstmeldinger. Sara var redd for å fly, men det gikk bra så lenge Sondre krysset fingrene for henne. Og det gjorde han visst mer enn gjerne.

Jeg tenker også på barndomsvennen Adrian. De var i begravelsen, både Adrian og moren hans, Nora. Men det var ikke så mye vi fikk sagt til hverandre den gangen. Jeg skulle gjerne ha snakket mer med Nora. Jeg husker en samtale vi hadde for mange år siden, da hun fortalte at faren til Adrian hadde schizofreni. Han fikk diagnosen da Adrian var baby, og de gikk fra hverandre et års tid senere. Kanskje hun kan fortelle meg hvordan hun oppdaget at han var syk?

Jeg ringer Nora.

– Adrian har tatt dette veldig tungt, sier hun. I løpet av ett år har han mistet to av sine nærmeste barndomsvenner. Først Benjamin, og nå Sondre.

Hun forteller at Adrian er opptatt med hjemmeeksamen. Nora har det travelt med et prosjekt, men hun vil gjerne treffe meg så snart det er ferdig.

Så tar jeg kontakt med Sara. Hun er i Danmark, der hun har studert siden august. Vi snakker sammen på Skype. Jeg vil først og fremst vite om hun traff Sondre i løpet av sommeren, før hun flyttet til Danmark. Hun forklarer at det dessverre ble litt hektisk før hun dro. Hun er lei seg fordi hun ikke fikk tid til å treffe ham. Sondre tok kontakt på facebook for å treffes mot slutten av juli, men hun så ikke meldingen hans før et par dager senere. I meldingen hadde Sondre fortalt at han hadde hatt et *semi-sammenbrudd*. Sara sender meg meldingene de utvekslet:

7/24, 8:47pm

Sondre: Hey hva skjer? Skal du jobbe imorra? Har for en gangs skyld masse å si. Kan komme til lokalpuben din og kjøpe deg en øl

7/27, 8:32pm

Sara: Har du masse å si?!! Om hva????

7/27, 8:44pm

Sondre: Haha, hadde litt semi-sammenbrudd bare, mye bedre nå men møt meg før tirsdag så skal jeg fortelle!

7/27, 8:49pm

Sara: Semisammenbrudd? Før tirsdag

Den 27. juli var en lørdag. Tirsdag var bare tre dager senere. Da skulle Sondre på feltkurs på Finse. Sara rakk ikke å treffe Sondre før tirsdag. Et par uker etter at han kom tilbake fra Finse, dro hun til Danmark.

De snakket sammen på facebook etter at Sara hadde reist, men hun er likevel lei seg for at hun overså den viktige meldingen.

– Men han sa jo selv at han var mye bedre, sier jeg trøstende. Du må ikke bebreide deg selv!

Dagen etter har jeg min første psykologtime, hos en psykolog som heter Evelyn. Jeg blir vist inn på et kontor, og vi tar plass på hver vår stol.

Hun ser på meg uten å si noe. Det blir en ukomfortabel stillhet. Hva skal jeg gjøre nå? Jeg forteller henne at jeg aldri har vært hos noen psykolog før, så jeg vet ikke hvordan dette fungerer.

Evelyn gjør ikke annet enn å nikke, men så blir det stille igjen. Jeg forklarer bakgrunnen for at jeg er her, at sønnen min nylig har gått bort. Det skjedde plutselig, han tok sitt eget liv, og jeg må finne ut hvorfor. Evelyn kondolerer og sier at hun forstår hvor vanskelig dette er for meg. Ja vel? Hun sier ikke mer, så jeg forteller videre om det som har skjedd, og hva jeg har funnet ut.

– Jeg har tenkt på om det kan ha vært et utbrudd av schizofreni.

Evelyn har endelig noe å si.

– Alle vet at schizofreni er arvelig. Du bør være forsiktig med å snakke om dette, av hensyn til sønnen din.

Jeg skal til å spørre *hvilken av dem?* før jeg skjønner at hun selvfølgelig mener Jonas.

Rådet er nok velment, men akkurat nå bryr jeg meg ikke om hva *alle vet*, og jeg er heller ikke bekymret for hva folk kanskje kan tro. Jeg snakker videre om hva vennene til Sondre har fortalt, og hvilke spørsmål jeg fortsatt trenger svar på. Etter hvert kommer Evelyn inn på hvordan jeg føler meg, og spør om jeg gråter.

– Nei, jeg gråter egentlig veldig lite, svarer jeg.

– Du bør gjøre noe for å fremkalle gråt, foreslår hun.

Jeg tenker over forslaget, men får ikke noen idéer til hva jeg i så fall skulle gjøre. Det føles helt feil. Skal jeg fremkalle reaksjoner jeg ikke har? Jeg prøver å forklare henne hvorfor jeg ikke gråter.

– Jeg må jo først vite hva som har skjedd. Det er vanskelig å bearbeide det som har skjedd så lenge jeg ikke vet hva det er. Jeg må først forstå hva jeg egentlig sørger over.

På vei ut av kontoret har jeg allerede bestemt meg for at jeg ikke skal treffe henne flere ganger. Vel hjemme ringer jeg senteret og ber om en ny psykolog til neste time. Det ordner seg visst.

Elias og Hanna kommer på besøk neste helg. Hanna er pratsom, og forteller om tiden i Trondheim, flyttingen til Oslo, og arbeidet med aktivitetssenteret i fjor sommer og høst. Både Mariann og Sondre var med på det. Jeg spør om de frivillige fikk betalt kontant. Hanna er usikker.

– De fikk vel det, sier hun etter å ha tenkt seg om.

– Det må du vel vite, sier Elias litt irritert. Du var jo prosjektleder.

– Det var ikke så lett, svarer Hanna. Hele prosjektet ble starta opp av en privatperson, en fyr med masse penger som ville at sønnen hans skulle ha noe å gjøre, at han skulle klare noe, liksom. Men det gikk ikke så bra, så etter hvert måtte Hanna selv ta ledelsen. Til slutt ble senteret overtatt av bydelen.

Jeg holder meg unna vanskelige spørsmål om hasjrøyking og hva de gjorde i USA. Spør heller om studiene det siste året.

– Sondre likte seg på Blindern, forteller Elias. Han likte spesielt laben, og fikk mange nye venner blant medstudentene. Jeg tror Sondre var den eneste av de nye studentene som ville bli med i akvarieforeningen. De som var aktive der gikk jo rundt hele tiden og prøvde å rekruttere nye medlemmer.

Elias syns det var rart å se kransen fra akvarieforeningen i begravelsen.

– Ja, nesten litt komisk, innrømmer han.

Etter hvert spør jeg hvordan Sondre egentlig hadde det de siste månedene.

– Når merket du først at noe var galt?

– Det var i juli, da vi skulle på festivalen, svarer Elias.

Sondre ville først ikke dra, men Odin ville absolutt at han skulle bli med. *Det er vel ingen sak å pakke et håndkle og en sovepose!* hadde Odin sagt. Sondre ga seg, men fant ikke soveposen.

– Han sa at jeg hadde stjålet soveposen hans, forteller Elias. Det var vel det første jeg syns var merkelig.

– Det var helt fint på festivalen, sier Hanna. Men da vi hadde kommet hjem trodde Sondre at det hadde vært en kjempekrangel der.

– Han ville ikke bli med ut heller, fortsetter Elias.

Dette stemmer med Marianns historie om at Sondre ikke ville treffe Elias og Odin fordi han mente de hadde planlagt å *ta ham*. Men hvordan visste de hva Sondre tenkte, når han ikke ville bli med dem ut? Og hvordan hadde de fått vite om krangelen han mente de hadde hatt på festivalen? Sondre hadde vel ikke konfrontert Odin og Elias med krangelen de hadde hatt, eller sagt at han mistenkte dem for noe? Var det Alex som hadde fortalt dem dette? Og hvis Sondre mente han hadde hatt en kjempekrangel med Odin og Elias, hvorfor hadde han invitert Odin til å flytte inn hos seg?

Dette er ikke lett å forstå, men jeg må fortsette. Jeg har flere spørsmål til Elias.

– Hvordan var det på feltkurset?

Elias og Sondre var jo sammen på Finse etter at de kom tilbake fra festivalen, helt i slutten av juli og begynnelsen av august.

– Jo da, det var helt fint der, sier Elias. Men da jeg prøvde å snakke med Sondre om hva som var i veien, ville han ikke fortelle meg hva det var.

Elias nevner også at Sondre virket opprørt en dag han kom innom for å hente en golfkølle han hadde stående hos dem.

– Jeg har aldri tenkt på Sondre som voldelig, sier Elias. Men akkurat da lurte jeg på hva han skulle med golfkølla.

– Sondre hadde lovet lillebroren sin at de skulle spille golf sammen, svarer jeg.

Det var den siste gangen han var hjemme. Søndagen før han døde. Det var den dagen Sondre hadde foreslått å tagge butikken til den pedofili-mistenkte. Jeg forteller Elias hva vi hadde snakket om den dagen, og hva Sondre foreslo. *Noen av oss som har blitt misbrukt burde dra dit om natta, og tagge den ned.* Jeg gikk ut fra at Sondre kjente noen som var blitt misbrukt og identifiserte seg med ham eller henne.

– Jo, det var nok den dagen Sondre kom innom for å hente kølla, svarer Elias.

– Han var ikke opprørt da han dro fra meg, sier jeg.

– Da må han vel ha blitt det mens han satt på banen, mener Elias.

Hadde Sondre blitt opprørt på grunn av det jeg hadde fortalt? Jeg burde ikke ha nevnt den saken. Hvis jeg bare hadde forstått hvordan han følte seg!

Dagen etter ligger det en pakke i postkassa. Det er kondolanseboka som studentpresten hadde lagt ut for medstudentene på Blindern. Boka er full av medfølende ord og fine omtaler. En av lærerne har skrevet det aller første innlegget:

Som en av Sondres lærere ønsker jeg å si at han var en av de studentene jeg hadde sett for meg som en av de jeg gjerne skulle hatt som min masterstudent. Jeg husker han som en interessert, flittig, høflig og oppmerksom student. Og jeg synes dette er ufattelig trist! Min aller dypeste medfølelse!

Medstudentene har også mye fint å si om Sondre. Boka er kjærkommen lesning, full av åpenhjertige og tankefulle innlegg. Noen av meldingene er fra medelever på videregående som studerer ved andre institutter. Det er meldinger på engelsk og arabisk så vel som norsk. Boka gir inntrykk av at Sondre hadde mange venner blant medstudentene, og et godt studiemiljø. Flere av medstudentene gir Sondre ros for å ha bidratt til det fine miljøet.

Nå har vi mista mye mer enn en god medstudent. Vi har mista en person som spredte en harmonisk stemning hver dag, med lune smil, gode replikker og en sjukt ålreit væremåte mange burde ta lærdom av. Jeg kommer til å savne plassen nedafor Sondre og Elias på sida av forelesningssalen - Helt i ro, helt kult.

Jeg blir spesielt glad for å få vite at Sondre var til støtte for andre studenter:

Eg la merke til Sondre tidlig i semesteret og tenkte at han var kul. Ja, så kul at det gikk heilt til feltkurset i Drøbak før eg turde prate med han. Frå fyrste stund vart eg fascinert over kor god denne guten var; han sa ikkje eit vondt ord om noken, og han stod opp for ein i klassen som ikkje hadde det så lett. Det eg vil hugse Sondre for er korleis han behandla andre menneskje med respekt og forståing. Eg fekk ikkje kjenne deg lenge, men det blir lenge til eg gløymer deg.

Det var nok ingen av medstudentene som hadde sett for seg at Sondre skulle bli borte på denne måten. For noen av dem var boka en mulighet til å fortsette å snakke med Sondre:

Du var en sykt bra fyr, likte deg fra første stund da du satt og leste i en av dine historiebøker på kaia i Drøbak. Var noe med deg som gjorde at man bare ville være vennen din, ville at du skulle like meg. Finse med deg var supert, særlig den kvelden vi satt i badstua til syv om morgenen, hvor du stadig vekk forsvant, men alltid kom tilbake med et stort smil om munnen. Du var alltid blid og snill, med alle! Er så rart at du er borte. Skulle ønske jeg fikk blitt bedre kjent med deg. Smart var du også... og kul... og behagelig... Kommer til å merke at du ikke er her mer. Kommer alltid til å huske deg. Føler meg beæret av å få bli kjent med deg.

Flere beskriver gode minner, spesielt fra sommerens feltkurs og natta i badstua:

Jeg rakk ikke kjenne Sondre mange månedene, og det er jeg lei for i dag. Gjennom feltkurs på Finse hadde vi det sabla moro sammen. Med Lina og Idar holdt vi koken hele natta gjennom. Det er ei natt jeg ikke vil glemme.

Medstudentene har skrevet at Sondre hadde det fint på det siste feltkurset. Det var helt i begynnelsen av august, og han blir fortsatt beskrevet som smilende og med godt humør. Det var visst ingen tegn til at Sondre var urolig på turen, slik han helt klart hadde vært hjemme hos meg noen få dager senere. Og hva med *semi-sammenbruddet* han hadde hatt like etter festivalen, en uke før han dro til Finse? Det er en lettelse å lese boka. Jeg er glad for at Sondre hadde det bra på den siste turen.

Neste dag har jeg time hos Stensparken Medisinske Senter for å snakke med legen som behandlet Sondre den 4. september.

Jeg er både spent og engstelig. Idet jeg kommer inn på kontoret blir jeg møtt av en hyggelig og relativt ung lege.

– Nå er jeg ganske nervøs, sier jeg med det samme.

– Hvorfor det?

– Jeg har forstått at Sondre hadde noen psykiske problemer og har tenkt at jeg kanskje vil få vite mer om det av deg.

Legen svarer at det behøver jeg ikke være redd for. Sondre hadde bare bedt om en generell helsesjekk. Han hadde fortalt at han var trøtt og manglet energi, men sov godt. Legen målte blodtrykket hans, og tok blodprøver. Alt var fint.

– Vil du ha en utskrift, kanskje?

– Ja gjerne, svarer jeg.

Legen skriver ut et ark på printeren og rekker meg det. Det er bare noen få linjer, og jeg leser raskt:

Konsultasjon
A: Følt seg slapp og dårlig apetitt i det siste. Har hatt det sånn i fem dager. Sover helt fint. Litt dårlig apetitt. Ikke gjort noe utenom det vanlige i det siste. Har faktisk prøvd å skjerpe seg og spise sundere og trene mer i det siste.
V/T: Tar generell blodprøver. Rekvirert prøver Diagnose(r): A04 Slapphet/tretthet

– Tror du han kan ha vært deprimert?

– Nei, svarer legen. Nå har jeg jo mange pasienter hele tiden, men jeg husker sønnen din. Vi spøkte litt og han smilte da han skulle gå, det husker jeg godt. Man smiler ikke når man er deprimert. Sønnen din tok jo dessuten ansvar for sin egen helse. Dette er litt av et mysterium.

Jeg forteller legen at jeg har mistanke om at Sondre fikk et plutselig utbrudd av schizofreni. Jeg vil gjerne høre hva han vet om årsaker til schizofreni. Kan hasjrøyking forårsake schizofreni?

– Nei, det har jeg aldri hørt om, svarer legen. Hasjrøyking kan forårsake panikkangst og andre psykiske plager, men ikke schizofreni.

Legen virker sikker i sin sak, og jeg føler ikke noe behov for å motsi ham, eller fortelle hva spesialisten sa. Jeg slår det fra meg, og takker for samtalen.

Et par dager senere får jeg besøk av en gammel venn, Fred. Han har kjørt helt fra Telemark, og har med seg en liten flaske homeopatisk blomstermedisin til meg. Det skal være bra mot traumer. Jeg skal ta fire dråper i et glass vann, fire ganger daglig. Jeg er glad for medisinen, og ikke minst omtanken. Han får høre hele historien.

Jeg forteller alt jeg har funnet ut. At Sondre røykte hasj, og at han hadde psykiske problemer. At han hadde brutt kontakten med faren sin, og hva Odin og vennene har fortalt. Til slutt kommer jeg inn på idéen om at Sondre kan ha fått et plutselig utbrudd av schizofreni.

– Men det er jo bare det de vil du skal tro, svarer Fred spontant.

Jeg blir overrasket over at han reagerer så sterkt. Men så begynner han å fortelle. Fred har selv opplevd å være psykotisk. Han måtte innlegges for å få behandling. Det skjedde for mange år siden, og det er ikke ofte han snakker om dette. Det er heller ikke noe han har delt med meg tidligere, men nå er det visst ingen vei utenom.

– Da jeg var psykotisk var jeg overbevist om at jeg var udødelig, forteller han. Jeg trodde jeg skulle frelse verden. Men det gikk over. Og det er stor forskjell på å oppleve psykoser og å være schizofren. Jeg har møtt schizofrene, da jeg var innlagt, men det var umulig for meg å komme inn på dem. De levde virkelig helt i sin egen verden.

Fred er sikker på at Sondre ikke hadde schizofreni.

– Men hva er egentlig psykoser? Hvordan blir man psykotisk?

– Det kan komme av vanskelige situasjoner, svarer Fred. Problemer man ikke klarer å løse. Det handler ofte om personlige konflikter. I mitt tilfelle var det forholdet til foreldrene mine som var vanskelig.

– Men du er jo frisk nå, sier jeg. Så da er det altså mulig å bli frisk etter å ha hatt en psykose?

– Joda, det er fullt mulig. Jeg sliter fortsatt med vanskelige følelser, men det er mange år siden jeg var psykotisk.

– Men hvordan klarte du å bli frisk igjen, var det innleggelsen som hjalp?

– Nei, det gjorde den ikke. Etter at jeg hadde vært innlagt fikk jeg tilbakefall. For å unngå en ny innleggelse med medisinering holdt jeg meg innendørs i flere uker. Jeg hadde venner som kom med mat til meg. Jeg trakk bare for gardinene og holdt meg helt i ro inntil det gikk over. Etter hvert gikk jeg ut på små turer, og til slutt følte jeg at jeg taklet hverdagen.

Psykoser kan altså helbredes. Sondre kunne antagelig ha blitt frisk, hvis han hadde fått behandling. Fred tror ikke på schizofreni-diagnosen. Han har riktig nok ikke studert medisin eller behandlet psykoser, men han har opplevd dem selv. Han er sikker i sin sak.

Etter at Fred har gått bestemmer jeg meg for å ringe Nora. Jeg vet at hun har det travelt, så jeg går rett på sak.

– Jeg har funnet ut at Sondre hadde psykotiske episoder. Jeg har snakket med en ekspert om det kan ha vært et utbrudd av schizofreni, men så tenkte jeg at jeg ville spørre deg i tillegg. Hvordan var det, den gangen faren til Adrian ble syk? Hvordan merket du at det var noe galt med ham?

Nora forstår hvor viktig dette er, og forteller gjerne.

– Jo, han begynte å snakke om noen kryp som han hadde under huden, på armene. Han følte at de krøp rundt omkring, under huden. Først trodde jeg det var en virkelig sykdom, og ba ham gå til legen. Men det hjalp ikke. Han kom tilbake og forklarte at legen ikke skjønte noen ting. Litt senere forsto jeg at det ikke fins noen sånn sykdom. Det var bare noe han innbilte seg, dette med krypene som levde under huden.

– Men skjønte han selv at det bare var innbilt?

– Nei, det har han visst aldri forstått, svarer Nora oppgitt. Han ville ikke gå med på at han var psykisk syk. Han ville heller ikke ta medisinen som han fikk av legen. Det gikk en stund før jeg innså at det var håpløst. Jeg måtte til slutt bare ta med meg Adrian og dra.

Samtalen med Nora gjør meg enda mer overbevist. Sondre hadde nok hatt noen psykotiske episoder, men schizofrenidiagnosen holder ikke. Sondre forsto godt at noe var i veien med ham. Det var derfor han var så lei seg da han ønsket at jeg hadde kidnappet ham som barn. Jeg føler meg sikker på dette. Jeg må lete videre. *Question everything.*

Mariann tar kontakt igjen. Hun vil bli med meg til graven, og Stina vil også være med. Mariann har dårlig tid, så vi møtes på veien og tar følge oppover mot kirkegården. Stina skal møte oss der.

– Vi har ikke svikta Sondre, sier Mariann mens vi går.

Det blir stille, men det får det bare bli. Jeg har ikke noe svar på dette.

Vi treffer Stina ved graven. Hun står med hodet bøyd, og snur seg ikke før vi er nesten framme. Hun stryker det rødlige håret bort fra ansiktet, og ser rett på meg med hovne øyne. Jeg ser at hun har grått, og det blir naturlig å gi henne en trøstende klem.

– Jeg så deg ikke i begravelsen?

Stina forteller at hun har vært på akuttopphold ved et psykiatrisk senter etter at Sondre døde. Foreldrene har vært bekymret, sier hun. Jeg svarer ikke, men tenker at de har god grunn til bekymringen.

Stina har med seg gravlys, og det har jeg også. Vi tenner lys alle tre. Det begynner å bli mørkt, og ganske kaldt. Ingen av oss føler for å bli stående særlig lenge ved graven. På vei tilbake inviterer jeg dem begge hjem til meg. Mariann har en annen avtale, og må dra videre med det samme, men Stina takker ja.

Stina sitter ved kjøkkenbordet mens jeg lager kaffe og varmer opp suppe. Det blir ganske stille, men snart er maten er klar.

– Jeg vet at Sondre hadde psykiske problemer de siste ukene før han døde, sier jeg.

Det er nok dette som har plaget Stina, for hun vil gjerne fortelle.

– Ja, jeg merket at noe var galt en gang Sondre ringte meg. Det var fredagen en uke før han døde. Han fortalte at han holdt på å miste kontakten med virkeligheten. Han var veldig engstelig, og visste ikke hva som holdt på å skje. Jeg tenkte først at han hadde fått i seg noe stoff, men så skjønte jeg at dette var annerledes.

– Annerledes?

– Ja, jeg har jo tatt forskjellige ting, jeg også. Det skal jeg ærlig innrømme. Men jeg har aldri opplevd at jeg ikke visste hva som var virkelig. Så dette var skummelt. Jeg var hjemme i Bærum da Sondre ringte, ellers hadde jeg helt sikkert dratt for å hjelpe ham. Jeg ba ham finne seg et trygt sted, ta seg en øl eller noe, og finne seg en base der han følte seg trygg.

Jeg forteller henne det jeg vet.

– Du har kanskje hørt at han dro hjem til meg den kvelden? Sondre ringte Alex etter at han hadde snakket med deg. Men han kom hit litt senere, og overnattet her. Jeg har tenkt mye på hvorfor han ikke fortalte meg at han følte seg dårlig. For jeg merket ikke noe unormalt. Sondre forklarte bare at han hadde kranglet litt med vennen som han delte leilighet med. Han virket ikke engang bekymret over krangelen.

– Jeg hørte at han dro hjem til deg, sier Stina. Det var vel der han fant sin trygge base. Men dagen etterpå ringte han igjen, og ba meg holde episoden for meg selv. Jeg lovte at jeg ikke skulle fortelle noen. Det hørtes ut som alt var bra, så jeg var heller ikke spesielt bekymra.

Stina ba derfor Sondre om hjelp med et dj-oppdrag hun hadde tatt på seg neste helg.

– Jeg hadde senebetennelse, forklarer hun. Jeg ville at Sondre skulle være hendene mine.

Det var oppdraget Stina tenkte på da hun prøvde å kontakte Sondre torsdag formiddag. Han svarte ikke. Stina hadde ikke hørt at Sondre hadde forsvunnet natt til torsdag. Hun fikk et voldsomt sjokk da hun fikk vite hva som hadde skjedd.

Jeg spør Stina hvordan hun traff Sondre. Hun forteller at de ble kjent gjennom studentradioen.

– Det var ganske fint å bo sammen med Sondre i Innherredsveien, men han var ikke akkurat ivrig med husarbeidet. Han vaska badet, det var alt. Han begynte med det etter at du hadde vært på besøk. Det var liksom hans oppgave. De andre rommene rørte han ikke.

Stina maste mye og var ofte irritert på Sondre, men etter hvert innså hun at hun ikke kom noen vei.

– Da røykte han vel hasj, foreslår jeg.

– Jo da, innrømmer Stina. Det ble nok en god del. Vi gjorde det alle sammen.

– Tok Sondre noe annet også? Piller eller noe?

– Vi har jo alle sammen prøvd ecstasy, i hvert fall et par ganger, det skal jeg ikke nekte for. Sondre var ikke noe unntak. Jeg vet at han tok det et par ganger. Men det er ikke sånt vi holder på med i denne gjengen.

Stina snakker varmt om tiden i Trondheim.

– Vi var ute og dansa alle sammen, et par ganger i uka, forteller hun. Det var ikke nødvendig å ruse seg. Vi bare dansa, det var alt. Og så var det radioen vi holdt på med.

Gjengen har holdt like mye sammen i Oslo. Stina studerer pedagogikk, og hun og Sondre pleide å treffes ganske ofte på Blindern, og på utesteder.

Stina har spist ferdig.

– Vil du ha litt mer kaffe?

Hun ser på klokka.

– Nei, det begynner visst å bli sent.

Jeg lar være å spørre Stina om Sondre delte leiligheten med noen. Hun takker for seg og går, uten at jeg har spurt henne et eneste vanskelig spørsmål. Det er best sånn, for jeg vil gjerne ha mulighet til å snakke med henne igjen senere.

Om natten drømmer jeg enda en gang om Sondre. Han ser ut som han gjorde da han var hjemme hos meg for siste gang. Til og med klærne er nøyaktig likedan. Han har på seg dongeribukse og en lyseblå genser. Vi går sammen over gata, side om side. Stedet er velkjent. Det er like ved kontoret mitt. Vi krysser gangfeltet på grønt lys, på vei mot kontoret. Alt ser ut som i virkeligheten, nøyaktig som det pleier. Jeg følger med på trafikken idet vi krysser gangfeltet. Men jeg har mest fokus på samtalen mellom Sondre og meg. *Jeg trodde ikke jeg kunne komme hjem*, sier Sondre. Han er fortsatt litt trist, men tydelig lettet. *Jeg trodde jeg måtte til Spania*, sier han. Nå skjønner han altså at han likevel kan komme hjem. Han behøver ikke dra noe annet sted. Jeg blir også litt lettet for at misforståelsen er oppklart, men uroen slipper ikke helt taket.

Jeg begynner å våkne mens jeg funderer på hva jeg skal svare. Forstår han ikke at han kunne bestemme selv hele tiden? Idet jeg våkner tenker jeg at det er for sent. Men Sondre er ikke bekymret over det. Han tenker ikke på den måten. Kanskje han har rett? Jeg vet ikke.

Jeg blir liggende og tenke. Trodde han virkelig at han ikke kunne komme hjem? Var det derfor han valgte som han gjorde? Forsto han ikke at jeg *aldri* ville avvise ham? At jeg alltid, uansett, ville ta imot ham med åpne armer? At han alltid, alltid kunne komme hjem, akkurat når han ville? Var det ikke det jeg hadde sagt til ham, at rommet hans alltid ville være der? Jeg skulle ikke bruke det rommet til noe annet, hadde jeg jo sagt. Han kunne komme når som helst. Han hadde fortsatt nøkkelen til leiligheten. Den jeg hadde gitt ham for mange år siden, med Simpsons-motiv.

Men hva var det med Spania, nå igjen? Det var jo dit vi pleide å dra på ferie da Sondre var liten. Det var som oftest søsteren min og Ennio vi besøkte, for de hadde god plass i det gamle huset på landet. Sondre besøkte fetteren sin alene også. Først den sommeren de begge var fjorten år, og enda en gang to år senere, da de var seksten. På mobilen hadde Sondre lagt inn et gammelt bilde av seg selv i Spania. Han var antagelig ikke mer enn seks år gammel på det bildet. Det var jeg som hadde tatt det. Sondre med solbriller, midt i veien, i landsbyen.

Sondre og jeg hadde det alltid så fint da han var liten. Vi var så sammensveiset da det bare var oss to. Var det ikke hos meg han følte seg aller mest hjemme? Hvorfor kom han ikke hjem til meg den siste natta? Trodde han ikke at han *kunne* komme hjem?

Var det feil å be ham hente eierskifteskjema for mobil-abonnementet? Jeg angrer på at jeg ba ham om akkurat det. Jeg kunne i det minste ha sagt at jeg skulle plukke opp et skjema selv. Hadde jeg bare ant hvor vanskelig han hadde det! Da ville jeg selvsagt ha dratt hjem til Sondre med en gang, og om han ikke ville slippe meg inn så ville jeg ha ringt politi og ambulanse og gjort hva det skulle være. Det var jo ikke viljen til å hjelpe det sto på, det måtte han vel vite! Jeg ville lett ha løst de praktiske problemene han sto overfor, og jeg skulle helt sikkert ha klart å ordne med behandling også. I mellomtiden kunne han så klart ha bodd hjemme hos meg, og jeg kunne ha tatt fri fra jobben.

Jeg går gjennom det hele og finner ut at Sondre ville ha blitt helt bra, hvis han bare hadde kommet hjem. Jeg ser det for meg, alt sammen. Det skulle ha gått helt fint, bare jeg hadde visst hva problemet var.

Hvorfor kunne ikke Anders ha gitt meg beskjed om at noe var galt, etter at Sondre brøt kontakten? Forsto han ikke at Sondre hadde det tøft? Hvor mye visste han egentlig om situasjonen? Anders må vel ha visst at noe var galt? Enten så forsto han grunnen til at Sondre brøt kontakten, eller så skjønte han ikke hva det var. Men i så fall var det vel enda større grunn til bekymring? Var ikke dette viktig nok til å ta kontakt med meg, tross alt?

Jonas drømmer også om Sondre. I drømmen er vi sammen alle tre, hjemme hos Sondre.

– Det var kanskje i leiligheten i Trondheim, men det så litt rart ut, forteller han. Det var et bad midt i stua, og en vindeltrapp. Men det var visst allikevel hjemme hos Sondre, der vi besøkte ham i Trondheim.

I drømmen sitter Sondre på sofaen og forteller lillebroren sin at han må dra.

– Ja, ikke akkurat *dra*, da vet du. Sondre ville bare fortelle meg at det ikke var noen vei utenom.

Jeg tror det er en slags trøst, at Sondre i hvert fall har gitt ham en forklaring. Kan jeg akseptere det, jeg også? Det kan bli vanskelig.

Flere uker går. Jeg ringer Odin av og til, men han har enda ikke klart å skaffe seg et nytt sted å bo. Eiendomsselskapet har sendt brev om at oppsigelsen er mottatt. For ordens skyld gjør de oppmerksom på at det er tre måneders oppsigelsesfrist. Leien skal betales fram til 31. desember.

Jeg ringer Odin igjen og foreslår at han bør finne et lager der han kan sette møblene sine mens han leter etter ny leilighet.

Saksbehandleren fra eiendomsselskapet er ikke vanskelig, men han må tross alt ha litt tid til å finne nye leietagere. Odin er enig i at midlertidig lagring er en god løsning, og lover å finne et sted snarest. Neste gang jeg ringer får jeg vite at han heller vil flytte tilbake til farens enebolig på Vinderen. Faren bor i Brasil, og Odin har bodd i eneboligen tidligere også, sammen med søsteren sin.

– Det var der jeg bodde før jeg flytta inn hos Sondre, forteller Odin nå.

Det hadde vært fint å vite dette tidligere, men jeg tar det egentlig ikke så tungt. Det er hans egne depositum-penger det går ut over.

– Har du funnet eieren av pappkassa med papirer som står i kjellerboden?

Odin har fortsatt ikke hatt hellet med seg. Jeg tviler på at han har prøvd, men sier ingenting.

Odin lover å sette i gang med pakkingen med det samme. Flyttingen kan skje om et par dager. Vi avtaler å møtes mandag, men på søndag utsetter han til onsdag. Deretter utsetter han igjen. Fredag ettermiddag møtes vi endelig i leiligheten. Men det er ikke mye han har gjort, viser det seg. Han har bare pakket noen av klærne og noen saker på soverommet.

Leiligheten er full av kasser, møbler og søppelsekker. Det eneste jeg kan få gjort er å demontere bokhylla på stua. Odin vil overta klesskapene, så dem skal jeg bare la stå.

Jeg drar hjem etter at Odin har foreslått nytt møte neste dag. Han har dessuten sagt at det ligger noen brev til Sondre i postkassa, men jeg glemmer helt å spørre etter dem idet jeg går. Lørdag morgen drar Annie og jeg til leiligheten med bilen hennes. Vi bærer ut bokhylla, kjøkkenbordet og et par stoler, og dermed har vi hentet de fleste av Sondres møbler. Det som står igjen nå er bare et lite kjøleskap og en kommode. Vi måler og finner ut at det er plass i bilen til begge to på en kjøring. Til slutt går vi ned i kjelleren. Jeg kommer til å tenke på pappkassa med papirer i boden, og nå oppdager jeg at den allerede er borte. Jeg blir irritert på meg selv. Det var en tabbe at jeg ikke noterte navnet som sto på brevene. Jeg skjønner at Odin ikke vil gi meg noe mer informasjon om dette nå, men føler likevel at jeg må spørre hva han har gjort med kassa med papirer. Annie er enig. Hun forsikrer at hun vil hjelpe meg med flyttingen neste dag også, om det skulle bli nødvendig.

Odin har sagt at vi skal møtes igjen i leiligheten klokka tre. Jeg drar tilbake til avtalt tid og låser meg inn med Sondres nøkler. Med det samme jeg kommer inn gjennom døra kjenner jeg lukten av hasj slå mot meg. En mann med rastafletter står på balkongen og røyker en joint. Balkongdøra står på vid vegg, og røyken blir dratt inn i leiligheten, gjennom soverommet, og rett mot meg idet jeg åpner døra. Odin kommer ut i gangen for å hilse på meg, mens vennen på balkongen får det travelt med å slukke jointen.

Jeg spør etter brevene som var kommet til Sondre. Odin forteller at han lot dem ligge i postkassa i går, og at de var borte da han skulle hente dem i dag. De var kanskje fjernet av postbudet, foreslår han. Så minner jeg ham om kassa med papirer i kjellerboden. Odin svarer at han har tatt den med til farens hus allerede. Mistroen mot Odin bare øker, og det blir stadig vanskeligere å skjule den.

Odins kjæreste Miri er på kjøkkenet, opptatt med å pakke ned kjøkkenutstyr. Elias og Odin demonterer skap. Elias hjelper meg med å slepe den tunge madrassen ned alle trappene. Det er allerede for sent på dagen til å kjøre noe til avfallsdeponiet, så vi bestemmer oss for å sette madrassen i kjelleren *i tilfelle noen andre vil ha den*, som Odin sier. Mariann og et par andre venner møter også opp etter hvert. Odin og rastavennen Rudi drar for å leie tilhenger. Vi får beskjed om å bære sakene til Odin ned i kjelleren, der det er en dør ut til baksiden av bygningen. Etter hvert kjører Odin to lass til farens hus, men det er fortsatt mye som står igjen i leiligheten, blant annet det massive salongbordet og flatskjermen som er skrudd fast i stueveggen.

Odin spanderer øl på alle, og det er bare jeg som ikke drikker. Men stemningen i leiligheten er ikke akkurat hyggelig.

Odin er den eneste som snakker noe særlig. Det hele er både mentalt og fysisk slitsomt, og jeg orker til slutt ikke mer av den spente stemningen. Jeg forteller at jeg er trøtt og vil dra hjem. Odin foreslår at vi kan fortsette neste dag. Han snakker lystig i vei om en fotballkamp og foreslår at vi alle starter på nytt etter kampen. Vi blir enige om å møtes igjen i femtiden på søndag.

Søndag morgen drar Annie og jeg tilbake og får med oss kommoden og kjøleskapet i bilen hennes. Det er en stor lettelse å bli ferdig med å hente ut alt som tilhørte Sondre. Mens vi er på vei hjem, ringer Odin og forteller at dagens flytting er avlyst. De ble stoppet kvelden før i en kontroll, og bilen er avskiltet fordi årsavgiften ikke var betalt. Dette må han ordne så fort som mulig, men det kan uansett ikke gjøres på en søndag.

– Det var uflaks, svarer jeg, mens jeg lurer på om han snakker sant.

Odin er ikke til å stole på, det er det eneste jeg er sikker på. Dessverre er jeg fortsatt avhengig av at han fjerner resten av sakene sine fra leiligheten.

Samme ettermiddag kommer Adrian på besøk. Jeg vet at han har vært nedfor siden Sondre døde, men jeg går rett på sak, og forteller om de psykotiske episodene.

– En mulighet jeg har tenkt på er at Sondre kanskje fikk schizofreni.

Adrian er like direkte, og tar opp farens diagnose.

– Jeg vet jo mye om arveligheten av schizofreni, sier han. Men jeg har nå alltid hørt at faren min ble schizofren fordi han røyka masse hasj og tok mye dop.

Jeg forteller om hendelsen i leiligheten der en av Sondres venner røykte hasj midt i flyttingen.

– Det er noe jeg må fortelle deg, sier Adrian. Da jeg var hjemme hos Sondre i mai fikk jeg se inn på soverommet. Det sto en hel masse marihuanaplanter der inne.

Jeg svarer ikke med det samme, så han fortsetter.

– Etter at Sondre døde visste jeg med en gang at jeg måtte fortelle deg dette, men jeg gjorde det ikke før nå, fordi jeg var usikker på hvordan du kom til å reagere. Så jeg tenkte at det var best å vente litt.

– Jeg er veldig glad for at du forteller meg det du vet, svarer jeg.

Mariann snakket jo om denne *oljearbeideren*. Og Odin påsto at han ikke klarte å finne eieren av kassa med papirer. Nå er det hele klart. De lyver begge to.

– Hvor mange planter hadde Sondre i leiligheten?

– Jeg telte ikke akkurat, men det må helt sikkert ha vært minst tjue planter, svarer Adrian. Og i tillegg fortalte han at de produserte flytende hasj.

Adrian forklarer videre.

– Da vi møttes på Blindern siste gangen i august, da var Sondre temmelig shaky. Og så spurte han om jeg kunne hjelpe dem med å sette opp en bitcoinserver. Jeg ville ikke være med på noe ulovlig, så jeg måtte svare nei til det.

Jeg så jo selv at noe var galt i begynnelsen av august. Omtrent ti dager senere la altså Adrian også merke til at Sondre var *shaky*. Han angrer på at han ikke advarte meg.

– Du som studerer IT... kan du hjelpe meg å komme forbi passordet på laptopen til Sondre?

Det vil han prøve på. Vi blir enige om at jeg tar med laptopen hjem til ham om noen få dager, så snart han er ferdig med enda en eksamen.

Sondre drev altså med hasjproduksjon i leiligheten. Det forklarer veldig mye. Først og fremst den utstrakte bruken av kontanter. Men hva med planen om å sette opp bitcoinserver? Odin fortalte jo at de begge hadde tjent penger på den digitale valutaen.

Det er lenge siden jeg har tenkt på bitcoin-forretningen, men nå vil jeg finne ut mer. Et søk på bitcoins fører meg til Bitcoin Forum. Jeg kombinerer forumet med Sondres e-post, uten å få treff. Derimot får jeg opp en hel rekke med poster når jeg bytter ut søket med Odins e-post. Han er kanskje akkurat så fersk som han påstår?

Det er enkelt å spore Odins bitcoin-aktiviteter. Øverst på listen står den nyeste posten, bare to dager gammel. Hans siste handel var vellykket. Post nummer tre i rekken er datert 17. september, bare fem dager etter at Sondre døde.

Posts
Pages: [1]
1 Economy/Currency exchange/ Re: Buying BTC/exchangeUSD for

Skrill(MB),Neteller,Pokerstars,FullTiltPoker++++ on: October 20, 2013, 05:08:30 PM

traded 2 btc fast and hassle free. two thumbs up!

2 Economy / Computer hardware / Re: Raspberry Pi Miners Custom Case + Screen + SD Card + etc on: October 10, 2013, 02:10:27 PM

Shipping to Norway?

3 Economy / Auctions / Re: [WTS] KnC Mercury on: September 17, 2013, 02:41:35 PM

14

4 Bitcoin / Custom hardware / Re: Avalon ASIC users thread on: September 03, 2013, 08:34:39 AM

Thanks Guys. Its hasing nicely along now, on the ethernet.

5 Bitcoin / Custom hardware / Re: Avalon ASIC users thread on: September 01, 2013, 04:36:22 PM

Hello all. After some Internet downtime (damn ISPs) and a swift relocation of my batch 3 3module avalon. I have a hard time getting uptime. The ethernet connection is unbelivably slow and disconnects and connects all the time. It took me 2 hours to connect it to the WIFI. It was up to about 68gh/s for one hour, and then died. Now im having a hard time acsessing the web interface. Anybody got any idea whats causing this slow/briken connection on the ethernet between my avalon and my ubuntu laptop? thanks.

6 Bitcoin / Custom hardware / Re: List of Avalon ASIC batch 3 orders

on: August 13, 2013, 03:31:57 PM

User Order Number # Modules # Ordered PSU (Y/N) Date Paid Shipper Dest. Country Date Received

odin.XXX 81XX 3 1 n 3/26 dhl Norway 8/9

Received...

7 Bitcoin / Custom hardware / Re: Avalon ASIC users thread on: August 09, 2013, 09:35:03 PM

just got my long awaited btach 3, and everything seems to be running nice, but i cant seem to get into the web interface from my wi fi. Anybody knows why? Probably a noob question, but then again, I am a noob

8 Economy / Securities / Re: [BTC-TC]BASIC-MINING on: July 17, 2013, 09:01:01 AM
Splendid news! Makes me sad I sold half of my shares, in a hope to get them back cheaper. Boy was that stupid
Oh well, cant cry over spilled milk as some stupid twat once said.
Keep up the good work, im routing for you!
9 Other / Alternate cryptocurrencies / Re: Ripple Giveaway! on: July 14, 2013, 02:32:10 PM
rpYvPX9BJ8E5toV4NYXWNY3YdM7CfrWhDW
10 Economy / Currency exchange / Re: [WTS] Bitcoins up to 2000€, take: Moneybookers$, NET€, Pokerstars, Bank (EU) on: June 24, 2013, 05:09:09 PM
Sold 5 btc without any problems. Fast and trustworthy. Viel dank meine freund!
11 Bitcoin / Custom hardware / Re: List of Avalon ASIC batch 3 orders on: June 12, 2013, 05:43:53 PM
en til:
User Order Number # Modules # Ordered PSU (Y/N) Date Paid Shipper Dest. Country Date Received
odin.XXX 81XX 3 1 n 3/26 dhl Norway
fred ut.
12 Economy / Auctions / Re: Auction of 100 shares of ASICMINER on: May 16, 2013, 02:08:16 PM
sorry, I thought I said 15 @ 1.65? Typo or not a valid amount of shares?
13 Economy / Auctions / Re: Auction of 100 shares of ASICMINER on: May 16, 2013, 10:10:21 AM
15 @ 1.65
14 Local / Skandinavisk / Re: Svensk ASIC? on: May 02, 2013, 10:26:01 AM
De ville vel bare føle på markedet. Jeg forhåndsbestilte (uten å betale selvsagt) i går og fikk ordrenr. 22XX. hvis det går numerisk er det altså over 2000 ordre på et par uker. Det er heftig, og noe å ta

med seg i en videre business strategi mtp. investorer, bestillinger fra leverandører osv.
15 Other / Newbies / Re: WARNING - BEAR TRAP AHEAD on: April 25, 2013, 12:40:45 AM
Person to person banking. Everybody owes everybody money, its a good idea! Personaly im looking for new ways to get more coins every day
16 Other / Newbies / Re: Where to Buy miners? on: April 24, 2013, 10:33:19 PM
With my avalon batch 3 machine I will take over the world. mohahaha!
17 Other / Newbies / Re: Introduce yourself :) on: April 24, 2013, 10:28:11 PM
God I hate being a NOOB
18 Other / Newbies / Re: Are you holding BTC for the long run, or short term - ?
on: April 24, 2013, 10:26:54 PM
I will cling on to the digital gold forever!

Postene nummer fem og syv forklarer nok Sondres problemer med wifien. Det var Odins Avalon batch 3 maskin og hans Ubuntu laptop som skulle på nettet. Problemet med forbindelsen ble først meldt 9. august. Det var vel cirka en uke etter at Odin hadde flyttet inn hos Sondre.

Samtalespesifikasjonen viser at Sondre ringte gjentatte ganger til bredbåndsleverandøren, spesielt i august. Mange av samtalene var langvarige, og de var også dyre. Ikke rart Sondre var frustrert. Odin tok dessuten over kabelen. Det var derfor Sondre ikke lenger hadde tilgang til internett. Odins bitcoinoperasjon var tydeligvis viktigere. Kan Odin ha vært i leiligheten og handlet bitcoins mens han angivelig var så nedbrutt at han ikke klarte å være der? Hvordan skal jeg klare å snakke med Odin etter dette?

Odin har lovet å møtes mandag for å gjøre unna resten av flyttingen, og ta fatt på utvaskingen. Men når jeg ringer mandag formiddag kommer det enda en unnskyldning.

– Jeg har ligget hele natta og spydd, forteller han.

Den ynkelige stemmen er nesten troverdig.

– Men vi kan helt sikkert bli ferdig i morra, fortsetter han. For da kan Elias kjøre de siste lassene med bilen sin.

– God bedring, sier jeg. Da sees vi i morgen!

Her går grensen. Jeg orker ikke mer av Odin, og bestiller heller et vaskebyrå. Finner et firma på nettet som har gode kundereferanser og en rimelig pris. De kan komme onsdag formiddag. Jeg sender Odin en tekstmelding med det samme avtalen er gjort.

– Vaskebyrået kommer tidlig onsdag morgen. Odin svarer at det er greit.

Tirsdag har jeg en avtale med Victoria. Hun og Sondre var nære venner, siden videregående. Vi avtaler å møtes i Frognerparken. Det er kjølig høstvær, men vi setter oss likevel utenfor kaféen, ved en gassvarmeovn.

Victoria er alvorlig og avmålt. Hun er nok ikke av den mest pratsomme typen, og jeg har aldri truffet henne før. Men det er ikke vanskelig å finne tonen. Snart føler jeg at vi har kjent hverandre lenge.

– Det er så uvirkelig, sier hun trist. Jeg kan nesten ikke tro at dette er sant, at det virkelig har skjedd. Jeg kan ikke forstå at Sondre virkelig er borte.

– Jeg har det på samme måten, svarer jeg. Klarer heller ikke helt å forstå det.

Victoria forteller at hun har jobbet noen år i en klesbutikk, for å gi seg selv en tenkepause. Men nå har hun endelig begynt å studere kriminologi.

– Jeg har hatt lyst til dette lenge. Jeg pleide å spøke med Sondre: *Når jeg blir politi skal jeg komme og arrestere deg hvis du ikke oppfører deg ordentlig!*

Jeg forteller at jeg har lest tekstmeldingene de sendte hverandre mellom november 2009 og mars 2012. Jeg har skjønt at hun snakket om hasj i meldingen der hun ba Sondre om å komme tilbake til Oslo, og slutte å spise så mye sjokolade.

– Var det så lett å gjennomskue?

– Jo da, svarer jeg. Du vet, foreldre har vært unge en gang de også, selv om det er lenge siden. Og tidene forandrer seg ikke *så* fort.

– Jeg syns ikke noe om Sondres røykevaner, forteller Victoria. Da jeg sendte den meldingen var jeg bekymret. Jeg hadde fått vite at Sondre hadde trappet opp røykingen i Trondheim.

Victoria og Sondre gjenopptok kontakten etter at han flyttet tilbake til Oslo. Da fikk Victoria vite at Sondre bodde gratis i leiligheten på Skillebekk mot at han passet cannabisplanter. Men hun var ikke klar over at han fortsatte med dyrkingen i leiligheten på Carl Berners Plass.

– Kan tenke meg at det var det samme opplegget som på Skillebekk, sier Victoria.

– Det vil si at Sondre bodde gratis mot å passe plantene?

– Ja. Men jeg vet ikke, for jeg besøkte ikke Sondre på Carl Berners Plass. Traff ham bare ute, og på Blindern.

Før jul hadde Victoria lagt planer for en tur til Japan, og hadde invitert Sondre med. Jeg husket godt da Sondre fortalte om turen. Jeg spurte om det ikke var dyrt i Japan, men Sondre forklarte at de skulle benytte seg av couch-surfing. Jeg skjønte at han gledet seg til turen, men senere fikk jeg vite at den ble avlyst. Det var visst ikke helt sant det heller. For i følge Victoria betalte Sondre først et depositum, for deretter å trekke seg. Victoria og en venninne var i Asia i nesten tre måneder.

– Kanskje det ble vanskelig for Sondre på grunn av plantene?

Victoria sier at hun ikke har tenkt på dette før, men tror det kan være forklaringen.

– Siste gang jeg traff Sondre var på Blindern, forteller Victoria. Det var den 5. september. Da betrodde han seg til meg. Han sa at han hadde sluttet med hasj fordi han hadde hatt noen psykotiske episoder.

Dette er veldig viktige opplysninger, og jeg føler med det samme at jeg er mye nærmere en forklaring. Sondre mente altså selv at hasjrøykingen hadde sammenheng med psykosen. Og dette hadde han fortalt Victoria dagen etter at han hadde vært hos legen og bedt om en helsesjekk. Uten å fortelle legen om hverken hasjrøyking eller psykose.

Jeg takker Victoria flere ganger, før vi går hver til vårt. Victoria har vært åpen og ærlig. Odin og vennegjengen har enda mer informasjon. Men de har alle sammen holdt tilbake viktige opplysninger. Odin, Mariann, Elias og Hanna, jeg kan ikke stole på noen av dem. Det samme gjelder antagelig Stina, og kanskje også Mikkel. Hvordan skal jeg forholde meg til dem nå? Hvordan kan jeg finne ut hva som skjedde med Sondre, når jeg ikke vet hvem jeg kan stole på?

Jeg ringer Ennio samme kveld, og forteller hva jeg har fått vite om leiligheten på Skillebekk. Ennio besøkte jo Sondre mens han bodde i den leiligheten. Hadde han sett noe? Ennio forteller endelig det han vet.

– Vel, det var sånn at Sondre viste meg en pose med noe som så ut som et slags pulver. Sondre forklarte at det kom fra marihuanaplanter, og at det skulle presses til hasj. Men han viste meg ikke noen planter, og jeg kunne jo ikke vite hvor det kom fra, eller om han hadde dyrket det selv.

– Røykte han hasj mens du var der?

– Nei, svarer Ennio. Vi satt bare og så på en film sammen med han fra Hawaii. Vennen hans spurte forresten om vi skulle røyke en joint, men Sondre ville ikke. Litt senere gikk vi ut og tok oss en øl, sammen med Victoria og en annen jente. Han andre ble ikke med, for han skulle på jobb, på nattklubben.

Jeg er skuffet over at Ennio også har holdt tilbake viktig informasjon, selv etter at Sondre var død. Men når jeg tenker meg om er det ikke så vanskelig å forstå hvorfor. Ennio var lojal og ville aldri sladre på Sondre. Han forstår visst enda ikke hvor farlig det var, det Sondre holdt på med.

Onsdag morgen drar jeg opp til leiligheten på Carl Berner. Jeg drar sammen med Ruth fra jobben. Hun har bil og har tilbudt å kjøre meg. Vel inne i leiligheten ser jeg med en gang at det ikke har skjedd noe siden sist. Det har altså gått tre dager uten at Odin har vært der i det hele tatt. Det er bra vi er tidlig ute, for nå må Ruth og jeg rydde opp. Vi bærer ut alt som ikke skal kastes, helt ned i kjellerboden. Vi bruker over en time på å gjøre leiligheten klar til vasking. I mellomtiden ringer jeg Odin flere ganger uten å få svar, og sender også flere tekstmeldinger. Etter at vi er ferdig med ryddingen er det bare stuebordet og flatskjermen som står igjen. Disse dekker vi med plast. Odin ringer like før vi er ferdig, og forsikrer at han vil hente sakene innen en time. Når jeg kommer tilbake på ettermiddagen er leiligheten heldigvis både tømt og godt vasket. Mannen fra vaskebyrået forteller at tingene var fjernet allerede før de låste seg inn. Men boden er fortsatt halvfull av ting. Jeg ringer Odin igjen. Nå sier han plutselig at alt annet som står igjen tilhørte Sondre. Det hadde vært greit å vite det litt før, mens jeg fortsatt hadde hjelp av Ruth. Jeg finner en søppelsekk og tar med meg det jeg klarer å bære.

Nå må jeg bare få Odin til å gi meg nøklene. Jeg vil gjerne avtale overtagelsen med eiendomsselskapet så fort som mulig. Samtidig vil jeg også stille Odin noen spørsmål. Jeg ber ham komme til kontoret mitt neste morgen for å levere nøklene. Han lover å stille opp.

Jeg tror ikke Odin ser fram til møtet, og mistenker at han vil prøve å unngå å snakke med meg. Han kjenner jo Cecilia som sitter i resepsjonen. Neste morgen tar jeg en prat med Cecilia, og forteller at jeg snart får en besøkende. Jeg ber henne vise gjesten til kontoret mitt som vanlig, og ikke la ham overlevere noe til henne. Jeg må nemlig snakke med ham, og har noe viktig å gi ham. Jeg avslører ikke at jeg vet at hun kjenner Odin.

Det blir en prøvelse å få Odin i tale. Han ringer et par minutter i forveien for å fortelle at han er like rundt hjørnet. Men Cecilia og Odin har funnet hverandre allerede før jeg rekker ned til resepsjonen i første etasje. På vei ned trappa hører jeg at hun er i ferd med å ta imot nøklene for overlevering, enda det er akkurat det jeg har bedt henne om å unngå. Jeg avbryter dem med det samme, og ber Odin følge meg opp til kontoret.

– Jeg vil gjerne gi deg noen gjenglemte saker fra leiligheten, sier jeg.

Inne på kontoret rekker jeg Odin en pose med skruer og plugger til en bokhylle, og en del X-Box spill. Etter at jeg har fått nøklene byr jeg på kaffe og forteller at jeg gjerne vil snakke litt mer med ham. Nå er det vanskelig for Odin å slippe unna.

Med det samme jeg har gitt ham kaffekoppen får han vite hva jeg egentlig vil snakke om.

– Jeg har fått greie på at det var cannabisplanter i soverommet, sier jeg skarpt. Og jeg vet at Sondre kvittet seg med de plantene før du flyttet inn i begynnelsen av august. Jeg har en anelse om hvem som kan ha tatt over plantene, basert på samtalespesifikasjonen. Men det er ikke så viktig. Nå vil jeg gjerne høre hva du har å si.

Odin føler seg tydeligvis ukomfortabel.

– Jo da, Sondre hadde marihuanaplanter i soverommet før jeg flytta inn. Men de ble ikke borte alle sammen. Noen av dem ble flytta inn i et skap.

– Hvilket skap? På stua?

– Ja, svarer Odin.

– Så du fjernet disse plantene selv da, etter at Sondre døde? Odin nikker bare.

– Kjenner du til at Sondre passet planter da han bodde på Skillebekk også?

– Nei, det har jeg aldri hørt noe om.

– Men du vet hvem Erik er?

– Jo da, svarer Odin kort. Jeg vet hvem han er.

Det er tydelig at han ikke gir meg en eneste opplysning på eget initiativ. Han kunne kanskje ha fortalt at Erik er styremedlem i det såkalte cateringfirmaet. Og hvordan kan jeg vite om Odin snakker sant?

– Hva med bitcoin-beholdningen til Sondre, vet du noe om den?

– Nei, Sondre sa aldri noe om bitcoins-handelen sin. Jeg vet ikke hvor mange bitcoins han hadde, bare at han hadde mange flere bitcoins enn meg.

Odin vet visst ingenting, og svarene han gir er ikke det minste troverdige. Jeg får lyst til å konfrontere Odin med postene hans på Bitcoin Forum. Men det er bedre at han ikke vet at jeg kan holde ham under oppsikt. Jeg må skjerpe meg for å fortsette med en hyggelig tone.

– Fortalte Sondre noe om faren sin?

– Veldig lite, sier Odin.

– Men du vet vel at Anders røyker hasj? Tror du han var et forbilde for Sondre?

– Jeg vet ikke, svarer han usikkert. Men han så kanskje faren røyke mens han jobbet?

Odin har nok selv sett Anders røyke mens han jobbet. De kjenner hverandre veldig godt.

– Du vet vel at Sondre så opp til deg, som en storebror?

– Jeg vet det, svarer han dystert. Og nå har jeg hørt fra både Alex og Stina at Sondre trodde jeg forgiftet ham!

– Det visste jeg ikke.

Jeg har ikke til hensikt å utlevere Alex, og Stina har ikke fortalt noe om dette. Jeg kjenner et stikk av skuffelse.

– Det var så forferdelig i begravelsen, fortsetter Odin. Jeg visste liksom ikke hvordan jeg skulle oppføre meg, hvor mye følelser jeg burde vise.

Jeg prøver så godt jeg kan å virke medfølende. Det er kanskje mulig å få vite noe likevel?

– Var det mange fra familien til Anders i gravølet?

– Nina var jo der, svarer Odin. Og så var det moren til Anders, og mannen til en av søstrene hans, og Carl.

– Det skjedde forresten noe rart i gravølet, fortsetter han. Anders drakk ganske mye og etter en fire-fem øl ble han temmelig aggressiv. Jeg syntes det ble ganske ubehagelig, så jeg gikk ganske raskt.

– Aggressiv?

– Ja, han ville visst banke opp noen, svarer Odin.

– Men hva sa moren hans til det da?

– Hun sa bare at han måtte ta det litt med ro. Du vet hvordan disse trønderne er, de har en annen kultur der oppe.

– Ja, du har jo bodd der noen år, så du vet vel det, svarer jeg. Men hva tror du egentlig Sondres psykiske problemer kom av?

– Jeg vet ikke, men jeg tror det var noe Sondre tok i sommer, svarer Odin.

– På dj-festivalen?

– Nei, det var ikke der.

Og det er visst alt han har å si.

Kan jeg stole på noe av dette? Prøver Odin å finne en forklaring, eller vil han bare lede oppmerksomheten bort fra hasj-virksomheten? Hvordan kan jeg vite hvor mye eller hva som er sant? Jeg må innse at det ikke fører noe sted å snakke med Odin.

– Nei, nå har jeg visst snart et møte, sier jeg.

Jeg takker for nøklene og viser ham veien ut. Samarbeidet med Odin er over. Det burde ha vært en lettelse, men jeg føler meg bare skuffet og urolig. Odin vil ikke gi meg et eneste svar, og jeg kan heller ikke stole på noe av det han forteller. Nå har jeg bare ett ubesvart spørsmål når det gjelder Odin. Jeg skylder ham fortsatt det han betalte Sondre i depositum. Det er over ti tusen kroner. Er det nok til at han vil holde kontakten?

9

LAPTOPENS ÅPENBARINGER

Neste helg tar jeg med meg Sondres laptop og drar på besøk til Adrian. Han bor i en liten hybel på Smestad. Adrian serverer te, og i mellomtiden tar jeg effektivt fram laptopen. Jeg har tatt med meg en liten notislapp som jeg fant blant sakene til Sondre, med noe som kanskje kan være et passord. Det er verdt et forsøk.

Adrian taster inn kombinasjonen fra lappen, men det er selvfølgelig feil. Deretter går han videre uten passord, og plutselig er laptopen åpnet, som ved et mirakel.

– Er det mulig? Hvordan gjorde du det der?

Dette burde jeg selvfølgelig ha prøvd selv. Det har bare ikke falt meg inn at laptopen kunne være usikret. Hadde Sondre fjernet passordet da laptopen ble skadet? Eller hadde det aldri vært noe passord?

Adrian er like overrasket som meg.

– Jeg vet ikke, svarer han. Men det enkleste er ofte det beste.

Og som om dette ikke er nok står både facebook og mail vidåpent. Jeg ber Adrian om å stille chat-modusen på usynlig. Ingen må få vite at vi har kommet oss inn.

Adrian endrer for sikkerhets skyld innstillingene så maskinen aldri skal kreve passord eller gå i dvale. Jeg drar hjem med laptopen i sekken, og kan nesten ikke vente med å se gjennom den. Men det er seint på kvelden, og jeg må vente til neste dag. Laptopen går i dvale likevel, og krever passord på nytt neste morgen. Jeg kjemper en hard kamp mot fortvilelsen. Ingen ting virker som det burde. Til slutt må jeg ta sjansen på å starte laptopen på nytt. Heldigvis får jeg tilgang uten passord. Jeg endrer innstillingene på nytt. Maskinen skal aldri mer gå i dvale. Ingen passord skal være nødvendig. Nå må alt virke.

Jeg begynner med å sjekke at jeg har tilgang til alt. Deretter åpner jeg Sondres facebook-konto. Først ser jeg på bildene. Sondre holdt visst lukket et par album som jeg ikke skulle få se. Det er bilder av festing med vennegjengen i Trondheim. Og røyking med vannpipe på balkongen med venner fra videregående, lagt ut på facebook tidlig i 2008. Men det var sommer på bildene, så de må ha vært tatt året før. Altså 2007. Var det hasj i vannpipa? Mia er med på bildene. Jeg må nok ta kontakt med henne.

Jeg går over til facebook-meldingene. Det er veldig mye å gå gjennom. Jeg begynner med dem Sondre hadde kontakt med sist. Det er Stina, Hanna og Elias, og Aksel fra studentradioen. Så er det Sara, Jonas og meg, og en beskjed fra bestemoren en uke etter bursdagen. Hun ville bare ha adressen hans for å sende en bursdagsgave. Sondre svarte aldri på den. Så er det Thor, Odin, Mariann og Victoria. Tråden med meldinger mellom Sondre og Sara er den lengste av alle. Jeg får komme tilbake til resten senere. Akkurat nå er jeg mest interessert i de siste meldingene fra juli og august:

7/3, 2:21pm
Sondre: Hey! Keen på lunsj på colonel mustard? Sara: Keen på lunsj på Sandvika storsenter....

7/3, 2:23pm
Sondre: Haha, kjipern. Gjør ingenting idag da, trenger litt sosial kalender. Lyst å se noe på gimle ikveld f.eks? Med vic? Great gatsby som går

7/3, 2:32pm
Sara: Kan ikkkeee, skal i familiemiddag. Neste uke?

7/3, 2:38pm

Sondre: Hvis jeg er i Oslo, lettt!
7/3, 5:49pm
Sara: Hvor skulle du liksom være?
7/3, 5:50pm
Sondre: På flyttebåttur med fattern men bli med ikveld a!
Filmen starter 2145 liksom, du rekker det etter middag.
7/3, 5:58pm
Sondre: Eller så kan jeg mandag, heldiggris.
7/3, 7:02pm
Sara: Flyttebåt? Vanskelig å dra fra Mia for å henge med deg. Er
i Amsterdam på mandag
7/3, 7:18pm
Sondre: Amsterdam? Skal du på hasjferie nå igjen? Du får sitte
og pjatte med mia og gjengen da, og send meg en melding når du er
hjemme fra red light og coffee shopsa
7/3, 8:17pm
Sara: Typisk meg ass. Jeg skal pjatte og hilse og kose meg til
mars. Fant du noen venner?
7/3, 9:03pm
Sondre: DJ Khaled - No New Friends ft. Drake, Rick Ross & Lil
Wayne (Official Video) www.youtube.comFor more new music:
http://CantStopHipHop.com Like us on Facebook: http://Facebook.
com/DailyNewMusic Follow us on Twitter:
http://Twitter.com/OfficialDNHH DJ...
7/3, 9:04pm
Sara: Hahaha!
7/24, 8:47pm
Sondre: Hey hva skjer? Skal du jobbe imorra? Har for en gangs
skyld masse å si. Kan komme til lokalpuben din og kjøpe deg en øl
7/27, 8:32pm
Sara: Har du masse å si?!! Om hva????
7/27, 8:44pm
Sondre: Haha, hadde litt semi-sammenbrudd bare, mye bedre
nå men møt meg før tirsdag så skal jeg fortelle!
7/27, 8:49pm
Sara: Semisammenbrudd? Før tirsdag

Det var en brå slutt. Merkelig. Hadde Sara ringt, eller kan de ha gått over til tekstmeldinger? Eller var noe slettet? Den siste utvekslingen på facebook kommer ikke før en måned senere, etter at Sara hadde flyttet til Danmark.

8/26, 10:27pm
Sondre: Hey hey Åssen går det med vinen og psykologien? Sara: vinen går fint men den hindrer litt for psykolo men det koster 100 kr for tre liter så jeg klarer ikke si nei

8/26, 10:28pm
Sondre: haha, ser den. det er jo helt vilt chill. Sara: vilt hvordan går det med fiskene?

8/26, 10:29pm
Sondre: De stortrives ser det ut som. Generalforsamling i foreningen til uka, og. Stemte du før du dro?

8/26, 10:31pm
Sara: klart jeg gjorde. du kjenner da meg. har du gjort?

8/26, 10:32pm
Sondre: Nei, jeg kan forhåndsstemme fram til 6. september. Good tid. Tar det iløpet av uka. Når får jeg snap av kåken a? Er dusjen din på kjøkkenet?

8/26, 10:33pm
Sara: må du forhåndsstemme
Sondre: Nei, kan drøye det helt til valgdagen, for å gjøre det spennende.

8/26, 10:34pm
Sara: omg hva med ol?

8/26, 10:35pm
Sondre: Ja til paralympics, resten er jeg ikke så sikker på. Men er dusjen din på kjøkkenet eller?

8/26, 10:37pm
Sara: å paralymps er det beste med ol nein har to rom, deler kjøkken pluss bad med to andre som har to rom hver. han ene flyttet inn i dag. full disneyallsang med moren

8/26, 10:39pm
Sondre: Hahaha hvilken låt?

8/26, 10:40pm

Sara: noe fra aladdin 8/26, 10:41pm
Sondre: livlig stemning!
8/26, 10:42pm
Sara: å ja
8/26, 10:49pm
Sara: hvordan går det med deg a?
8/26, 10:58pm
Sondre: Tusler og går! Nytt semester, ny romkamerat, en million ting å gjøre og alt det der.
Sara: ingen aladdinfest?
Sondre: Nei, dårlig med det. har du møtt medstudentene dine?
8/26, 11:00pm
Sara: Jada jeg har til og med fått noen venner hihi
8/26, 11:03pm
Sondre: hihi, så stas møttes dere over tekoppene?
Sara: nei vi møttes over tvang eller fadderuke hvordan du selv vil se på det
8/26, 11:04pm
Sondre: lol organisert morro kan være gøy hvis man er drita nok til det.
Sara: alkoforbud frem til klokka åtte
8/26, 11:05pm
Sondre: I DANMARK? HVOR ER HYGGEN?
Sara: etter klokka åtte 8/26, 11:06pm
Sondre: så dere måtte bonde edru? Sånn du vet det er ekte
8/26, 11:07pm
Sara: ja from the heart men det var vilt kleint
Sondre: tviler ikke Visste du at HC andersens barndomshjem er i Odense eller?
8/26, 11:11pm
Sara: jessir bor rett ved ass
Sondre: SERR? Fett. Det koster bare 25 spenn
Sara: omg bra du stalker litt for meg liker det
Sondre: Litt stalking, så du vet jeg tenker på deg.
8/26, 11:12pm
Sara: beste jeg vet

8/26, 11:13pm
Sondre: Hva har du som utsikt a? har fått sansen for utsikter i det siste.
Sara: du kan streetviewe om du vil
8/26, 11:15pm
Sondre: Du, altså WHAT!? Fett.
8/26, 11:16pm
Sara: ?
Sondre: Også så nærme pizzapizza.nu men serr, idylisk
8/26, 11:19pm
Sara: ja supernærme

———

Jeg skjønner bedre nå hvorfor Sara ikke hadde ant at noe var galt med Sondre. Alt virker jo så normalt. Sondre vil som vanlig ikke fortelle noe særlig om hvordan han har det, ikke en gang etter semi-sammenbruddet i juli. Men i slutten av august er det ingen ting som tyder på at han er i vanskeligheter.

Tusler og går! Nytt semester, ny romkamerat, en million ting å gjøre og alt det der.

Og så er det heller ingen *aladdin-fest*. Regner med at det siste betyr hasjrøyking, og at det går bra med nedtrappingen. Sara var kanskje klar over hva som foregikk?

Jeg fortsetter med meldingene mellom Sondre og faren. Det er ikke mange, men jeg legger raskt merke til en utveksling i mai 2011. Det var da Sondre var i USA.

5/31, 6:15pm
Sondre: Hey hey! Vel fremme Mobilen funker ikke da, men man har da alltids internettet! Alt er vel, skal kjøpe campingutstyr og dra inn i nasjonalparkene senere idag. Hils!

5/31, 6:25pm
Anders: Heyy. Goodies. Pass dere for ville og farlige dyr. Håper dere får en fantastico journey. Keep me ajour.

De holdt altså tett kontakt, Sondre og faren. Jeg blir nesten litt misunnelig. Jeg hadde også lyst til å vite hvordan det gikk med

Sondre på USA-turen. Men han meldte ikke fra til meg, mens Anders fikk beskjed med det samme om at alt var bra. Hvem skulle faren hilse til? Nina? Men hva var dette med campingtur? Det har jeg aldri hørt om.

Jeg går over til tekstfilene. Det er mange av dem også, men ganske snart finner jeg en som peker seg ut. Det er en fil ved navn *Trip 20.03.2009.*

Hvem ER klovnen? Hvor kommer han fra?
ER treet større enn 66b?
Trapped forever in sunday afternoon
tripping forever, like in your mothers womb
har filmen hackers sett meg? eller har jeg sett den?
Menneskets sanne natur er som en spørrerer,
en undrer.
I understand all highs. Ever.
Hvorfor skriver jeg engelsk?
Alt jeg ser er inni meg selv. Alt. Alltid
Følg tidskarusselene og hopp av der og da
Den er det samme som skall.
kvalmen er der. Men er den så viktig?
Oransj blå natt Fjell Katt. Asia.
Forbinder det med sly. ps2
Er jeg kvalm? Og siden jeg spørr...
Narkotiske stoffer gjør verden til et bedre sted å leve
Grunnen
Øyet.
Hva er egentlig virkelighet, mann?
Ta video av alt. Alt må kartlegges.
Alle disse nivåååene.
Alt og ingenting er sin egen motpol
For å virkelig kjenne meg selv.
Lurer på om jeg er klar for omverdenen
Og er den klar for meg
Jeg og mikkel er begge psykolog og pasient
Spiser jeg mye?

er det derfor jeg tenker så mye på magen min?
Taylor Mali
Samtalen med mikkel om fasader, og hvordan man
ser mennesker, og hvordan de ser deg.
?
Det er min natur å spørre?

Jeg må lese diktet flere ganger. Det er ikke vanskelig å forestille
seg hva Sondre opplevde. Det er forståelig. Men jeg kjenner et dypt
stikk i hjertet.
Narkotiske stoffer gjør verden til et bedre sted å leve.
Måtte Sondre ruse seg for at verden skulle bli et bedre sted å
leve? Verden var vel ikke så dårlig?
Alt gikk bra med ham. Det gikk veldig bra på skolen, intelligent
som han var. Sondre manglet aldri venner. Han var antagelig blant
de mest populære.
Ja vel, basketlaget kunne kanskje være en utfordring av og til.
Men Sondre hadde noen av de beste vennene sine på laget. Han
hadde i tillegg småsøsken som så opp til ham som sin største helt.
Og meg, som gjorde alt som sto i min makt for at han skulle ha
det bra.
Sondre var så livsglad. Han ville så gjerne oppleve, reise og se
mer av verden. Han hadde hele livet foran seg. Og jeg ville ha gjort
hva som helst for å hjelpe ham, nesten uansett hvilke mål han satte
seg. Hvorfor valgte han dette? Skjønte han ikke hvilken risiko han
tok når han gikk inn på en så farlig vei? Tok han ikke dette på alvor?
Nei, sikkert ikke. Hva var det Sondre sa til meg i august? *Nå skal jeg
begynne å ta meg sjøl på alvor.*
Sondre som var så forsiktig og fornuftig, så opptatt av å holde
seg sunn og frisk. Hvorfor tok du ikke deg sjøl på alvor før? Forsto
du virkelig ikke risikoen?
Jeg må lete videre, og nå er det e-postene som står for tur. I inn-
boksen i Sondres mail ligger det nærmere fem tusen meldinger.
Det første jeg ser etter er meldinger med passord og brukernavn.
En av dem gir meg tilgang til Sondres brukerkonto hos Freak
Forum.

Jeg søker på forumet og Sondres brukernavn, 5ole. Det viser seg at Sondre kun la ut en eneste post. Det var en kommentar til et innlegg i kategorien rusmidler, lagt ut av en bruker ved navn *Nattereven.*

Tripprapport: 2C-E, sosiale fasader og S' førstegangstripp
Substans: 2C-E
Hvem: S og meg
Dose: 20mg til meg, 15mg til S. Oralt.
Sted: Hovseter/Majorstua/Nationaltheatret/Youngstorget

Min venn S og jeg hadde snakket om denne dagen lenge; dagen som kom til å bli S' første tur på et psykedelisk stoff, og min andre (og betydelig store) dose på 2C-E. S har røyka en del hasj, men han ville virkelig åpne og ekspandere sinnet sitt, spesielt fordi han savnet en dypere mening med tilværelsen sin. Dette kom dessuten til å bli min andre tripp uten Gest, som har vært en god følgesvenn under de tidligere trippene mine. Ettersom dagen nærmet seg, ble S bare mer og mer spent, men også mer engstelig. Han vurderte å gå ned fra de 15mg han hadde sett seg ut og gå ned til 10mg, og begynte også å spekulere på en evt. bad trip. Dette fikk jeg ham raskt ut av, og det skulle visse seg å bli en innholdsrik, givende, bonding (hurra for engelske ord) og morsom tur. S' sinn fikk mildt sagt en metaforisk blowjob.

Jeg tok turen bort til Hovseter (represent!) rundt elleve, der S hadde leiligheten sin for seg selv. Etter en rask telefon til en lettere irritert kamerat som nettopp ble vekket, fikk jeg vite at Rissla var en fin ting når man skulle droppe 2C-E oralt. Vi tok hver vår papirpakke, spiste den og skylte ned med rikelige mengder vann. Jeg satte på et par episoder med How I met your Mother, og ble etter 45 min. ganske rastløs og vi så oss begge rundt etter kommende visuals.

Det hele begynte med at lyset fra vinduet bak oss ble mye sterkere og mer intenst, og øynene brukte lengre tid på å venne seg til det. Vi gikk ut på verandaen for å se litt på trærne utenfor. Jeg kan ikke med sikkerhet si når effekten begynte å kicke inn, men det skjedde omtrent rundt da S begynte å snakke om lysspøkelsene mellom sprinklene i gelenderet. Trippen var igang! Tiden rundt peaken foregikk i leiligheten til S. Det ble mye snakk om tid; tiden som et abstrakt begrep, som et mål fenomen, som en egen dimensjon og som noe fysisk. S gikk deretter for å se seg i speilet, mens jeg la meg ned på sofaen hans for å leke med diverse tankerekker, og ikke minst for å se på Star Wars-plakaten hans. Jeg studerte lenge hvordan Harrison Ford og Carrie Fisher var omgitt av et flakkende nordlys, og konkluderte med at Lucas hadde startet opp et fantastisk univers av karakterer og awesome. Jeg lukket så øynene, satte på Dorset Perception av Shpongle og begynte å dvele over de sosiale fasadene i folk, og alle personlighetene som går tapt på grunn av sjenerthet, menneskers mangel til å lytte og ikke minst det sosiale "kravet" om en høy utdannelse og en prestisjejobb. Jeg begynte å tenke på ei jente i klassen. Skolelys av dimensjoner, prektig, snill og ganske innelukket. Og jeg kom på at hun er en sucker for fasadene. Hun er en sånn som får seg en god utdannelse og en god jobb, bare fordi det er forventet av henne. Problemet hennes, er at hun er veldig sjenert og lukket. Og det slo meg at alle de kveldene hun bruker på å sitte hjemme og gjøre lekser, går med til at personligheten hennes blir tapt for omverdenen. For alt vi veit, kan hun ha potensiale til å være verdens koseligste, mest sjarmerende og interessante jente, men siden hun er så prektig og sjenert, framstår hun som ingen av delene. Jeg begynte å fundere på at personligheten hennes ble nærmest slukket bak maskene og utdannelsen. Og det er synd, for vi går glipp av en personlighet som om mulig kan bringe så utrolig mye glede og velvære.

Videre brukte jeg tiden på å leke med visuals. Alle de andre trippene mine har gått til tenking og reising til fjerne dimensjoner, og nå ville jeg ha noe skikkelig visuelt og overfladisk. Det ble til at jeg ble stående og se på gardinene på S' kjøkken over en lengre periode, og så på mønstrene på den morphe og gli over i hverandre. Jeg gikk fra gardinene og til vinduet, og studerte det Hovseter hadde å by på av mennesker og utsikt. Det skulle vise seg at dette var en luftedag, for idag hadde alle som var ute med seg et menneske som de luftet og viste omverdenen. Jeg lot spesielt merke til en mann kledd i altfor stramme klær, med hår bleket hvitt, som luftet en gammel dame i rullestol. Han endte med å løpe rundt på Hovseter og kikke teatralsk inn i butikkvinduer. Jeg lo. Jeg fikk fort øye på en øy av snø på torget utenfor, og snøen oppførte seg litt som oljen i en lavalampe.

Turen gikk videre over til å handle om S, for etter nok en gang å komme fram til at rene mennesker uten påvirkning utenfra og sosiale spill; et fritt utfoldende menneske ville endt mang en psykisk lidelse; begynte S å bli rastløs. For å få ham over på andre tanker, satte vi oss ned og filmet oss selv YouTube-blog-style på MacBooken hans. Macer er faen meg ikke alltid lette å navigere :P S var nå veldig entusiastisk. Etter å ha sett seg lenge i speilet og fått seg til å se ut som en katt, en feiting og diverse andre ting, slo det ham at han aldri så spinkel ut (han er litt lubben), og plutselig slo det ham at andelen kroppsfett ikke skulle ha noe å si for selvbildet hans og hvordan hverken han eller andre skulle dømme ham. Videre hadde jeg det gøy med å plante tanker i hodet hans; om sosiale barrierer og fasader, om kjærlighet, tid, materie, ekspansjon av sinnet, osv. S falt pladask for de nye tankemønstrene, og har i ettertid sagt at han fikk usannsynlig mye ut av samtalene vi hadde. Plutselig fikk vi det for oss at "Hey, vi går ut!". S var nå veldig opptatt av å lukke de forskjellige trinnene i leiligheten; skapet hans, rommet hans, stua og til slutt hele leiligheten. Entropien skulle være minimal. Jeg skjønte ham godt. Det var noe behagelig med å kunne forlate en helt ryddig og pen leilighet. Vi trasket videre rundt på Hovseter. S viste meg hvor han pleier å røyke tjall, og samtalene våre gikk i mer dagligdagse ting. Vi tenkte at siden vi var på et platå i rusen hvor vi kunne oppføre oss eksemplarisk, og bestemte oss for å ta steget videre og dra ned til byen. Samtalen gikk her igjen i sosiale fasader, og spesielt hvordan man alltid måler hverandre opp når man møter nye mennesker, kort oppsummert i "Er jeg mer eller mindre verdt enn denne personen?". Som regel ser man alltid på seg selv som underlegen. En som spør om hva klokka er, er redd for å plage noen, mens den som blir spurt, er redd for hva dette fremmede mennesket vil med deg.

Vi endte til slutt opp på Youngstorget, og satte oss ned og snakket om hva S hadde fått ut av turen sin. Det var fantastisk å se S snakke på den måten han gjorde nå. Jeg har sett tendenser til refleksjon i ham tidligere, og nå ble alt sammen spydd av en gutt som nettopp hadde sett universet, og verden på en måte han aldri hadde sett før. Han snakket om hvordan selvtilliten hans var blitt bedre, hvordan han følte seg mer intelligent og hvordan han nå virkelig var blitt kjent med seg selv. Kort og godt var dette noe han gjerne kunne tenke seg å gjøre igjen, og jeg er der gjerne med ham neste gang han gjør det.

Aftermath:

2C-E viste seg å være bedre enn jeg forventet. Det bød på noen veldig interessante hallusinasjoner, et nytt perspektiv på mennesker og sosiale interaksjoner, og det ble veldig lett å komme inn i noen veldig interessante tankerekker. Dagen derpå var jeg dessuten knapt sliten, i motsetning til hvor utmattet jeg har vært etter en syretripp.

———

Ekspansjon av sinnet, så fantastisk! *Han har savnet en dypere mening med tilværelsen sin....* For en utrolig arroganse! Det er Nattereven selv som er en *sucker for fasadene,* når han legger ut denne rapporten på forumet! Tror han virkelig at han hjelper vennen sin? Når vennen betror seg til ham, er det narkotika som er svaret, som skal gi livet hans en *dypere mening?*

Så de filmet seg selv med Macen? Jeg leter på dato blant videoene på laptopen, og finner raskt en film av Mikkel og Sondre. Det er akkurat den jeg leter etter. Mikkel står litt rastløs og knisende i bakgrunnen, mens han skyver det lange håret nervøst vekk fra ansiktet. Sondre sitter foran skjermen og forteller at nå skal det bli videoblogg. Han viser Mikkel hvor de skal plassere seg for å holde seg innenfor billedrammen begge to.

– Det er der inne i videoen, vi må liksom fange virkeligheten, sier Sondre smilende. Åh, det der var skikkelig dypt, altså!

Mikkel sier ikke noe. Han fortsetter bare å knise dumt og fikle med håret. Hvor er scenen der Mikkel har det gøy med å plante tanker i hodet på Sondre? Mikkel må i så fall først få noen tanker i sitt eget hode, hvis han skal plante noen hos andre. Det ser man ikke mye til her! Mikkel har altså tatt Sondre med på tripp, på et kjemisk stoff jeg aldri har hørt om. Og så legger han ut rapport etterpå, om *tendenser til refleksjon* hos Sondre! Jeg får lyst til å legge ut videoen i kommentarfeltet, så alle kan se hvor reflekterende Mikkel selv ser ut. Ja vel, jeg burde sikkert ta i betraktning at Mikkel bare var atten år da dette fant sted. Men raseriet får meg til å glemme alt om toleranse. Dette finnes det ingen unnskyldning for! Jeg kan ikke la det passere.

På Freak Forum finner jeg også kommentaren fra Sondres alias. Han skriver bare at dette var gøy, og noe han gjerne kan tenke seg å prøve igjen. Det er ingen tvil om at S er Sondre. Alt annet stemmer også. Star Wars-plakaten ligger fortsatt blant sakene på rommet hans, og jeg har den samme utsikten mot trærne fra verandaen utenfor stua. Rapporten dokumenterer den samme trippen Sondre selv har beskrevet, der han og Mikkel utforsker fasader både som psykolog og pasient. Nattereven er Mikkel. Ja, selvfølgelig, Mikkel Rev. Genialt dekknavn.

Jeg går gjennom alle de andre postene lagt ut av Nattereven. Noen er i kategorien spill, og disse er uskyldige nok. Det er noe helt annet med postene om rusmidler. En av postene er en oppskrift på fremstilling av et enda sterkere rusmiddel, et stoff basert på et slags blomster-ekstrakt.

Det diskuteres i kommentarene om dette er det samme stoffet som har tatt livet av flere mennesker i USA. Her snakker vi altså om harde narkotiske stoffer. Og dette er lagt ut av Mikkel, som nå studerer psykologi. Hyggelige, høflige Mikkel, som jeg følte var trygt selskap for Sondre, den gangen de begge skulle flytte til Trondheim for å studere. Mikkel som hadde så mye omsorg for Odin da vi møttes utenfor kirka. Nå ser jeg plutselig en hyklende sjarlatan. Jeg må snakke med ham igjen.

Jeg sender Mikkel flere facebook- og tekstmeldinger. Han har det veldig travelt, sier han, men klarer etter hvert å finne tid til å snakke med meg på telefonen. Jeg merker med en gang hvor nervøs han er, og stiller bare noen forsiktige spørsmål om hvordan det gikk med Sondres studier, hva som kan ha plaget Sondre, og når han hadde snakket med Sondre sist.

– Sondre var veldig misfornøyd med studiene det siste året i Trondheim, sier Mikkel. Men etter at han flyttet til Oslo var jeg ikke så flink til å holde kontakten. Det er jeg veldig lei meg for nå.

Jeg kommer inn på hasjbruken i Trondheim, og om røykingen kan ha medvirket til de dårlige eksamensresultatene? Mikkel er plutselig fullstendig uvitende.

– Jeg skulle så gjerne ha fortalt deg noe, men jeg vet dessverre ingen ting.

Jeg føler avmakt og frustrasjon, igjen, men må dekke over så godt jeg kan. Jeg kommer ingen vei på telefon. Jeg må snakke med Mikkel ansikt til ansikt hvis jeg skal konfrontere ham med at jeg har funnet postene hans. Jeg avslutter derfor med å spørre Mikkel om han skal hjem til jul, og om vi kanskje kan ta en prat når han kommer til Oslo.

– Det kan vi sikkert, lover han.

Jeg forteller Annie om funnene mine på Freak Forum. Som mor til to tenåringer har hun god grunn til å sette seg inn i hva som foregår.

– Du må nesten se det selv, forteller jeg. Men på Freak Forum og lignende nettsteder er det veldig mange som legger ut rapporter om såkalte positive opplevelser med narkotika. Det er altfor lett for barn og unge å gå på nettet og hente tips og reklame for narkotika. Dette er jo et fantastisk hjelpemiddel for alle som selger stoff. Det skal liksom være et åpent diskusjonsforum, men det er ikke på langt nær like mange som forteller om det negative. Og hva med langtidsvirkningene? Etter at de har fått psykiske problemer eller blitt avhengige, da har de vel nok med å klare seg selv.

– Politiet burde følge med på hva som legges ut på disse nettstedene, foreslår Annie.

Jeg er helt enig.

– Nettet er fullt av oppskrifter på både bruk og produksjon av narkotika. Hvordan kan det være fritt fram for dette? Det er jo livsfarlig!

– Ja, internett kan brukes til så mangt, sier Annie tørt. Det skal liksom være ytringsfrihet, og da er det lett å la det skure, og undervurdere farene. Spesielt når det gjelder hasj. Det er lenge siden hasj ble akseptert av motkulturen. Det er liksom en naturlig del av samfunnskritikken. Det er mange liberale som syns hasj er helt ufarlig. Se for eksempel på Miljøpartiet de Grønne.

– Jo, men nå er det snart på tide å bli voksen og ta avstand fra uansvarlige holdninger, sier jeg. Rusmidler er ikke det minste frigjørende eller radikalt, det der er bare en stor illusjon! Det finnes ikke noe som helst alternativt, spirituelt, grensesprengende eller opposisjonelt med narkotika! Det eneste som skjer er at folk blir apatiske, og i verste fall fullstendig ødelagt. Slaver av... langere.

– Det går igjen i New Age-industrien også, sier Annie.

– Ja, der snakker de så fint om urfolk som bruker meskalin og ayahuasca som naturlige rusmidler. Det samme med fleinsopp og cannabis. Veldig naturlige... Og ingen vet selvfølgelig noe som helst hvis de ikke har prøvd alle disse stoffene selv. Det er bare de viderekomne som vet. Disse selvoppnevnte ekspertene, som har ekspandert sinnet ved å prøve alt mulig.

Annie leser hele Mikkels tripprapport. Hun blir for en gangs skyld stille.

– Han som har skrevet alt dette, studerer ikke han psykologi?

– Jo, det gjør han, svarer jeg.

– Hvordan skal det gå når han er ferdig med studiene og skal begynne å ta imot pasienter? Skal Mikkel fortsette med å plante tanker i hodet på folk? Skal han gi dem... hva var det han kalte det... metaforiske blowjobs ved hjelp av terapi, eller skal han medisinere pasientene sine? Er det på denne måten han skal hjelpe folk?

– Ja, tenk deg Mikkel som psykolog. Og hvordan har han behandlet Sondre? Sondre reagerte ikke en gang på den arrogante tonen hans! Det plager meg skikkelig. Men hva skal jeg gjøre?

– Jeg syns du burde melde fra til foreldrene hans, foreslår Annie. Eller til fakultetet der han studerer.

– Ja vel, svarer jeg nølende. Jeg vet ikke om det er så lurt. Moren hans er jo journalist i *Aftenposten*...

Jeg kommer snart på en annen ide. Broren min skal disputere ved NTNU i midten av desember. Hvis jeg drar i disputasen kan jeg kanskje oppsøke både Mikkel og farmoren til Sondre mens jeg er i Trondheim.

Så var det tilbake til laptopen, og albumet med bilder av vannpiperøyking på balkongen. Jeg ringer Mia og avtaler å møtes på en kafé i Brugata.

Hun sitter der allerede når jeg kommer inn. Så snart vi har fått kaffekoppene begynner vi å prate, men det blir fort en påkjennelse for henne. Hun klarer ikke å holde tårene tilbake. Jeg angrer på at jeg ikke inviterte henne hjem til meg, men hun tørker tårene og forsikrer at det går greit å bli sittende i kaféen. Hun forteller at hun og Sondre og Victoria hadde en hemmelig klubb da de gikk på videregående. De tre pleide å treffe hverandre på fredager etter skoletid, på en kafé.

– Var Mikkel med?

– Nei, han tok biologi på den tiden, og var ikke med i klubben.

Etter hvert kommer jeg inn på bildene i Sondres timeline, der alle sammen tar dype drag av vannpipa. Mia blir litt oppskaket. Hun vet sikkert at jeg har snakket med Victoria.

– Det var jo de aller mest nerdete folka i klassen som satt der på balkongen, og det var heller ikke hasj i vannpipa, det var epletobakk, forsikrer hun.

Jeg ser kanskje litt tvilende ut, for hun fortsetter med å forklare.

– Jeg vet godt at jeg ikke kan røyke, for jeg har en medfødt hjertefeil. Jeg har røykt hasj bare en gang i hele mitt liv, og det var på Roskilde-festivalen, da jeg var tjue.

Hun ser på meg med et bønnfallende blikk. Jeg må tro henne. Hun ville nok heller ikke ha fortalt så mye hvis hun hadde til hensikt å lyve.

Jeg husker hva moren hennes, studentpresten, sa da jeg fortalte at jeg mistenkte Sondre for å ha røykt hasj. *Hvis dette kunne skje med Sondre, da kunne det skje med hvem som helst.* Hun tenkte sikkert på datteren sin.

Mia gråter igjen mens hun forteller om det siste møtet med Sondre.

– Vi traff hverandre tilfeldig på bussen i august en gang. Da var det veldig lenge siden vi hadde sett hverandre. Jeg så ham først, for han sto og pratet med en annen fyr i midtgangen foran døra. Jeg ble veldig glad for å se ham og gikk bort og hilste og ga ham en ordentlig klem. Jeg tenkte vi kunne dra et sted for å prate, men han var visst for opptatt, og plutselig sa han bare at han skulle av. Det var stoppet før Carl Berners Plass, i Københavngata. Jeg ble så skuffet. Og da jeg hørte hva som hadde skjedd ble jeg ikke bare forferdelig lei meg. Jeg ble egentlig ganske sint på ham også. Hvorfor ville han ikke snakke med meg om problemene sine? Hvorfor ville han ikke be om hjelp?

Det er de samme spørsmålene jeg stiller meg selv. Jeg har ingen svar, men gjør uansett mitt beste for å trøste Mia. Det er tanken som teller, håper jeg.

Sondre manglet ikke venner som ville ha hjulpet ham hvis de hadde fått lov. Var det stoltheten som hindret ham? Eller var det psykosen som gjorde ham paranoid? Mistet han håpet om å bli frisk, eller troen på at han ville klare å bryte ut av misbruket og leve det livet han så gjerne ville? Eller mistet han grepet om virkeligheten og seg selv?

Sondre sendte Stina en facebook-melding den kvelden han kom hjem til meg for å overnatte:

Mange kjipe følelser som bobler, men jeg skal nok pushe gjennom.

Han må ha vært ganske klar over hva som foregikk. Men han ville ikke helt innrømme hvor alvorlig det var. Han undervurderte det, helt til det gikk for langt. Tenk om han hadde betrodd seg og fortalt meg hva som virkelig plaget ham.

Jeg vil snakke med Stina igjen. Hun har tross alt delt leilighet med Sondre og Mikkel i over to år, og vet helt sikkert mer enn hun fortalte første gangen vi møttes. Jeg vil spørre henne om de siste samtalene hun hadde hatt med Sondre, og hva han hadde sagt om at Odin forgiftet ham. Jeg inviterer Stina hjem til meg en ettermiddag. Hun kommer som avtalt, og vi setter oss på kjøkkenet med hver sin kaffekopp. Men det blir ikke så hyggelig som sist, for jeg tar opp cannabisdyrkingen med det samme.

– Jeg har funnet ut at Sondre brukte leiligheten til å dyrke marihuana. Du visste det du også. Hvorfor ville du ikke fortelle det? Trodde du ikke det betydde noe?

– Det var en avtale vi hadde, sier Stina nervøst. Alt var strengt hemmelig. Det er jo ulovlig, så vi måtte være forsiktige hele tiden. Derfor brukte vi alltid kode.

– Men skjønte du ikke at jeg måtte ha svar? Trodde du jeg ville gi meg før jeg fant ut hva som skjedde med Sondre?

– Jeg vet ikke. Men nå som du vet det, er det lettere for meg å være ærlig.

Hun vil fortelle mer.

– Sondre hadde noe i kommoden som ble fjerna før du kom. Det var et syltetøyglass fullt av tørka fleinsopp. Men det merkelige var at det var like fullt da det ble fjerna som da jeg så det sist, like etter at Sondre flytta inn i leiligheten. Jeg tror ikke han spiste noe av det på hele den tida.

– Hvor fikk han tak i fleinsoppen, da?

– Aner ikke, svarer Stina. Jeg spurte aldri.

Hun virker troverdig.

– Men hvorfor hadde han glasset da, hvis han ikke tok noe av det?

– Vet ikke, svarer Stina. Det er akkurat det jeg også vil vite.

– Jeg hørte at Sondre sa han ble forgiftet av Odin. Er det sant?

– Ja, det stemmer, forteller hun. Da Sondre ringte meg den dagen jeg snakket om tidligere, da fortalte han at han trodde Odin hadde putta noe i ølet hans. Han sa at han trodde det kunne være Ketamin eller noe. Men jeg kunne jo ikke fortelle deg det.

– Åh, hvorfor ikke? Trodde du jeg kom til å fortelle videre hva du hadde sagt?

– Ja, det var akkurat det jeg var redd for, sier Stina. Du skjønner, vi skulle liksom ta vare på hverandre. Vi hadde et sikkerhetsnett. Men nå etterpå har jeg skjønt at det ikke fungerte for Sondre.

– Nei, det skal være visst, svarer jeg.

– Hanna og Elias snakket om det her en dag. De var i tvil om hva som egentlig skjedde, om det kanskje var sant at Odin hadde forgifta Sondre. De trodde det var femti prosent sjanse for at Odin hadde gjort det.

Stina blir mer og mer nervøs mens hun snakker.

– Hanna sa noe annet også. Hun sa at hun vet om noen som importerer flytende ecstasy i vinflasker. Jeg tror hun mente Odin eller en av kompanjongene i firmaet hans. Det er mulig å importere en god del vinflasker hvis man kjører dem inn med bil og fortoller dem ved grensa.

Alt stemmer. Odin var på kjøretur til Tyskland da Sondre døde, deretter var han i Amsterdam, og senere, mens han tilsynelatende lette etter ny leilighet, var han i Sverige. Jeg ser for meg Odin i den flotte bilen sin mens han prater med tollerne med glatt vestkants-aksent. Han importerer selvsagt vin for cateringbedriften sin. Ingen vil fatte mistanke om noe annet.

Jeg foreslår at vi går en tur opp til graven og tenner lys. Det er litt lettere å snakke mens vi går. Jeg har lyst til at Stina skal forstå hva dette dreier seg om for meg. Historien bak det hele, som begynte allerede før Sondre var gammel nok til å huske.

– Faren til Sondre var voldelig mens vi var sammen, helt siden før Sondre ble født. Det var derfor vi flyttet fra hverandre da Sondre var to år. Men marerittet var ikke over med det. Det tok aldri slutt. Anders skulle ha Sondre hos seg i hver eneste ferie, og annenhver helg, uansett hvordan situasjonen var. Uansett om Sondre var syk, om han så hadde førti grader i feber. Anders tok aldri hensyn. Sondre måtte være der, ellers skulle det bli rettsak. Hvis han ikke skulle drepe meg.

Mens vi står ved graven forteller jeg hvor vanskelig det var å møte Anders i begravelsen, og at jeg hadde gruet meg til å treffe ham i leiligheten for å fordele sakene til Sondre. Men jeg hadde aldri forestilt meg at han ville dra dit uten meg. Det var et sjokk da han ringte og sa han var på vei til Fretex med sakene.

– Jeg ante ikke noe om dette, sier Stina.

– Men det er noe jeg ikke forstår, sier jeg frustrert. Hvorfor ville ikke Anders la meg være med i leiligheten?

– Er ikke det opplagt, da?

– Hvordan det?

– Jo, fordi faren til Sondre visste mye mer enn deg, om hva Sondre holdt på med.

Jeg føler meg plutselig overveldet. Vet ikke lenger hva jeg skal si. Vi blir stående ved graven uten et ord. Etter hvert bryter Stina stillheten, og sier at hun må gå.

– Jeg har invitert en venn på middag i kveld.

Jeg følger henne til t-banen, men stiller ikke flere spørsmål på veien.

– Fra nå av skal jeg være dønn ærlig, sier hun. Men idet hun går inn på banen tenker jeg at det blir siste gang jeg ser henne. Hun har nok ikke mer å fortelle meg.

Enda en gang drømmer jeg om Sondre. Han står ute i en hage, på en plen utenfor et ganske alminnelig gråbeiset trehus. Det er sol og fint vær, og han har på seg t-skjorte. Han holder på med et eller annet ballspill. Jeg får øye på ham akkurat idet jeg kommer gående rundt hushjørnet. Jeg kan ikke se hvem han spiller ball med, men jeg vet at det må være noen der. Det er opplagt at det er noe som foregår på den andre siden av hushjørnet. Sondre vet hva det er, men det er umulig for meg å vite. Hva er det jeg ikke ser? Hva er det som foregår der, på den andre siden? Hva er det som skjuler seg, like bak hushjørnet?

Odin ringer helt uventet. Han forteller at han vil besøke graven i helga, og kan tenke seg å komme innom meg en tur etterpå, hvis det er greit. Jeg svarer at jeg kan være hjemme søndag ettermiddag, så han må gjerne komme. Han skal ta kontakt når han er på vei. Etter at jeg har lagt på blir jeg urolig. Hva vil han? Hvorfor inviterer han seg selv nå, når vi ikke lenger behøver å treffes? Vil han ha depositum-pengene? Eller er det noe han vil fortelle meg? Jeg tviler, men han har jo selv tatt initiativet, så jeg vet ikke helt hva jeg skal tro. Jeg bestemmer meg for å møte ham med åpent sinn. Jeg må prøve å gi Odin en god anledning til å komme med det han har på hjertet.

Han kommer søndag ettermiddag. Henger fra seg jakka i entreen, og setter seg ved kjøkkenbordet mens jeg lager kaffe. Jeg spør bare høflig hvordan det går. Han forteller at han har begynt å bli plaget av gjentatte mareritt. Han drømmer stadig at han ser Sondre gå langs veien mens han selv og Elias kjører forbi. Sondre snur seg, og sender dem begge et bebreidende blikk. Antagelig vil han gjerne sitte på med dem, men de kjører av en eller annen grunn rett forbi, uten å stanse. Odin forteller at han har hatt den samme drømmen flere ganger. Det plager ham veldig.

Det er ikke vanskelig å forstå hva drømmen betyr, men jeg har ikke lyst til å analysere den for ham. Jeg spør heller om han har snakket med psykologen sin om dette.

– Jeg har ikke vært hos ham på en stund, så det har jeg ikke rukket enda, svarer Odin.

Det blir en trykkende stillhet, men jeg unngår likevel å stille flere spørsmål. Har Odin kommet bare for å fortelle om drømmene sine? Vil han dele sorgen? Eller er det skyldfølelsen han vil bli kvitt? Vil han ha meg til å hjelpe ham?

– Beklager at du ikke får annet enn kaffe, sier jeg unnskyldende. Du vet, Elias og Hanna, Stina, Mariann, og Alex, alle sammen har vært her på middag.

– Det gjør så klart ingenting. Jeg er uansett ikke her for å spise, svarer Odin like høflig.

Men alt det usagte og mistenksomheten blir stående midt mellom oss, vondt og påtrengende.

Jeg skrur på radioen. Det første jeg hører er en velkjent låt, av U2. *Have you come here for forgiveness, have you come to raise the dead?* Jeg rekker ikke å skifte kanal før det er for sent. Samtalen går helt i stå. Odin har visst ikke noe å fortelle meg. Hva vil han, egentlig? Vil han at jeg skal røpe hva jeg har funnet ut, eller hva de andre har sagt? Uansett hva jeg sier må jeg passe godt på. Jeg prøver å finne et nøytralt tema.

– Hvordan gikk det med seilbåten? Fikk du overta den?

– Nei, de hadde visst allerede dumpa båten, svarer Odin.

– Det var synd, sier jeg. Har du mye erfaring med å seile?

– Bare med A-jolle, svarer han. Og det er lenge siden, nå.

Jeg venter enda litt til, men det blir bare stille igjen. Jeg holder ikke ut stillheten. Klarer ikke mer av spillet. Jeg bestemmer jeg meg for å gjøre et siste forsøk på å få Odin til å snakke.

– Jeg vet at Sondre betalte nesten tretti tusen i depositum for leiligheten kontant, for jeg har kvitteringen fra november i fjor og der står det svart på hvitt. Jeg ser også at du satte inn halve depositumbeløpet, altså femten tusen, på Sondres konto da du flyttet inn i begynnelsen av august. Derfor tror jeg ikke det var du som skaffet pengene til det opprinnelige depositumet i fjor. Kan du fortelle meg hvem Sondre fikk pengene av?

– Jeg aner ikke, svarer Odin.

– Du må forstå at jeg aldri går ut med hva folk forteller meg, forsikrer jeg. Alle vet jo at jeg har åpnet både laptopen og mobilen til Sondre, derfor kan jeg utmerket godt ha funnet ut hvem det var på den måten.

– Jo, men jeg vet ingenting, insisterer han.

– Ja vel, sier jeg. Men jeg vil at du skal vite en ting. Hvis det viser seg at Anders har vært involvert i noe av dette, da går jeg uansett ikke til politiet. Det finnes ingen passende straff for noe sånt. Ikke en gang om det var dødsstraff i dette landet! De siste ordene kommer spontant, rett ut av raseriet. Jeg orker ikke å kontrollere alle de undertrykte følelsene. Odin merker det, og bestemmer seg naturlig nok for å gå. Jeg følger ham høflig til døra.

– Du får snakke med psykologen din om marerittet, sier jeg kjølig.

– Ja, det skal jeg gjøre, svarer han idet jeg lukker døra bak ryggen hans.

Jeg låser døra med det samme. Odin hører det sikkert, men det får han bare gjøre. Hvorfor skal jeg fortsette å ha noe med Odin å gjøre, så tvers igjennom upålitelig som han er?

Hvordan kunne Sondre ha stolt på Odin? Var det virkelig Sondres idé at Odin skulle flytte inn i leiligheten? Hvis Sondre følte seg dårlig etter semi-sammenbruddet i juli, hvordan kunne han tro at det skulle bli bedre med Odin som selskap? Sondre reagerte negativt på at Odin skulle dra til Tyskland. Det er i hvert fall det Odin har fortalt. Likevel har han ingen forklaring på hva reaksjonen gikk ut på. Har Odin virkelig ingen ide, eller er det noe han skjuler? Kan han ha diktet opp hele historien? Og hvis han har fortalt sannheten, hvor mye energi brukte han egentlig på å finne

Sondre den natta? Han tok ikke kontakt med Stina, og antagelig ikke Alex heller. Mariann fortalte at hun sendte instagram neste formiddag. Er det instagram man sender når noen har forsvunnet og vært borte i snart et døgn? *Vi har ikke sveket Sondre.* Det var Mariann som sa det, da vi gikk sammen til graven. Hvorfor sa hun det? Var det noen grunn til å tvile? Hvordan kan vennene til Sondre fortsette vennskapet med Odin hvis de virkelig tror at han kan ha forgiftet Sondre? Er det vennskap eller avhengighet som holder gjengen samlet? Jeg vender tilbake til laptopen og leser gjennom alle facebook-meldingene. Det tar tid, men etter hvert dukker det opp noe interessant. Sondre har skaffet hasj til Sam. Og det skjedde allerede i desember 2008.

12/7, 1:48pm
Sam: Hohoho Kunne du hooke oss opp til ballet? Hvor mye blir det tror du? Skal ha nok til 5 jays.

12/7, 4:04pm
Sondre: Ca 350. Når er ballet igjen? Og skal jeg rulle for dere? Eller vil du bare ha da shit?

12/7, 6:04pm
Sam: Ballet er på lørdag. Stoler på at du ikke snylter oss. Spesielt siden jeg skal ta med en fin gave hjem til deg fra Uganda (det er en hore). Ruller du de så er det fett, men jeg kan få Vu til å gjøre det. Vet ikke hvordan det gjøres selv. You're the man!

12/7, 9:49pm
Sam: Er det brun eller tørr pot, forresten?

12/7, 10:25pm
Sondre: Hva vil du ha? regner med at du mente er det pot eller hash

12/7, 10:38pm
Sam: Du må regne med at jeg ikke kan en dritt om det, bare røyker det. Må spørre Vu, men vi vil vel ha det beste. Juleball tross alt. Haha!

12/7, 10:41pm
Sondre: Skal spørre rundt, men kan være det blir vanskelig, mye dritt ute å går nu. Men kan du legge ut for kompisene dine? Så tar du med penga på tirsdag

12/7, 10:45pm
Sam: Haha! "kompisene" Det er bare Vu og meg faen. Skal bli high som noen motherfuckers. Eller, den 5. er evt. til Sara og meg. Kanskje bare meg. Hahaha! Håper bare at det ikke er dopingtest på familieselskapet neste dag. Jeg skaffer gryn til tirsdag. Du er en helt.

12/7, 10:48pm
Sondre: Skal gjøre mitt beste Hvis det bare er dere to som skal fly drage så holder det med 300 blank.

12/7, 10:52pm
Sam: Prøv å finn ut fort om du ikke kan skaffe da.

12/8, 5:38pm
Sondre: Dere får nok til å bli fjerne nok. Det blir brunt. Ser deg imorra

12/8, 5:39pm
Sam: Aight. Hvor mye for hvor mye?

12/8, 5:41pm
Sondre: 2+ Gram (Vanskelig å veie nøyaktig, jeg kjøper en 5er) for 300. Dette er gooood shit

Jeg må snakke med Sam når han kommer til Norge. Sondre hadde ikke noen vekt, så dette var i hvert fall ikke noe han gjorde ofte. Jeg finner heller ingen meldinger om kjøp av hasj. Hvor fikk han det fra, og hvordan fikk han råd til det? Sondre fikk ikke så mye lommepenger. Men likevel, det er helt klart at Sondre var vennegjengens ekspert.

Jeg går tilbake til meldingene mellom Sondre og Sara. Det er sommeren 2009, og Sondre er akkurat ferdig med videregående.

6/21, 8:45pm
Sara: I've heard a rumor from groundcontrol...

6/21, 8:46pm
Sondre: Oh No, dont say it's true!

6/21, 9:04pm
Sara: They got a message from the actionman!

6/21, 9:12pm
Sondre: Im happy, hope you're happy tooooooo!

6/21, 9:14pm
Sara: Are you? Takk for at du redda konfen forresten:) Det

skakke værra lett... Hva har du gjort i det siste? Ive loved all Ive
needed love
    6/21, 9:23pm
    Sondre: feil, feil feil. ONE FLASH OF LIGHT, BUT NO
SMOKING PISTOL! Ive never done good things, ive never done
bad things, ive never done anything out of the (....) din tur
    6/21, 9:27pm
    Sara: .... blue, woh-o-oh. Want an axe to break the ice Wanna
come down right now. Ashes to Ashes, funk to funky. we know (...)
bring it on
    6/21, 10:01pm
    Sondre: Major Tom's a Junkie, strung out in heavens, high,
hittin that all-time (...)
    6/22, 12:34am
    Sara: low...Time and again I tell myself. I'll stay clean tonight
But the little green wheels are following me Oh no, (...)
    Neste melding kommer ti dager senere:
    7/2, 1:14am
    Sara: Do you remember a guy that's been in such an early song
    7/2, 1:16am
    Sondre: I heard a rumour from Ground Control. Oh no! Don't
say it's true... Vet du hva sangen egentlig handler om?
    7/2, 1:55am
    Sara: They got a message from the action man "I'm happy, hope
you're happy too" Nei, vil du opplyse meg?
    7/2, 2:13am
    Sondre: Ive loved all Ive needed love Sordid details following
Den handler om å slutte med narko True story!

Sara er først ute med sangen, og kommer tilbake til den flere
ganger. Vet hun ikke hva den handler om, eller vil hun bare ha
Sondres versjon? Er det en måte å ta opp et vanskelig tema? Det er
mulig han prøvde å slutte med hasj på denne tiden, men i så fall
klarte han det ikke. Sondre fortsatte å røyke, og i Trondheim tok det
også av med salget. Blant tekstmeldingene finner jeg mengder av
spor. Noen av meldingene inneholder ganske direkte spørsmål om
å få kjøpe hasj. Sondre svarer konsekvent at de heller må ringe. I

tillegg er det mange mer eller mindre kamuflerte meldinger, de fleste fra navngitte kontakter.

En av de mest ivrige er Daniel. Forespørslene fra Daniel begynner i Trondheim i oktober 2009. Daniel er visst fra Oslo, for han kjøper av Sondre når de begge er hjemme på juleferie, og i sommerferiene også. I romjula 2009 solgte Sondre til og med hasj til Daniel mens han var på vei til Saga Kino sammen med Jonas og meg. Jeg la ikke merke til noe, den gangen. Husker bare vagt at han skulle av gårde et øyeblikk for å treffe en venn utenfor Nationaltheateret.

20:23 21. des 2009

Daniel: Undret på om du kanskje kunne ha hjulpet meg med noen... ting i romjula :P

00:00 22. des 2009

Sondre: Ah, null stress! Beste bab i byen ;) Ringer deg andre juledag eller no.

Daniel: Den er god :) Ha en fin jul inntil videre!

16:26 26. des 2009

Daniel: Ey, du hakke glemt meg vel? :P

Sondre: På ingen måte :) skal møte de som kjenner karen i dag, så gir jeg deg enten nummeret, eller slenger deg inn i bestillingen ;)

Daniel: Sleng meg inn! Har familiegreier til litt utpå kvelden, men kan sikkert treffes nårsomhelst utover det, eller imorra :) Si ifra når du vet noe, boooi :)

12:28 27. des 2009

Daniel: Ble det noe årnings på sakene? :)

18:05 27. des 2009

Daniel: Men shitbinge, det går ikke an å finne en ener noensteder i kveld heller? :p Har noen kompiser som vil bli mektig skuffa :P

Sondre: Skjønner, men ingen tok telefonen :(Hvis dere er en gjeng kan dere trave elva, for INGEN av mine 6 kontakter tok telefonen, så virker som de fleste ikke-muslimer har ferie fortsatt :P

Daniel: Ordner det :) Vi prates imorra!

12:30 28. des 2009

Daniel: Det passer utmerket :) Sorry for stress men foreldre stjeler bil :p

Sondre: Null stress men vær litt diskre, skal se avatar med familien 1500 ;)

Daniel: Jeg kan ringe deg rundt halv så kan vi møtes et sted ellerno?

Sondre: Høres fint ut :) Helst på Nationaltheatret da.

Daniel: Sure :)

20:00 28. des 2009

Sondre: Kommer en kar av kvalitet til byen onsdag, hvis du kan vente til da? Ellers kan vi gamble på kvalitet imorra, eller kjøpe syk kakao i stedet. Heller mot å vente til onsdag, men du bestemmer :)

Daniel: Da venter vi til onsdag :) hvordan deler vi opp kaka?

Sondre: Har en ok vekt, eller så tar vi d hjemme hos han :)

Daniel: Allright. Ring på når tiden inne :) Har en avtale med en kompis på ettermiddagen en gang, så vet du anslagsvis når han ankommer staden?

20:36 28. des 2009

Sondre: Nei, men kan si ifra når jeg vet :) Og i verste fall tar jeg med vekta til deg, så kan vi dele opp der.

Daniel: Ehe det hadde tatt seg ut :p Vi tar det når du vet mer :)

15:07 30. des 2009

Daniel: Yo, sorry hvis jeg vekker deg, men vet du noe mer om når han duden kommer? :)

Sondre: Neinei, jeg er oppe med sola! Ringte han nå, men han var opptatt eller sov eller no :P Holder deg oppdatert når han ringer tilbake :)

Daniel: Den er god :)

Sondre hadde altså vekt i desember 2009. Han påsto dessuten at han hadde hele seks kontakter. Var det sant? Sondre var jo bare nitten år, og hadde nettopp begynt å studere. Og hvem var den mystiske mannen *av kvalitet* som skulle komme til byen lille nyttårsaften? Samtalen fortsetter i Trondheim etter ferien.

18:13 14. jan 2010

Daniel: Yo, du kom deg trygt opp? Hvordan er.. Babben der oppe?

Sondre: Kom meg fint opp :) Har ikke kjøpt noe ny bab ennå, så aner ikke. Er du i byen eller?

Daniel: Hell yes! Nei for det var tomt for bab her nede serru. Dårlig stemning for jeg er ganske sulten :p

18:52 14. jan 2010

Sondre: Haha, bummer. Du får komme innom og spise babb med meg en dag da :)

Daniel: Høres ut som en plan :) Pling på når du vil treffes da!

13:56 15. jan 2010

Daniel: Ey, du veit ikke om Jacobmannen din har noen matibiter igjen? :p

15:31 15. jan 2010

Sondre: Hva sier du til at jeg veier opp 2 kyllinger fra Oslo til deg?

Daniel: Jeg sier bon appetit! Når og hvor? :)

Bildet begynner å bli ganske tydelig. Sondre tok med seg større mengder hasj fra Oslo til Trondheim, for salg. Han veide og delte opp, så det er ingen tvil om at det var snakk om større partier. Sondre var heller ikke alene. Daniel var også involvert. Daniel fortsetter jevnlig å kjøpe hasj av Sondre. Vinter blir til vår. Så blir det en pause, mens Sondre er i Uganda. Begge er tilbake i Oslo i juli.

07:26 12. juli 2010

Daniel: Yo dawgeroonie, tid til å treffes i dag typ tidlig ettermiddag/sent i kveld? :)

13:58 12. juli 2010

Daniel: Sover vi ennå? :P

14:46 12. juli 2010

Sondre: Hehe, sorry glemte å svare. Passer litt dårlig i dag egentlig, men kanke jeg høre med deg imorra/onsdag? :)

Daniel: Imorra passer i så fall best :) du kanke sent i kveld heller :p (ikke for å mase ellerno, men er alene hjemme serru :p)

15:10 12. juli 2010

Sondre: Hehe, ser den men er på Nesodden og skal opp kl. sju :)

Daniel: Ser den tilbake. Da vil jeg i min desperasjon prøve meg på en siste utvei :D jeg har kjerre som liker Nesodden veldig godt!

(skal fylle opp bilen så det gagner faktisk :p) hvis jeg drar i 8-tida dels får du lagt deg i kristen tid. Hvis det blir for pes for deg skal jeg ydmykt krype unna, så kan vi evt. ta det imorra (:

15:39 12. juli 2010

Sondre: Hadde vært kos det :) Har ikke så mye mat da, men kan jo ta oss en liten snacks og chille her hjemme hvis du vil? Men hvis du vil ha stor bab må vi ta det senere ;)

Daniel: Det høres sweet ut :) jeg kan ringe deg når jeg er på vei!

Neste avtale mellom Sondre og Daniel er 23. august 2010, etter at de begge er tilbake i Trondheim. Da hadde vel Daniel fylt opp bilen da de traff hverandre i juli. Det må ha skjedd hjemme hos Anders på Nesodden. Hvor mye visste Anders? Mye mer enn meg, det er i hvert fall sikkert.

10

LILLE JOHN

Etter tre år i Trondheim forteller Sondre en facebook-venn at han starter på nytt studium i Oslo, der han skal *redde verden fra de slemme og babylon og sånn*. I mars 2013 er det klart hva det betyr. To av vennene sender ham en link til en artikkel i *Natt og Dag*, og begge kommenterer at dette minner dem om noen de kjenner. Linken går til en artikkel som nettopp hadde kommet ut. Det er en reportasje om et besøk hos *Lille Johns marihuanaplantasje*. Aller først får leserne vite hvordan journalisten har kommet til plantasjen:

Mens jeg sitter i bilen med bind foran øynene føler jeg nesten at jeg er med i et halv-dårlig amerikansk actiondrama. Jeg tenker jeg for meg selv at dette ikke er det lureste jeg har gjort. Ikke sett deg inn i bilen til en fremmed. Sett deg i hvert fall ikke inn i bilen til en fremmed når du ikke har mulighet til å se hvor dere kjører.

Idet vi kommer inn i leiligheten og jeg får ta av meg båndet, merker jeg at skuldrene mine og skuldrene til han jeg besøker senker seg. Jeg er ikke kidnappet, han har ikke blitt busta av noen naboer mens han har en jente på armen som nervøst går oppover en trapp med bind for øynene. Han ruller en joint.

I følge journalisten er Lille John 23 år gammel og studerer realfag på Universitet i Oslo:

*Han er heltidsstudent og trives godt. Han har vokst opp på Oslo vest,
og da jeg spør om han har hatt en fin oppvekst, svarer han at han ikke har
69 marihuana-planter i leiligheten fordi han har hatt noen dårlig
oppvekst. Han har hatt det bra.*

Jeg tenker på det Adrian hadde fortalt om marihuanaplantene
hos Sondre. Adrian sa at det var minst ti planter, men her var det
altså 69. Kan dette være Sondre, likevel? Opplysningene ellers
stemmer jo på en prikk.

Lille John forteller videre:

*Første gang jeg gjorde dette var i 2010, men da grodde jeg for noen
andre.*

Da som nå hadde Lille John en plantasje på 2400 watt, men
denne gangen er alle plantene Lille Johns. En positiv utvikling, altså.

Så kommer journalisten til beskrivelsen av leiligheten, det vil si
plantasjen:

*Det er fuktig i leiligheten og den søte lukten fra plantene er overalt
selv om Lille John sprayer med anti-luktspray. Vinduene er mer eller
mindre dekket, men han er likevel nervøs for at man skal se silhuetter av
plantene eller lys fra HPS-lampene utenfra.*

Tilbake til Lille John, og hans historie:

*Jeg var lei av å røyke dårlig hasj. Det handler om å ta makten over
egne produksjonsmidler, klare seg på egenhånd og være selvsupplert.
Noen av de strainsa som er her er 20 år gamle, de har overlevd blant
norske dyrkere siden 90-tallet. Det er gøy å ha ansvar for noe som er
vanskelig å dyrke, det gir meg en mestringsfølelse. Det så jævlig ut her før
jeg grodde, jeg har blitt mer strukturert på grunn av dette. I tillegg er det
en perfekt deltidsjobb, det betaler husleia og det er gøy. Dessuten gjør jeg
folk glade og får de til å slappe av. Det er bedre å kjøpe hasj produsert i
Oslo, hvor det er kortreist, enn å kjøpe noe dritt fra utlandet.*

Lille John bruker omtrent tretti timer blant plantene, på en
travel uke. Han sjekker vannet, temperaturen og luftfuktigheten
hver eneste dag:

*I tillegg må plantene trimmes og nett må settes for å holde de på plass.
De to teltene tar all plassen i det jeg regner med er en stue. De er bygget
opp i høyden for å få vannforsyninger fra undersiden. Det står en stor
tank ved siden av teltet som supplerer vannet.*

Journalisten vil vite hvor Lille John får *supplies* fra, altså hvor han kjøper frø og lignende?

I know a guy who knows a guy svarer Lille John. Han legger til at han bestiller fra utlandet. Journalisten sier videre at en del plantasjer har blitt *raidet* i det siste, og spør om Lille John er stresset for å bli tatt?

Nei, jeg er ikke så stressa. Jeg har en mikroskopisk plantasje sammenlignet med de store. Jeg blir mer indignert og synes det er en dårlig bruk av politiets ressurser. Det er viktigere problemer å bruke tiden på enn å gå etter plantasjer. Ingen dør av noen bønner.

Jeg stopper opp. Må lese de siste ordene om igjen. *Ingen dør av noen bønner.* Hva om dette var Sondre? Vet journalisten hva som har skjedd med ham, bare et halvt år etter intervjuet? Hun skriver jo at hun er hjemme hos en ukjent person, men er det sant? Eller er det bare noe hun sier for å beskytte seg selv? Hvordan kan jeg finne ut om dette virkelig var Sondre? Skal jeg prøve å kontakte henne? Tankene raser, mens jeg leser videre.

Journalisten spør: *Hvorfor tror du marihuana er mislikt?*

Lille John svarer: *Det er ikke mislikt, 60 prosent av befolkningen liker det jo.*

Journalisten vet ikke hvor tallene kommer fra, men sier seg likevel enig.

Etter hvert kommer journalisten og Lille John inn på narkotikapolitikk og legalisering. I følge Lille John er det bare et spørsmål om tid før marihuana blir lovlig:

Å spise hemp er dritsunt, du kan kjøpe hemppiller på din nærmeste helsekostbutikk. Legaliseringen kommer, skateboard var jo forbudt i Norge før, og det sier noe. Alle er komfortable med sprit og det er mer skadelig. Norsk narkotikapolitikk er lite progressiv og svært konservativ. Det er som en gammel, grinete og flassete gubbe. Folk er hypp på å bli steine, la folk bli steine. Journalisten har nok tatt et skrivekurs eller to, for til slutt ber hun Lille John fortelle om negative sider ved marihuana, slik han ser det? Lille John svarer:

Det er som med alt: for mye av en god ting, blir en dårlig ting. Du kan bli en nisse som sitter i sofaen og ikke gjør en dritt. Det er jo et beroligende rusmiddel. Røyk, men ikke røyk for mye.

Etter dette blir journalisten ført ut av leiligheten og ned trappa med bind foran øyene, *småfull og ør i hodet av lukten fra plantene.* Jeg tenker med det samme at hvis journalisten hadde blitt ør i hodet av et kort besøk, hva da med han som bodde i leiligheten og tilbragte tretti timer i uka blant plantene?

Reportasjen er rikt illustrert med bilder av cannabis-planter og en person iført hvit 3M kjeledress med hette og Guy Fawkes-maske, også kjent som masken til Anonymous, og fra filmen *V for Vendetta.* Sondre introduserte meg i sin tid for Anonymous og jeg vet at han hadde flere av disse maskene. Personopplysningene stemmer også. Det er bare dette med bilen som ikke kan være riktig. Sondre kjørte ikke, han hadde hverken bil eller førerkort. Men hva med kommentarene fra vennene som sendte linken?

Hvordan kan jeg finne ut om dette virkelig er Sondre? Jeg finner journalisten på facebook og ser med en gang at Odin er en av vennen hennes. Dette er interessant! Jeg leter videre i vennelistene. Hun er ikke venn av hverken Sondre eller andre i gjengen. Ikke på facebook, i hvert fall. Men hvis hun kjenner Odin, da må hun vel ha truffet Sondre også? Odin kan lett ha kjørt henne til leiligheten.

Hadde hun virkelig bind for øynene da hun kom dit? Det ville jo ha sett rart ut, hvis noen så henne på gata idet de var på vei inn i bygningen, med bind for øynene. Dette var jo en stor risiko i seg selv. Men hvis Odin var involvert, da kunne han sikkert stole på den lille vennen sin. Hun ville ikke gå til politiet etterpå. Hva ville hun tjene på det? Hun ville jo heller ha den spennende historien sin på trykk, med de flotte fotografiene. Jeg finner fotografiene på hjemmesiden hennes. Hun har visst ambisjoner om å bli profesjonell fotograf. Hun ville selvsagt ikke ha noe å tjene på å gå til politiet. I verste fall kunne hun bli oppfattet som medskyldig i organisert kriminalitet. Etter at de var inne i leiligheten fikk hun se alt og alle. Det var ingen som brukte maske, unntatt da det skulle fotograferes. Journalisten fikk se hvem hun intervjuet. Det tyder vel også på at hun visste hvem han var. Var det bare stedet som var ukjent? Eller var det oppdiktet, dette med bind for øynene, for å dekke over at journalisten egentlig visste hvor marihuana-plantasjen lå, og hvem som drev den?

Skal jeg kontakte journalisten? Hvordan ville hun reagere? Hun ville sikkert bli veldig nervøs. Kanskje hun ville knekke sammen og fortelle meg sannheten? Nei, hun ville nok bli redd og påberope seg kildevern som journalist. Og helt sikkert rapportere til Odin med det samme. Det må ikke skje. Best å la dette være, inntil videre i hvert fall. Det viktigste er å finne ut om Lille John virkelig var Sondre.

Sondres farmor ringer. Det passer bra, for nå kan jeg fortelle henne om disputasen, og at jeg har tenkt å komme til Trondheim.

– Jeg vil gjerne besøke deg mens jeg er i byen. Er det greit?

Det passer fint, får jeg vite. Dermed bestemmer jeg meg for å ta turen, og samtidig prøve å oppsøke Mikkel.

Jeg har avtalt å besøke bestemoren mandag, dagen før disputasen, men tar flyet nordover allerede søndag formiddag. Broren min er travelt opptatt med å forberede prøveforelesningen. Jeg lar ham jobbe, og tar kontakt med MJ, som fortsatt bor i Trondheim som medisinerstudent.

Jeg møter MJ på en kafé i sentrum. Vi setter oss ned med te og wienerbrød. Prater en stund om basketlaget og tiden før Sondre flyttet til Trondheim, da de begge gikk på videregående. Som syttenåringer var de to vennene på sin aller første ferietur på egen hånd. Turen gikk med fly til Bodø, og videre med båt til Lofoten. I Bodø hadde Sondre fått det for seg at de skulle besøke sykehuset, og fødeavdelingen der han ble født.

– Det var skikkelig komisk å vandre rundt i korridorene der, på jakt etter Miljøstua, ler MJ.

– Jeg husker at jeg brukte bonuspoeng for å få tak i flybillettene, men hva med overnattingene? Hvordan hadde dere råd til dem? Sondre insisterte jo som vanlig på at han skulle klare alt selv.

– Det var nok foreldrene mine som betalte for rorbua, men det var tidlig i sesongen, så det var ganske billig, forklarer MJ.

Jeg tar fram laptopen og logger meg på nettet via student-portalen. MJ får lese både Natterevens poster på Freak Forum og *Natt og Dag*-reportasjen. Jeg forteller at Nattereven er Mikkel, og at jeg tror Lille John er Sondre. MJ leser, og blir stadig mer sjokkert. Han har lenge visst at Sondre røykte hasj sammen med en annen venn fra basketlaget. MJ vil ikke nevne navn. Men det var ikke snakk om røyking av noe slag da de to var på ferie i Lofoten. Det var tidlig på sommeren 2008. I russetiden året etter traff de hverandre ofte, og da var det heller hverken alkohol eller andre rusmidler med i bildet. Dette var jo noe MJ selv holdt seg langt unna. Han har hele tiden vært opptatt av helse. Det er nettopp det som er motivasjonen for å studere medisin. Etter videregående brukte MJ et ekstra år på privatskole for å forbedre karakterene sine. Deretter klarte han å komme inn på medisinstudiet i Trondheim. I mellomtiden gikk det nesten et år uten at han traff Sondre. Men MJ tok kontakt før han skulle flytte, og besøkte Sondre i Innherredsveien like etterpå. Der fikk han se at både Sondre og Mikkel røykte hasj, helt åpenlyst mens han var på besøk. MJ hadde helt andre interesser, og dermed mistet de kontakten.

– Det var vel Gangster-Sondre, som gjorde det, sier jeg spøkefullt.

– Det var ikke den Sondre jeg kjente, svarer MJ alvorlig.

– Nei, du har rett.

– Jeg fatter ikke hvorfor Sondre gikk den veien, sier MJ. Folk var rett og slett misunnelige på Sondre fordi han var så populær. Han hadde alltid venner. Hvorfor måtte han drive med hasj?

– Jeg har tenkt akkurat det samme, sier jeg. Det eneste jeg visste var at han røykte sigaretter. Det var etter at han fylte atten, og siden han var myndig var det lite jeg kunne gjøre. Stemningen ble veldig dårlig når jeg maste om at han skulle slutte. Det siste året på videregående kranglet vi mye om røykingen. Og rydding på rommet. Sommeren 2009 fikk jeg vite om noen tabletter som kunne brukes for å slutte å røyke. Jeg foreslo det for Sondre, men han ville ikke ta dem. De hadde mange bivirkninger, sa han. Selvmords-tanker, blant annet.

Det er rart å tenke på at Sondre var opptatt av bivirkninger av medikamenter. Han ville nok ikke innrømme hvordan hasjrøykingen påvirket ham.

Jeg forsto aldri hvorfor Sondre hadde begynt å røyke. Han var jo en skikkelig helsefanatiker, akkurat som MJ. Begge hadde ambisjoner om å nå langt med basketspillingen. Begge forsto hvor viktig det var å holde seg sunn. Og så var det ikke bare sigaretter, det var hasj.

– Det er helt utrolig, gjentar MJ. På ungdomsskolen var han den *siste* jeg ville ha trodd skulle begynne med hasj.

– Jeg kan godt tenke meg at Sondre ville prøve hasj en gang eller to, svarer jeg. Av nysgjerrighet, rett og slett. Men derfra er det en lang vei å gå til å bli storforbruker, og til og med produsent. Det eneste positive, det er at han var skeptisk til å prøve 2CE. For i følge tripprapporten måtte Mikkel overtale Sondre til å gjennomføre planen.

Jeg går inn på facebook fra kaféen, og ser at Mikkel også er pålogget. Jeg føler meg ganske nervøs for å snakke med Mikkel, og spør MJ til råds om hvordan jeg skal ta kontakt. Han hjelper meg å skrive meldinger. Mikkel svarer først at han ikke har tid til å treffe meg på grunn av hjemme-eksamen hele uken. Ja vel, det var da en flittig student! Jeg følger opp med en melding til, der jeg spør om han fortsatt bor i Skansegata, for at han skal forstå at jeg vet hvor han bor.

– Jeg vil gjerne snakke med deg før jeg besøker Sondres bestemor, fortsetter jeg.

Vi venter en stund, men det kommer ingen svar. Til slutt lukker jeg laptopen. Det er på tide å gå hjem. MJ følger meg til buss-stoppet, og viser meg bussen tilbake til Ilsvika. Jeg takker for hjelpen.

– Hold meg oppdatert, sier han. Og lykke til hos Mikkel!

Neste morgen får jeg endelig svar på meldingen min. Mikkel skriver at jeg kan komme på besøk etter innlevering av hjemmeoppgaven. Det vil si klokka tre. Broren min har fortsatt mye å gjøre, og etter en rolig frokost tar jeg turen til Øya, til Sondres bestemor.

Det er ikke langt å gå fra Ilsvika til Øya, og jeg vil gjerne ha litt tid til å samle tankene. Det er vakkert høstvær, og jeg tar en pause på gangbroa over Nidelva. Jeg ser ned på vannet, som flyter så rolig forbi. Merker hvor nervøs jeg er for å møte min forhenværende svigermor. Har hun fortalt Anders om møtet?

Det er rart å være tilbake i huset på Øya etter så lang tid. Jeg føler meg litt roligere etter at vi har satt oss ned med hver sin tekopp. Lite har forandret seg i leiligheten hennes, enda det er nærmere tyve år siden jeg var der sist. Jeg spør for sikkerhets skyld om Anders er klar over at jeg skal komme, men får vite at hun ikke har snakket med ham.

– Har Anders fortalt noe om hva som skjedde med Sondre?

– Veldig lite, svarer hun. Han vil ikke snakke om det.

Jeg går rett på sak, og forteller om etterforskningen min.

– Jeg har funnet ut at Sondre hadde problemer med narkotika.

Jeg viser henne artikkelen i *Natt og Dag*, og deretter får hun se Mikkels post om 2CE-trippen på forumet. Jeg forteller også hva Alex, Stina, Elias og Victoria har fortalt om de psykiske problemene. Hun blir tydelig sjokkert. Hun forteller om sitt siste møte med Sondre. Hun traff ham mens hun var på besøk hos Anders de to første ukene i juli, like før de skulle flytte. Da kom Sondre flere ganger for å hjelpe til. Han var også med henne til Tusenfryd sammen med de to søstrene. Det var den første helga i juli.

– Da var Sondre veldig flink til å ta seg av søstrene sine, forteller hun. Vi hadde det kjempefint alle sammen. Jeg merket ingen ting uvanlig.

Jeg spør om hun vet noe om seilbåten Sondre hadde fått, og problemet med opplagsplassen.

– Nei, jeg hørte aldri om noe problem med opplagsplass. Sondre var i hvert fall veldig glad for å få båten.

Hun kan heller ikke huske noen uoverensstemmelse mellom Sondre og faren mens de holdt på med flyttingen. Alt var normalt.

– Men Anders fikk ikke kontakt med Sondre siden slutten av juli. Det vet du vel?

– Jo da. Det stemmer det, svarer hun. Men Sondre svarte ikke på meldinger fra oss andre heller, den siste tida. Jeg skrev det ganske enkelt på kontoen for ungdommelig opptatthet. Derfor ble jeg glad da han plutselig ringte meg.

Sondre hadde ringt fetteren sin også. Hun vet hvilken dag det var. Det var mandag 9. september. Sondre fortalte at han ville ta seg en tur til Trondheim snart, i forbindelse med UKA i begynnelsen av oktober. Etterpå tenkte hun at Sondre kanskje hadde ringt for å ta farvel med dem.

Jeg tenker meg om.

– Nei, det tror jeg ikke... Han ville nok bare gjenoppta kontakten. Han sa jo til meg også at han skulle komme oftere på besøk. Han hadde bestemt seg for å forandre på så mye. Han hadde begynt å trene, og hadde betalt treningsavgift for hele semesteret, bare litt over en uke før han døde. Det var faktisk den 3. september, og treningsavgiften var på over åtte hundre kroner. Og ikke minst hadde han kvittet seg med cannabisplantene, og sluttet med hasjrøykingen. Han hadde rett og slett begynt et nytt og bedre liv. Det er nettopp det som gjør det så vanskelig å forstå hvordan det kunne gå så galt!

Hun prøver visst alt hun kan, men finner ingen forklaring.

– Vet du, alt dette må jeg bare la synke inn, sier hun spakt.

– Vil du fortelle meg hvis du kommer på noe, da kanskje?

– Ja, selvfølgelig.

Hun har forberedt mat til oss, og vil gjerne at vi skal sette oss for å spise. Vi sitter på hver vår side av det gamle spisebordet, hun nærmest kjøkkenet som vanlig.

Jeg får hjelpe til med ryddingen etter at vi er ferdig.

– Det er noe litt vanskelig jeg må ta opp, sier hun. Det gjelder Anders. Jeg har ikke lyst til å bli mellomledd i kommunikasjonen mellom dere. Kan du ikke snakke med ham direkte?

Hun bønnfaller meg nesten.

– Jeg vil ikke ha noe kontakt med Anders, svarer jeg. Og jeg har heller ingen baktanker med å snakke med deg. Du er ikke noe mellomledd. Når jeg snakker med deg nå er det fordi du er bestemoren til Sondre, og fordi du er glad i ham. Dette har egentlig ingen ting med Anders å gjøre.

– Jeg vet ikke hva som har skjedd mellom deg og Anders, sier hun. Men kan du ikke være så snill å vurdere å snakke med ham allikevel? For jeg blir sånn i tvil om hva jeg skal si videre, og om jeg husker alt riktig. Og dette blir så vanskelig for meg.

– Det er ikke noe av det jeg har fortalt som er hemmelig. Jeg forventer heller ikke at du skal videreformidle noe som helst.

Jeg har ikke tenkt å fortelle moren til Anders hva han har gjort mot meg, og hvordan han har behandlet meg gjennom alle disse årene. Jeg har ikke sagt noe tidligere, og det har ingen hensikt å begynne med det nå.

– Jeg må gå nå, for jeg har en avtale med Mikkel, hjemme hos ham klokken tre. Jeg vil dra dit og konfrontere ham med det jeg har funnet ut.

Hun blir litt bekymret, og vil vite om det er trygt.

– Du kan ta det helt med ro, forsikrer jeg. Mikkel er ikke det minste farlig, på den måten.

– Ja vel, men send meg en melding når du har kommet ut igjen.

Jeg lover at jeg skal gjøre det, og hun forklarer veien. Jeg går fra Øya mot Elgeseter Bru, tar gangveien under broa, og fortsetter langs elva. Mikkel bor på Bakklandet.

Hybelen er liten, med delt kjøkken. Mikkel spør om jeg vil ha en kopp kaffe, og mens han er på kjøkkenet setter jeg meg til rette i sofaen og tar fram laptopen. Så snart han har gitt meg kaffekoppen viser jeg ham tripprapporten hans på Freak Forum.

– Jeg visste det der ville komme frem, sier han oppgitt.

– Du trenger ikke tenke på å slette det, heller, for jeg har tatt screenshots av alt sammen, svarer jeg for å understreke alvoret. Nå syns jeg du skal fortelle meg alt du vet!

Mikkel bedyrer at han har sluttet med alt etter et panikk-anfall han fikk mens han røykte hasj.

– Jeg er egentlig ikke så interessert i hva du driver med, svarer jeg kaldt. Jeg vil bare at du skal fortelle meg det du vet om hva Sondre holdt på med.

Mikkel forteller.

– Vi tok aldri tok 2CE flere ganger, siden det var litt heftig den gangen hjemme hos Sondre. Derimot vet jeg at Sondre prøvde amfetamin. Det var på UKA i 2009, mens vi bodde på studentbyen på Steinan. Sondre likte ikke den opplevelsen, og ville ikke ta det flere ganger.

Om vinteren flyttet de til Innherredsveien. Der fikk Mikkel etter hvert greie på at Sondre hadde en pose med fleinsopp på rommet sitt. Han husker ikke helt når han oppdaget den, men det var en slags laminert pose eller en ziplock-pose. Sondre hadde posen liggende i minst tre-fire måneder uten å røre den.

– Jeg var litt nysgjerrig, sier Mikkel. Så jeg spurte Sondre om han hadde tenkt å ta noe av det. Men han svarte bare at han ikke visste om han ville. Det virket egentlig ikke som han var interessert i det.

Mikkel forteller videre.

– Jeg har hørt at gjengen i Oslo har begynt å bruke kokain og ecstasy. De bruker det når de fester. Det er mulig at Sondre også drev med det, den siste tida. Jeg hørte i hvert fall at han tok noe på festivalen i Arendal i juli.

– Ja vel? Men tror du at du kan stole på det Odin og vennene hans sier? Jeg tror det er bedre at du holder deg til det du selv vet. Altså det du har førstehåndskjennskap til, eller det Sondre selv har fortalt. For eksempel om hasjrøykingen. Det står jo i rapporten din at Sondre fortalte deg hvor han pleide å røyke?

– Sondre fortalte at han begynte å røyke hasj i 2008. Kanskje bare et par ganger i måneden, til å begynne med. Det var i hvert fall det han sa. Han pleide å røyke i et skur i barnehagen like ved blokka deres. Det var faktisk den samme barnehagen der jeg selv gikk da jeg var liten.

– Ja, jeg vet hvilken du mener. Det var der lillebroren til Sondre gikk også.

Jeg tenker tilbake på ferieturen til Nederland i februar 2008, da Sondre og jeg kranglet oss gjennom en hele uke. Hadde det allerede da blitt vanskelig for ham å klare seg uten å røyke? Jeg husker også det som skjedde en kveld i mai 2008, da Sondre kom hjem i panikk og fortalte at noen hadde forsøkt å rane ham med kniv rett utenfor blokka. Jeg spurte med det samme om han hadde røykt hasj, men han nektet for det. Nå tenker jeg at han sikkert hadde tatt seg en røyk i barnehagen på vei hjem, og fått et panikkanfall da han ble skremt på vei over plassen. Kanskje det ikke en gang var noen kniv med i bildet? Kanskje det bare var noe han innbilte seg da panikken satte inn? Det var etter denne episoden at Sondre hadde funnet fram et gammelt balltre. Han hadde det stående rett ved siden av senga. Jeg ble først litt urolig, men etter hvert tenkte jeg ikke noe mer over det. Det var ikke før på høsten, etter at Sondre hadde fylt atten, at jeg merket at han hadde begynt å røyke.

– Hvordan var det med hasjrøyking i Trondheim da, Mikkel? Hvor mye var det snakk om?

– Mens vi bodde på Steinan var det mest med det samme, før skolen begynte. Da røykte vi mye. Etter at de andre studentene kom var det vel bare en gang i uka.

Sommeren 2009, det var da Anders absolutt ville kjøre Sondres flyttelass til Trondheim i begynnelsen av august, mens jeg fortsatt var på feltarbeid. Sondre var hjemme hos faren, mens Jonas og jeg var i Mongolia. Vi utvekslet mange mailer den sommeren. Sondre var lei seg fordi faren hadde det så travelt med å kjøre ham til Trondheim. Han skulle jo flytte hjemmefra, og ville gjerne treffe meg og Jonas før han dro. Jeg svarte diplomatisk at det var greit. Minnet ham på at han skulle tilbake til Oslo i september for en tannlegetime, og foreslo at det kunne bli hyggelig å feire bursdagen hos farmoren. Og så var det hasjrøyking han drev med. Men hvordan hadde han råd til det? Var det pengene han fikk av faren som finansierte hasjen? Eller hadde han fått betalt i hasj? Sondre kalte Anders *en god far, men en dårlig arbeidsgiver*. Var han så dårlig at han lønnet sønnen sin med hasj i stedet for penger? Jeg kan ikke lenger utelukke noe som helst.

– Vet du hvordan Sondre ble kjent med Odin?

– Det var vel gjennom radioen.

Jeg spør videre om hvordan det hadde seg at de flyttet til Innherredsveien etter det første semesteret. Det var Sondre som ordnet den saken. Odin og Elias bodde der før, men i januar 2010 skulle begge flytte. Elias flyttet inn til Hanna på Møllenberg, mens Odin dro til Oslo.

– Men Odin har sagt at han ikke flyttet til Oslo før året etter?

– Jeg vet ærlig talt ikke, svarer Mikkel. Jeg tror han flyttet til Oslo. Men han kom og gikk.

I følge Mikkel var det mye hasjrøyking etter at de flyttet inn i Innherredsveien. Sondre røykte flere ganger om dagen. Jeg tenker igjen på kranglingen den gangen jeg besøkte ham i påsken 2010. Sondre hadde jo røykt tobakk, men var sikkert irritabel fordi han måtte avstå fra hasj mens jeg var på besøk. Og så spøkte han om naboen. *Det går rykte om at han driver med hasjsalg*, sa Sondre med et smil. *Håper han ikke er farlig!* svarte jeg for spøk. Han må ha moret seg over at jeg ikke ante noen ting. Jeg var kanskje godtroende, men Sondre var tross alt fantastisk god til å skjule alt sammen. Og jeg trodde bare det beste om Sondre. Hvorfor skulle jeg ikke det?

– Jeg har gått inn i facebook-meldingene og sett at Sondre solgte hasj til venner allerede i 2008. Jeg regner med at han drev med salg i Trondheim også? Hva vet du om det?

– Det begynte med noen av medstudentene. Men etter hvert fikk Sondre flere faste kunder.

– Men hvor fikk han hasjen fra, da?

– Det vet jeg ikke, svarer Mikkel.

Han skjønner sikkert at jeg ikke tror ham, for han følger raskt opp med mer informasjon.

– Det var helt vilt. Etter at Sondre flyttet ut så måtte jeg ta meg av all ryddingen, og da fant jeg en hel plate med hasj som lå gjenglemt øverst oppe på en av kjøkkenhyllene. Den var helt steinhard. Jeg var så nervøs på det tidspunktet at jeg bare kasta den. Jeg ville ikke gi den bort en gang.

Sikkert, tenker jeg kynisk. Han prøver visst å overbevise meg om at han er helt uskyldig. Jeg viser Mikkel *Natt og Dag*-reportasjen og sier at jeg vet det er Sondre som har blitt intervjuet. Han har fortalt journalisten at han begynte å dyrke i 2010. Da må han altså ha begynt å dyrke cannabisplanter her i byen.

– Men det visste du vel om?

Jeg er misfornøyd med at Mikkel forteller så lite på eget initiativ. Han merker nok det, og legger ut med påtatt iver.

– Jo da, jeg hadde tenkt å fortelle deg om det. Det var i januar 2011 at Sondre fikk noen stiklinger. De kom visst fra Oslo. Det var seint på natta. Ja... det var Odin som kom med dem.

– Ja vel. Men hvor hadde Odin fått dem fra da?

– Jeg vet ikke, svarer Mikkel. Jeg hørte Odin nevne et navn, men husker ikke. Det var et helt vanlig navn, liksom. Men det var ikke et navn jeg forbandt med noen.

– Var det Carl?

– Nei, det tror jeg ikke. Sondre hadde først stiklingene på sitt eget rom. Senere flyttet han dem inn på rommet til Mikkel fordi det var bedre plass der. Det skjedde i påsken, mens Mikkel var borte. Uten at Mikkel fikk beskjed om det hadde Sondre satt plantene inn på Mikkels rom. Sakene til Mikkel hadde han flyttet inn på sitt eget rom.

– Hvor bodde Sondre, da?

– Han bodde på stua, svarer Mikkel. Jeg ble sint på Sondre fordi han gjorde det uten å spørre meg først.

Jeg husker meldingen Mikkel sendte Sondre tidlig i april 2011: *Er det trygt å gå gjennom rommet ditt?* Det forklarer saken, siden det var stua som hadde blitt rommet til Sondre. Men det er ingen tegn på noe uvennskap mellom dem etter påske.

– I mai kom huseieren og låste seg inn uanmeldt. Han oppdaget selvfølgelig plantene, og ba oss fjerne dem umiddelbart. Vi måtte klippe dem ned alle sammen, og kjøre dem et annet sted.

– Hvor da?

– Et sted som heter Munkvoll, svarer Mikkel.

– Ble dere ikke anmeldt? Eller kastet ut?

– Nei, heldigvis.

– Heldigvis? Hvis dere hadde blitt anmeldt så hadde kanskje Sondre vært i live nå!

– Ja, du har vel rett i det, svarer Mikkel. Men det skjedde ikke. Og høsten 2011 fikk Sondre nye planter. Eller, det jeg vet helt sikkert er at han hadde nøkler til en leilighet der det var en ganske stor plantasje. Jeg var med ham dit en gang på vinteren 2011-12.

Dette var altså etter USA-turen med Odin og Elias.

– Hvordan så det ut i leiligheten?

– Det var en stor flatskjerm som hang på veggen der, sier Mikkel. Og det var omtrent alt, bortsett fra plantene.

Jeg tenker med en gang på Odins store flatskjerm. Det var antagelig Odin som hadde ordnet leiekontrakten.

– Vet du adressen til leiligheten?

– Nei, det husker jeg ikke...

– Vis meg på kartet, sier jeg. Det klarer du sikkert!

Mikkel leter seg fram i street view til en boligblokk i Nordre Halset vei.

– Det er vel slutt på plantasjen der for lengst, sier jeg for å berolige ham litt.

– Ja, det har visst blitt helt tørt her i Trondheim, det sier i hvert fall Daniel, svarer Mikkel.

Tørt i Trondheim fordi Odin og Sondre flyttet plantasjen sin? Så naiv er jeg tross alt ikke.

– Daniel?

– Ja, jeg fortalte ham at du skulle komme, glipper det ut av Mikkel.

– Hvorfor har du fortalt ham at du skal treffe meg? Du bør tenke deg nøye om før du snakker med folk. Det er flere som tror Odin kan ha forgiftet Sondre. Visste du det?

– Tenker de det? Mikkel blir visst bekymret.

– Ja, og du som snakket om hvor tungt Odin tok det. Hvor godt kjenner du ham egentlig? Hvis jeg var deg ville jeg ikke ha snakket med noen om dette besøket, eller hva du har fortalt meg. Jeg skal heller ikke fortelle noen hva du har sagt.

Jeg har stålsatt meg under hele samtalen, men etter hvert begynner jeg å føle at Mikkel ikke er den store skurken. Han er kanskje ikke så hardkokt som jeg har sett ham for meg. Mer dum enn kynisk. Oppriktig lei seg, også, det kan jeg se.

– Når jeg tenker tilbake på hvordan det var, så var det egentlig helt vilt, gjentar han. Jeg forsto på en måte at det ville gå galt for noen til slutt. Jeg er bare så fryktelig lei meg for at det ble Sondre!

Dette tror jeg på. Mikkel kan nok være bedrevitende og selvopptatt. Han er arrogant, men han sitter egentlig bare fast i sitt eget nett.

Før jeg går foreslår jeg enda en gang at dette bør bli mellom oss. Jeg sender bestemoren til Sondre en tekstmelding mens jeg går over broa mot busstoppet. Det er seint på kvelden, men stille i gatene.

Neste dag er det disputas. Jeg klarer ikke å konsentrere meg om doktorgradsarbeidet til broren min. Trond har heldigvis flere gjester. Moren vår og en onkel og tante har også kommet for anledningen. Jeg blir sittende og høre på disputasen bare akkurat nok til å kunne gi noen fornuftige kommentarer etterpå. Det som egentlig opptar meg er selvfølgelig det Mikkel, MJ og bestemoren har fortalt. Jeg tenker igjen på sommeren 2009, da Sondre insisterte på at han heller ville jobbe hos faren enn å bli med til Mongolia. Han sa han ville tjene penger til han skulle begynne å studere. Dessuten måtte han følge opp studieopptaket. Jeg kunne jo ikke si noe på at Sondre var arbeidsom og fornuftig. Nå skulle jeg ha gitt mye for å kunne skru tiden tilbake. Sondre burde ha blitt med på feltarbeidet. Opptaket til studiene foregikk jo på nettet. Det var ingen god grunn til å bli hjemme.

Jeg melder avbud på disputasmiddagen og drar hjem tidlig neste dag. Alle forsikrer meg at de forstår. Det er jo bare tre måneder siden Sondre døde. På flyet hjem sitter jeg likevel og føler meg skyldbevisst. Jeg har vært ganske fraværende. Har ikke fortalt broren min noe om det jeg har funnet ut. Men så skyver jeg det fra meg. Han hadde selvfølgelig disputasen å tenke på. Jeg kunne jo ikke forstyrre ham med dette akkurat nå.

Jeg kommer hjem til en tom leilighet. Jonas er fortsatt hos faren sin, og jeg har hele dagen for meg selv. Jeg går gjennom notater. Åpner laptopen, og finner reportasjen i Natt og Dag. Leser den enda en gang.

Hvordan kan jeg vite sikkert om det var Sondre som var Lille John? Alle personopplysningene stemmer, bortsett fra det ene året som er lagt til på alderen. Bildene viser en mann med Guy Fawkes-maske. Helt til slutt i reportasjen er det et nærbilde av masken som ligger på et bord sammen med et Morgan Kane tegneseriehefte. Er det ikke noe kjent med det heftet? Det ville jeg kanskje ha visst, om ikke Anders hadde tatt alle bøkene og bladene fra leiligheten.

Jeg forstørrer nærbildet. Oppløsningen er god. Nå ser jeg at masken har noen små merker rundt øyeåpningen, og en ørliten rift på kanten. Jeg leter på rommet til Sondre, og finner de to Guy Fawkes-maskene. Den ene av dem har nøyaktig de samme skadene som masken i bildet. Det er ingen tvil. Maskene er identiske. Ja vel. Lille John *er* Sondre.

Jeg ringer Annie og ber henne ta seg en tur. Jeg vil gjerne at hun skal se på det nye bevismaterialet. Hun kommer, og undersøker både masken og det forstørrede bildet.

– Dette er ikke til å ta feil av, sier hun raskt. Du har helt rett!

Annie har også noe hun vil vise meg. Hun har endelig fått reparert mobilen som ble ødelagt for et par måneder siden. Nå får jeg vite at mobilen inneholder bilder hun tok i leiligheten til Sondre, da hun var der for å rydde. Da mobilen ble ødelagt var hun redd for at bildene hadde gått tapt, derfor ville hun ikke fortelle meg at hun hadde fotografert leiligheten. Men nå er både mobilen og bildene reparert.

Annie viser meg bilder av leiligheten slik den så ut med det samme hun kom inn. Det er senga som er dekket med klær, og badet der det ligger en t-skjorte på gulvet. Deretter bokhylla, og så noen bilder av stuebordet. Et av bildene viser hele bordet, der man kan se taurullen, to pakker rulletobakk, en skål med noe som ser ut som frokostblanding, og to bøker.

På nærbildet av bøkene kan man lese titlene. Den ene heter *Hasj. Himmel og Helvete*. Det er den samme boka jeg tok fram fra bokhylla da jeg var i leiligheten dagen etterpå. Annie hadde satt den i hylla da hun ryddet. På bildet ligger det enda en bok rett ved siden av. Det er *Cities of the Red Night* av William Burroughs. Annie tok med seg boka den gangen, og jeg har hatt den liggende på Sondres rom hele tiden. Nå finner jeg den fram for å lese den.

Jeg kommer meg etter hvert gjennom *Cities of the Red Night*, men det er ingen lett bok å lese. Den handler om misbruk. Ikke bare stoffmisbruk, men alle former for menneskelig fornedrelse, også seksuelt misbruk. Sondre hadde lest denne boka, og følt seg misbrukt. Det var nok det han mente da han snakket om *oss som har blitt misbrukt*. Det var avhengigheten han snakket om. Det var det som var meldingen.

Bøkene lå ikke tilfeldig henslengt. Sondre må ha lagt dem

begge foran seg på bordet med vilje. *Hasj. Himmel og Helvete* forteller kort og greit om hvilken utfordring han sto overfor. *Cities of the Red Night* beskriver opplevelsen av avhengighet. Det nærmer seg jul, og Sam er endelig tilbake i Oslo på ferie. Vi avtaler å møtes. Han har med seg en liten gave fra lillesøsteren sin, Rebecca. Hun ville så gjerne takke Sondre for at han stilte opp for henne, en gang hun hadde drukket altfor mye. Rebecca ble dårlig og trengte hjelp, og Sondre passet på henne i flere timer. Hun har bedt Sam fortelle hvor mye det betydde for henne. Sam vil også dele sine egne minner om Sondre. Han forteller om den gangen Sondre besøkte ham og familien i Uganda, mens faren hans arbeidet for FN. Det var tidlig på sommeren 2010, og det var Sondres første tur til utlandet på egen hånd. Han hadde med seg mange suvenirer tilbake.

– Sondre så visst på Uganda som en eneste stor skattekiste, sier Sam.

Sakte men sikkert kommer jeg inn på hasjrøykingen. Jeg forteller at jeg har skaffet tilgang til facebook-kontoen til Sondre, og har lest meldingene mellom dem.

– Jeg vet at Sondre skaffet hasj til deg til juleballet i 2008, forklarer jeg.

– Jo da. Jeg så vel ikke på hasj som noe farlig eller unormalt, for i USA er det ganske vanlig med en mer liberal holdning.

– Jeg skjønner deg veldig godt, forsikrer jeg. Og jeg har jo selv prøvd hasj da jeg var ung. Men akkurat nå er situasjonen ganske spesiell, og jeg må finne ut så mye som mulig om hva som skjedde med Sondre. Vet du hvor han fikk tak i hasjen han skaffet deg?

Sam vet ikke, for Sondre fortalte aldri noe om det. Derimot fikk han vite at Sondre hadde cannabisplanter i Trondheim da han besøkte ham i Innherredsveien sommeren 2011. Da fortalte Sondre at de ble oppdaget av huseieren, og at plantene måtte klippes ned. Sam var ikke klar over at Sondre dyrket marihuana etter det.

– Vet du hvor mye han røykte?

– Nei, men da han var i Uganda ville jeg at han skulle slutte med tobakk. Jeg tok til og med og kasta sigarettene hans. Men han gikk bare og kjøpte seg en ny pakke.

Sam forsikrer at Sondre ikke røykte hasj mens han var i Uganda. Men de snakket mye, da Sondre var på besøk.

– Jeg husker Sondre fortalte at han og faren røykte hasj sammen.

– Virkelig?!? Når da? Vet du når det begynte?

– Jeg vet ikke. Sondre sa bare at han hadde fortalt faren at han hadde prøvd hasj, og så hadde faren sagt at de kunne røyke sammen.

Sam vet ikke mer. Det var bare den ene gangen at Sondre hadde betrodd seg til ham om faren.

Jeg vil ikke at Sam skal forstå hvor sint og sjokkert jeg blir. Prøver å skjule følelsene, men inni meg raser det. Det var dette Sondre mente, da han snakket om *oss som har blitt misbrukt*. Sondre hadde altså fått hasj av faren sin. Det var dette som plaget ham. Det var derfor han ønsket at jeg hadde kidnappet ham som barn. Han hadde endelig forstått hvor skadelig det var, det faren hadde gitt ham.

Sondre må ha følt at faren hadde lurt ham, og misbrukt tilliten hans. Hvor gammel var Sondre da dette begynte? Jeg tenker på spanskleksen i februar 2007, der han skrev at han likte marijuana. Han gikk i første videregående, og var bare seksten år gammel. Jeg husker hva Stina fortalte: *Faren til Sondre visste mye mer enn deg, om hva Sondre drev med.* Hvorfor spurte jeg ikke hva hun mente? Var jeg redd for å innrømme mistankene mot Anders? Nå slipper jeg alle spørsmål løs. Hadde Anders gjort mer enn å dele sin egen hasj med Sondre? Var Anders i kontakt med langere, eller *menn av kvalitet* som Sondre kalte det? Var det Anders som skaffet Sondre hasj for å selge videre, den sommeren i 2009 da Sondre skulle begynne å studere? Og hva med plantasjevirksomheten, var det Anders som sto bak den også? Hva med den merkelige facebook-meldingen Sondre sendte faren fra USA i 2011? *Alt vel, skal kjøpe campingutstyr og dra inn i nasjonalparkene senere i dag.* De hadde jo ikke vært i noen nasjonalparker og hadde vel tatt med seg campingutstyr hjemmefra hvis de hadde hatt behov for det. Var det en kodet melding? Var Sondre sendt ut for å kjøpe frø i USA, eller utstyr til plantasjevirksomheten? Det var Odin som kjørte på USA-turen.

Det var Odin som kom med cannabis-stiklingene også, det hadde Mikkel fortalt. Jeg er ganske sikker på at Anders kjenner Odin, og at de har kjent hverandre lenge. I så fall vet Anders helt sikkert hva Odin driver med. Og hva Sondre drev med, selvfølgelig. Var det Anders selv som var bakmann for det hele? Det ville forklare ansvaret Sondre følte, for *strains* som var tjue år gamle. Hvordan kunne han ellers vite hvor gamle de var, og hvorfor skulle han ellers føle ansvar? Sondre var jo ikke stort eldre enn tjue år selv, da han ble intervjuet. Likevel dyrket han *strains* som var tjue år gamle, som hadde overlevd blant norske dyrkere siden 90-tallet. Sondre hadde fått stiklinger av Odin. Men selv Odin må ha begynt veldig tidlig hvis han hadde dyrket cannabis så lenge. Han hadde neppe dyrket cannabis siden han var ti år gammel. Odin var egentlig ikke sjefen, han heller. Og Sondre hadde røpet alt sammen i intervjuet.

Sondre brøt kontakten med faren omtrent samtidig som han kvittet seg med plantene. Den 24. juli, bare noen få dager etter at faren flyttet, det var da Sondre fikk *semi-sammenbrudd*. Det var da det skjedde, at han tok oppgjør med både faren og hasjvirksomheten, samtidig. Det var akkurat da Sondre plutselig hadde så mye å fortelle Sara. Han hadde trukket seg ut av hele virksomheten. Han sluttet samtidig å basere seg på kontanter, noe kontoutskriftene fra banken bekrefter. Han var i ferd med å ta livet sitt tilbake. Han begynte virkelig et nytt og bedre liv. Sondre ville, nøyaktig som han sa, begynne å ta seg selv på alvor. Derfor brøt han kontakten, selv etter at Anders hadde flyttet. Selvfølgelig. Brikkene faller plutselig på plass.

11

MØRKETID

Når jeg ligger alene i mørket og stillheten, det er da sorgen er verst. Jeg tenker på tiden da Sondre var liten, da det bare var oss to, alene i verden. Det var min oppgave å beskytte ham. Jeg klarte ikke den oppgaven. Selvfølgelig ikke. Sondre er jo død. Men hva kunne jeg ha gjort bedre? Hva kunne jeg ha gjort for at det skulle gå bra? Alt jeg har opplevd sammen med Sondre, alt jeg har sagt og gjort, alle valgene jeg har tatt, absolutt alt må opp til vurdering. Alt må granskes. Etterforskningen handler ikke bare om beviser, den handler om å forstå. Spørsmålene kverner rundt i hodet mitt og jeg får aldri fred. Jeg er min egen verste kritiker og dommer.

Jeg husker tilbake, det er nesten ti år siden nå. Sondre, Jonas og jeg var på en strand, på østkysten av Thailand. Vi var ute i sjøen og badet. Lå bare og fløt i bølgene. Sondre var tolv år, og Jonas var to og et halvt. Jeg holdt godt tak i Jonas mens Sondre svømte like ved siden av. Plutselig skrek Sondre høyt. Jeg hørte på stemmen hans at det var alvor. Grep lynraskt tak i armen hans og dro ham mot meg så hardt jeg kunne. Sparket kraftig fra i vannet mens jeg dro begge guttene med meg mot land. Så snart vi nådde strandkanten spurte jeg hva det var. Han hadde smerter i den venstre armen. Det var et ildrødt mønster nederst på armen. Det så ut som tentakler. Vi løp til hytta. Jeg prøvde å skylle det bort med vann, men det gjorde bare vondt verre.

Sondre hadde sterke smerter. Vi gikk til resepsjonen i bungalowen. Der skylte de med eddik og la på blader fra en lokal plante. Det hjalp ikke noe særlig. Sondre hadde alltid vært tapper, men nå jamret han seg og gråt. Jeg bladde febrilsk i den lille medisinske håndboka. Fant ut at det måtte være en kubemanet, det aller mest giftige havdyret. Vi fikk skyss til nærmeste sykehus, der Sondre fikk legehjelp og medisiner. Det gikk heldigvis bedre etter hvert som medisinene begynte å virke.

En kubemanet kan ta livet av et voksent menneske på få minutter. Guideboka nevnte ikke denne risikoen med et eneste ord. Jeg forbannet både forfatterne og forlaget. Takk og lov at Sondre var så nær meg, at jeg klarte å dra ham så raskt unna. Det kunne ha gått så mye verre.

Jeg ser fortsatt for meg Sondres ansikt idet jeg drar ham mot meg av alle krefter. Ønsket om å redde ham, det er ikke borte selv nå. Trangen til å verne om barnet sitt, den vil aldri forsvinne. Jeg ville ha gjort hva som helst for å redde Sondre. Hva som helst. Livets viktigste oppgave for en mor er å ta vare på barnet sitt. Det finnes ikke noe viktigere.

Men nå er barnet mitt borte. Hva er jeg verdt, jeg som ikke klarte å beskytte ham? Selv om jeg kanskje har klart alle andre oppgaver i livet, hvilken verdi har det, når jeg ikke klarte å ta vare på mitt eget barn? Jeg klarer ikke å akseptere at alt er over, at jeg har tapt kampen. Det er umulig. For jeg har fortsatt ansvar for Sondre. Jeg må etterforske videre, og forstå det som har skjedd, helt til bunns.

Jeg gjennomsøker internett og leser meg opp på forskning om sammenhenger mellom hasj og psykoser. Annie og Miriam får høre alt sammen.

– Avhengighet rammer inntil en av seks cannabis-brukere, forteller jeg Miriam. Hun tviler litt, for hun har jo selv røykt hasj da hun var yngre, og syns ikke det var vanskelig å slutte. Det var verre å slutte med sigarettene.

– Ja, men det gjorde jeg også, tidlig i tyveårene, og jeg syns heller ikke det var noe problem å slutte. Da er vel vi blant de andre fem, konkluderer jeg.

– Avhengighet er genetisk betinget, forteller jeg Annie. Det er større risiko for psykiske skader jo yngre man er når man begynner å røyke. Hjernen er ikke fullt utviklet før i midten av tyveårene, derfor er det mer risikabelt å røyke hasj i tenårene enn senere i livet.

– Ja det kan sikkert stemme, sier Annie.

De to tenåringene hennes er med andre ord i faresonen, men det skjønner hun sikkert selv.

– Og hør her. I en studie fra 2007 sier forskere at fjorten prosent av schizofrenitilfeller i Storbritannia kan være forbundet med bruk av cannabis. I følge en artikkel i avisen *The Guardian* betyr dette at åtte hundre mennesker i Storbritannia kunne ha unngått å bli rammet av schizofreni. En langtidsstudie av femti tusen svenske menn viser at blant brukere som allerede røykte mye hasj da de møtte til sesjon, fikk etter hvert nesten sju ganger så mange diagnosen schizofreni som i befolkningen som helhet. Og dette er kun de som ender opp med den mest alvorlige psykiske sykdommen. Det er enda mange flere som får forbigående hasjinduserte psykoser, selv om antallet er vanskeligere å slå fast sikkert.

Jeg tenker på Sondres lege, som mente at hasjrøyking ikke kunne forårsake schizofreni. Han var tydeligvis ikke så godt informert. Spesialisten visste bedre. Sondre visste nok dette selv også. Han hadde jo lagt boka *Hasj, Himmel og Helvete* på bordet foran seg. Han hadde selv gjort koblingen, det fortalte han Victoria også. Jeg har ingen grunn til å tvile på det.

Hasj er i medias søkelys. Det kommer stadig nyheter om politirazziaer mot skoler, og politikere som mister sine verv etter å ha blitt tatt for besittelse av cannabis. Mediedebatten har fokus på om hasj bør legaliseres, spesielt i forbindelse med at medisinsk marihuana har blitt lovlig i deler av USA. Mange av deltagerne i debatten omtaler hasj som relativt ufarlig, og mindre skadelig enn alkohol. Flere organisasjoner arbeider til og med aktivt for at cannabis skal avkriminaliseres. De vil at det skal etableres lovlige utsalgssteder for marihuana. Av og til innrømmer de at enkelte kan få psykiske problemer av cannabis. Men forkjemperne for legalisering bortforklarer dette med at det kun gjelder *spesielt sårbare individer*. De viser til forskning som sier at hasj bare er en av flere faktorer. I tillegg må man være predisponert for psykiske lidelser. Mange tar det visst for gitt at disse *sårbare individene* uansett ville ha fått psykiske problemer, uavhengig av hasjrøykingen. Eller at de allerede hadde *underliggende* psykiske lidelser da de begynte å røyke hasj. Et eksempel på dette er teorien om at hasjrøyking brukes som en form for selvmedisinering, av personer som egentlig burde ha fått hjelp for bipolar lidelse, ADHD, angst eller depresjon.

Jeg diskuterer saken med Annie igjen, og blir etter hvert ganske opprørt.

– Hvor mange av disse såkalt selvmedisinerende pasientene kan ha blitt utredet eller diagnostisert allerede før de begynte å bruke hasj? For i så fall må de jo ha fått medisiner mot disse underliggende lidelsene? Hvor mye vet disse rusforskerne, og hvor mye er basert på antagelser? Hvor mye kan de egentlig vite sikkert?

– Nei, men du vet hvordan det er med forskning, svarer Annie vagt.

– Jo, men når jeg leser alt dette tenker jeg at Sondre var helt frisk, både fysisk og psykisk, før han begynte med hasj. Han drev ikke med noen selvmedisinering, han ble rett og slett syk av å røyke hasj. Han var ikke depressiv og hadde ikke angst, paranoia eller psykoser før han begynte med hasj. Han fikk gode karakterer på skolen, klarte seg helt fint sosialt, var aktiv med idrett. Han var slett ikke ressurssvak. Hvordan kan noen påstå at de vet hva som *uansett* ville ha skjedd med Sondre, hvis han ikke hadde begynt med hasj? Jeg har ikke noe problem med å godta at avhengighet av rusmidler er arvelig, men at Sondre ville ha fått psykoser uavhengig av hasjmisbruket, det kan jeg ikke gå med på. Aldri.

– Du har rett, sier Annie. Det var Anders som ødela livet hans.

Vi er begge overbevist om at Anders er skyldig. Det var han som lokket Sondre inn i den skjebnesvangre virksomheten. Annie støtter meg, men jeg er ikke fornøyd. Det er jo min beste venninne som er overbevist, hva med alle andre? Hva slags etterforskning er det, hvis jeg ikke klarer å skaffe et eneste håndfast bevis? Etter hvert som tiden går blir det stadig vanskeligere. Jeg finner ikke lenger nye ledetråder.

Samtidig er jeg tilbake i full jobb. Det er mye å ta igjen. Skolen til Jonas er også krevende, for oss begge to. Anmerkningene kommer på rekke og rad. Gjenglemte bøker og gymtøy, og lekser som ikke er gjort. Det var nok jeg som burde ha passet på alt dette. Men jeg er uoppmerksom, og sliten hele tiden. Det er vanskelig å konsentrere seg når jeg ikke får sove.

Jeg går fortsatt til psykologen. Jeg forteller Camilla at det er vanskelig å forsone seg med at Sondre er død. Jeg har så mange ubesvarte spørsmål om hvordan det skjedde.

– Jeg tenker mye på da Sondre var barn, og prøver å forstå hvordan han som var så oppvakt og forsiktig kunne ha begynt å røyke hasj. I det siste har jeg også tenkt mye på problemene med Sondres far.

Camilla foreslår at vi bruker mer tid på å snakke om disse problemene.

– Hvor gammel var Sondre da dere gikk fra hverandre, spør hun.

– Det var da Sondre var to år. Jeg holdt ikke ut i det voldelige forholdet og var redd for at Sondre eller jeg selv skulle komme til skade. Anders var enig i at det var best å skilles, men han ville absolutt ha Sondre boende hos seg. Vi dro likevel hjem til faren min alle tre, for å feire nyttår. Jeg fortalte faren min hvordan situasjonen var, og han gikk med på at jeg og Sondre kunne bli boende hos ham. Det var faren min som til slutt klarte å få Anders til å dra uten Sondre.

– Så Anders var ikke enig?

– Nei, ikke i det hele tatt. Men et par måneder senere måtte jeg ta med meg Sondre og flytte til studentbyen for å bli ferdig med studiene. Det var etter forslag fra faren min. Han syns vel det ble for slitsomt å ha oss boende hos seg. I Oslo dukket Anders opp igjen og forlangte at vi skulle møte hos familievernkontoret for å bli enige om samværsavtale.

Jeg husker godt den kvinnelige rådgiveren vi var hos. Jeg følte at jeg måtte fortelle henne at Anders hadde vært voldelig.
– Det var veldig vanskelig å fortelle en fremmed om volden. Og jeg måtte gjøre det rett foran Anders. Svaret jeg fikk fra rådgiveren var et sjokk. Hun sa: *Du har vel ikke vært noen engel du heller.* De ordene har brent seg fast i hukommelsen min. Jeg så på Anders, og så hvordan han smilte. Det var grusomt å se hvor fornøyd han ble. Det var som om han tenkte at nå fikk jeg se hva som skjedde hvis jeg våget å ta opp kampen. Jeg ble enda reddere, for jeg forsto at jeg ikke hadde noen sjanse til å vinne hvis Anders gjorde alvor av truslene om å gå til rettssak.

– Det må ha vært vanskelig å bli møtt på den måten, sier Camilla medfølende.

– Ja, for jeg forsto at jeg aldri kunne vinne, hvis Anders gikk til sak. Men nå føler jeg at det var akkurat da jeg tapte Sondre. Det var akkurat da det ble avgjort, alt som skulle skje videre. Det var da det skjedde, egentlig, at Sondre mistet livet.

Jeg gråter så tårene flommer. Camilla rekker meg et papirlommetørkle.

– Jeg føler en sånn avmakt! Føler meg tråkka på! Ikke bare av Anders, men av hele systemet. Det er så mange som snakker om at begge foreldrene skal ha rettigheter, og om samværsrett og fedres likestilling. Jeg har hele tiden fulgt alle mulige regler, men Sondre fortalte til slutt at han ønsket at jeg hadde kidnappet ham. Jeg føler at det var det jeg burde ha gjort. At jeg gjorde en helt utilgivelig feil. Og nå angrer jeg veldig! For hva slags system er det vi har? Hvis jeg bare hadde fått lov til å beskytte barnet mitt den gangen, da ville alt ha vært annerledes nå. Sondre ville ikke ha fått de problemene han hadde. Han kunne ha unngått å komme i vanskeligheter. Det var det Sondre mente, da han sa at han ønsket jeg hadde kidnappet ham som barn. Han hadde rett! Jeg fulgte alle lover og regler, fant meg i alt sammen, bet tennene sammen enda jeg innerst inne var redd hele tiden for at Sondre skulle komme til skade. Jeg var snill og grei hele veien, og utsatte barnet mitt for en mann som bedrev psykisk terror. Ingen andre så hvilket monster han egentlig var. Alle trodde jo på ham! Anders spilte hele tiden på at han bare ville være til stede som en god far, og i likestillingens navn fikk han full støtte for det. Men var det kjærlighet eller makt det dreide seg om? Jeg tror han var ute etter å kontrollere både meg og Sondre. Det var derfor han hele tiden ville ha Sondre boende hos seg.

Camilla svarer ikke på noe. Hun lar meg bare snakke. Men hun lytter oppmerksomt, og gir meg et medfølende blikk.

– Jeg vet at det var Sondre selv som misbrukte hasj og skjulte misbruket sitt helt til det siste. Men jeg klandrer ham ikke, for jeg forstår hvordan det kunne skje.

– Hvordan da?

– Sondre gjorde egentlig bare *en* stor feil, og det var å stole på faren sin. Anders misbrukte tilliten hans, og behovet hans for å få respekt og kjærlighet fra faren sin. Jeg visste det hele tiden, innerst inne. Men jeg kunne jo ikke fortelle Sondre at faren hans ikke brydde seg om han. Jeg var helt låst, for jeg kunne ikke advare Sondre. Jeg ville ikke gjøre det vanskeligere for Sondre ved å gjøre lojalitetskonflikten enda verre. Anders brukte dette til sin egen fordel, for alt det var verdt. På den måten misbrukte han Sondres lojalitet i sin egen maktkamp.

– Ja, det kan nesten se sånn ut, svarer Camilla.

Jeg trenger ikke mer for å gå videre.

– Jeg skal fortelle deg om noe som skjedde da Sondre var fem år. Faren min var nettopp død. Jeg hadde ikke bil, og Anders hadde kjørt innom huset som skulle selges for å hente noen ting for meg. Det satte jeg selvfølgelig stor pris på, men så fikk Anders problemer med bilen på tilbakeveien. Den måtte settes inn på verksted etterpå. Jeg foreslo at Anders kunne komme og hente Sondre et par dager senere enn avtalt, siden han trengte bilen for å kjøre til og fra barnehagen. Anders svarte at han heller ville ha med seg Sondre som avtalt, og sykle ham til barnehagen. Jeg var redd for sikkerheten og påpekte at veien var svingete og full av is, at det var mørkt og manglet gatelys, og at barnesetet var festet til sykkelen med en taustump. Anders ble rasende og ville ringe politiet. Jeg svarte at han kunne låne telefonen min hvis han ville det. Jeg prøvde å beholde roen. Men da kastet han seg ned på gulvet foran Sondre og klamret seg til ham mens han hulket og gråt. Han sa til Sondre at nå skulle de aldri få se hverandre igjen. Jeg så med en gang hvor sjokkert Sondre ble, og skjønte selvfølgelig at dette var grusomt for den lille gutten min. Jeg måtte gi meg, og ba Anders om å komme tilbake neste morgen og hente Sondre som planlagt. Men da Anders var på vei ut til bilen løp Sondre bort til vinduet og prøvde å åpne det. Han ropte til meg: *Jeg skal drepe meg selv hvis jeg ikke får være med pappa!*

Jeg begynner å gråte igjen. Camilla gir meg enda et papirlommetørkle.

– Det må ha vært en forferdelig vond opplevelse, sier hun. Et stort traume, for både Sondre og deg. Det der var slett ikke bra for et lite barn.

– Nei, jeg vet da vel det. Jeg så hva Anders kunne få seg til å gjøre mot Sondre, men jeg var helt maktesløs. Ingen forsto hvor ille det var. Anders var så flink til å fremstille seg som sympatisk. Jeg tenkte dessuten at det ville bedre seg etter at han fikk ny samboer. At alt skulle gå bra så lenge Anders fikk besøk av Sondre som avtalt. Alle gikk ut fra at det dreide seg om en helt vanlig samværskonflikt mellom meg og Anders. Og jeg ville unngå konflikt så godt jeg kunne, for å gjøre det lettere for Sondre. Derfor trakk jeg meg etter hvert mer og mer unna. Jeg hadde ingen kontakt med Anders etter at Sondre var ferdig med ungdomsskolen.

Jeg prøvde å holde avstand fra Anders. Var det der jeg hadde begått den største feilen? Hvordan kunne jeg egentlig tro at han var en god far? Hadde han overbevist meg om at det hele var min skyld, siden han og Nina hadde det så fint sammen? Hvorfor lot jeg Anders overtale meg, eller terrorisere meg, til å tvile på min egen dømmekraft og akseptere hans historie?

– Jeg visste jo at Anders var vanskelig, men tenkte aldri på muligheten av at han ville oppmuntre Sondre til å bruke stoff, eller forsyne ham med det. Jeg hadde ikke en gang fantasi nok til å tro så ille om Anders. Tenkte ikke at noen kunne være så djevelsk. Det var på en måte opplagt at det dreide seg om en konflikt mellom meg og Anders. Og da tenkte jeg at det ville gå greit så lenge jeg holdt meg unna. Jeg ville hindre sammenstøt, for Sondres skyld, for at konflikten ikke skulle gå ut over Sondre. Men nå føler jeg at det er mitt ansvar, at Sondre ble dratt inn i det helvetet. Jeg angrer på at jeg ikke sloss mot Anders først som sist, mens Sondre var liten, før han fikk gjort noen skade. Jeg burde virkelig ha kidnappet Sondre som barn. Hvis jeg hadde visst den gangen hva som skulle skje, så ville jeg ikke ha nølt et sekund.

– Det virker som om du har hatt det veldig tøft, sier Camilla. Det er visst mange traumer fra fortiden som kommer tilbake.

– Ja, men det er akkurat det. Jeg trodde alt skulle gå bra. Jeg var sikker på at vanskelighetene endelig var over. Og så var det akkurat da, at det aller verste skjedde. Jeg føler meg så utrolig hjelpeløs, så totalt avmektig, så fullstendig bedratt. Sondre, barnet mitt, han er borte, han har mistet livet. Jeg er helt knust, det kunne ikke ha vært verre. Men hva føler faren hans? Han har ikke vist det minste tegn til sorg. Hvis det egentlige målet var å ta Sondre fra meg, og knuse meg, da har han vunnet. Han har vunnet på den aller verste måten... Jeg føler at Sondre ble drept av Anders, eller av det systemet som lot Anders få overtaket. Jeg føler meg knust. Sondre tok jo ikke sitt eget liv, egentlig. Han ble drept! Anders kunne like gjerne ha tatt en pistol og skutt Sondre i hodet. Det hadde kanskje vært bedre, for da hadde ikke Sondre behøvd å lide så lenge. Og da hadde alle reagert. Da ville Anders ha fått den straffen han fortjener. Anders har fortalt de to småsøstrene at Sondre *ville det selv.* Han vil ikke innrømme det han har gjort, eller ta på seg det minste av ansvaret. Han skylder alt sammen på Sondre. Det fortsetter til og med nå, etter at Sondre er død. Jeg har mistet barnet mitt på den aller verste måten. Han ble drept av sin egen far. Ikke åpenlyst en gang, men gjennom bedrag og manipulasjon. Og det er ingen som vil høre på meg! Alle vil bare at jeg skal glemme det som har skjedd, at jeg skal legge det bak meg og gå videre. At jeg skal prøve å gjøre noe hyggelig. At jeg skal tenke på at jeg fortsatt har et barn til, som trenger meg nå. Moren min vil ikke en gang snakke om Sondre.

Camilla kaster et unnskyldende blikk på klokka. Timen er slutt. Jeg går fra psykologkontoret med ildrøde øyne, hoven i hele ansiktet. Men jeg har i det minste satt ord på følelsene. Tårene kommer helt av seg selv. Jeg går fortsatt på jobb hver dag, men det er nesten umulig å konsentrere seg om arbeidet. Det hjelper ikke noe særlig å gå hjem tidlig heller. Jeg har problemer med å sove uansett. Og når jeg våkner midt på natta, da trenger den forferdelig tanken seg på med det samme. Det aller første jeg tenker er at Sondre er død. Jeg rykker til og er lys våken. Klar til kamp. Nei, det kan ikke være sant! Men så kommer det verste. Følelsen av at jeg allerede har tapt. Jeg får aldri Sondre tilbake. Jeg får heller ikke noe ordentlig svar på hvordan han døde. Og det er ingen andre som bryr seg med å lete etter svar. Alle er villige til å akseptere den enkle forklaringen. *Han ville det selv.*

Like før jul blir det verre. Jeg forteller Camilla at jeg skulle ønske jeg kunne slippe å leve videre i denne grusomme verdenen. Men mest av alt tenker jeg på hvilke muligheter jeg hadde for å kidnappe Sondre da han var liten, eller på hvilket tidspunkt jeg kunne ha klart å drepe Anders. Jeg kan ikke se at jeg hadde noen andre alternativer, for det fantes ingen andre måter å stoppe ham på. Jeg klarer ikke å se fremover, og vil ikke høre snakk om at jeg må tenke på meg selv. Jeg tenker bare tilbake, tenker på at jeg ikke fikk hjelp av foreldrene mine da jeg trengte det, eller da Sondre trengte det. Jeg får visst ikke hjelp nå heller. Og nå er det uansett for seint. Alt er tapt.

Er det ikke meningen at tragiske dødsfall skal samle familien, og gi de nære relasjonene en dypere mening? Skal det ikke bidra til å styrke familiebåndene? Skal man ikke komme samlet, styrket og mer reflektert ut av tragedien? Moren min har for lengst dratt til leiligheten sin i Spania, og alle andre er opptatt med sine hverdagslige gjøremål.

Jeg blir mer og mer sliten, og Jonas får stadig flere anmerkninger på skolen. Faren hans stiller heller ikke opp. Han er vel for opptatt med seg selv, han også. Tror de kanskje at jeg *vil* være i fred. Tror de jeg *vil* klare meg selv? Men jeg vil ikke det. Jeg vil heller at noen skal være der og hjelpe meg. Hva tenker de på, egentlig, der de sitter og legger ut bildene sine på facebook? Der de koser seg så inderlig, hele tiden? Hvordan kan noen forvente at jeg skal klare å være fornøyd med livet, ta vare på en fulltidsjobb, meg selv og sønnen min, mens jeg er alene i sorgen? Det blir stadig vanskeligere å forholde seg til andres ve og vel. Jeg orker ikke all vellykketheten. Klarer ikke engang å se på facebook, selv om det gjør meg desto mer isolert. Ingen ringer visst til hverandre lenger. Hvis ikke Miriam og Annie hadde holdt kontakten, hva ville ha skjedd? Trond har jo begynt å ringe ganske jevnlig, men hvis jeg ikke selv ringte søstrene mine, hvor ofte ville vi ha snakket sammen? Og hva er det vi egentlig snakker om?

Jeg lengter nesten tilbake til de medfølende blikkene jeg fikk i begynnelsen. Orker ikke å høre det kjappe, rutinemessige: *Hvordan går det?* Vil de vite sannheten? Eller vil de bare at jeg skal fortelle at alt er greit? Jeg får lyst til å spørre tilbake: *Hvordan tror du det går, da, nå som Sondre er død? Vil du høre at jeg har det bra, så du kan slappe av?*

Jeg går stadig til Camilla. Hver gang har jeg hele 45 minutter der jeg kan snakke om akkurat det jeg vil. Det spiller ingen rolle om hun får betalt for å høre på meg. Jeg glemmer selvfølelsen, og tar alt jeg kan få.

– Tenker du mye på Sondre?

– Selvfølgelig gjør jeg det! Sondre er jo barnet mitt! Han vil alltid være barnet mitt! Jeg savner ham fortsatt, hver eneste dag, mange ganger om dagen. Men jeg er også rasende på faren hans, og tenker mye på hva han har gjort mot Sondre. Hvordan han har skadet barnet mitt. Det er kanskje enda vanskeligere å snakke om det.

– Du har jo sagt litt, men fortell gjerne mer.

– Jeg har tenkt mye på noe som skjedde i februar 2006, da Sondre var femten år gammel. Stefaren til Anders fylte 70 år, og hele familien skulle samles for å feire bursdagen. De skulle samles hjemme hos dem i Trondheim, i helgen. Sondre skulle selvfølgelig bli med på feiringen. Anders og Nina, med den lille babyen deres, skulle dra med bilen natt til lørdag, hele veien fra Nesodden til Trondheim. Sondre skulle bli med i bilen. Det var jo midt på vinteren, og på fredag viste værmeldingen at det skulle bli storm.

Camilla følger med på hvert ord jeg sier.

– Broren min, som bor i Trondheim, var tilfeldigvis på besøk hos meg. Han skulle ta nattoget hjem igjen samme kveld. Han hadde togbillett til Trondheim med en hel sovekupé, med to senger. Da dette ble klart, og vi i tillegg så værmeldingen, da tenkte vi at det ville være mye bedre for Sondre å ta toget sammen med onkelen sin, enn å sitte på med faren i bilen. Sondre kunne sove ganske komfortabelt på toget, og han ville komme uthvilt fram til besteforeldrene.

– Det høres fornuftig ut, bekrefter psykologen. Hun er i hvert fall enig med meg.

– Jo, men problemet var bare at Anders ikke likte denne idéen. Han likte den faktisk utrolig dårlig. Så dårlig at han ringte gjentatte ganger for å skjelle meg ut og advare på det sterkeste hvilke konsekvenser det ville få hvis jeg lot Sondre dra med broren min. Det var *han* som skulle bestemme over Sondre, ikke jeg.

– Ja vel? Men hva skjedde da?

– Jo, broren min og jeg, og Sondre selv, fant ut at togturen var en god ide. Sondre dro sammen med onkelen sin, og kom trygt fram til besteforeldrene neste morgen. Jeg glemmer ikke avisoverskriftene. *Full storm og is. Mange veiulykker* sto det på forsiden av både *Dagbladet* og *VG*. I mellomtiden fikk jeg mange stygge tekstmeldinger, ikke bare fra Anders, men også fra Nina. Jeg husker spesielt en melding fra Nina der det sto noe om at jeg ikke måtte *fucke opp* barnet mitt. Jeg syns dette var utrolig stygt.

– Ja, for en språkbruk, kommer det fra Camilla. Endelig reagerer hun.

– Men etterpå, da jeg fortalte Sondre at også Nina hadde sendt fæle meldinger, da mente han at det var faren som skrev meldinger på Ninas mobil, for det hadde skjedd før.

– Hmm... Men det er også ganske spesielt, mener psykologen.

– Men det verste var det som skjedde i Trondheim, fortsetter jeg. Tidlig søndag morgen ringte Sondre og fortalte at jeg måtte skaffe ham togbillett hjem med det første toget. Han ville ikke være hos besteforeldrene lenger. *Pappa er vanskelig*, fortalte han. Jeg spurte ikke om detaljer, men svarte bare at jeg skulle ringe NSB med det samme, og deretter be Trond om å hente ham. Han skulle bare gjøre seg klar til å dra. Han var klar allerede, svarte han. Jeg ringte og fikk tak i togbillett som kunne hentes på stasjonen, og heldigvis var broren min våken og klar til å hente Sondre. Det tok bare en halvtimes tid, så var Sondre hentet. Mens de ventet på toget tok broren min med Sondre til laben der han jobbet. Det var et forskningsprosjekt med lasere, og Sondre syns visst det var kjempespennende. De hadde det hyggelig, heldigvis. Jeg var jo fortvilet hele dagen, mens jeg tenkte på at Sondre satt alene på toget. Men han var helt rolig da han kom fram til Oslo S. Han ville derimot ikke snakke om hva som hadde skjedd hjemme hos besteforeldrene.

– Men noe alvorlig må det jo ha vært, siden han ba om hjelp til å komme seg hjem?

– Ja, selvfølgelig! Men Sondre ville som vanlig ikke snakke om faren sin. Han bare blåste av det hele.

– Så du fikk aldri vite hva som hadde hendt?

– Nei, men jeg har jo noen tanker om det, svarer jeg. Jeg tenker at Anders lot misnøyen sin gå ut over Sondre, enda han var helt uskyldig. Og jeg tenker at han gjorde det helt uutholdelig for Sondre. Og enten så var resten av familien klar over det, eller så må de ha lurt veldig på hvorfor Sondre plutselig skulle ta toget, heller enn å bli med Anders i bilen. Men han kan selvsagt ha funnet på en unnskyldning for å dekke over det. Det er vanskelig å si. Uansett er det bittert at ingen i familien til Anders stilte opp for Sondre. Ingen. Alle sammen lot seg tyrannisere eller manipulere av Anders.

– Men så har jo hele historien en positiv side også, foreslår psykologen.

– Hva da?

– Jo, fordi Sondre sa tydelig fra til faren sin, at oppførselen hans var uakseptabel. Kanskje ikke med rene ord, men med handling. Sondre viste faren sin at han ikke aksepterte å bli dårlig behandlet.

– Ja, det er sant, svarer jeg. Sondre var nok lojal mot faren fortsatt, i og med at han ikke ville fortelle hva han hadde sagt eller gjort. Men han lot seg tross alt ikke herse med. I hvert fall ikke i det tilfellet. Det er fint at du minner meg på å tenke positivt.

Mørket får likevel overtaket, etter hvert som vinteren tar over.

Snøen dekker snart alt, også kirkegården. Jeg går til Sondres grav flere ganger i uka. Jeg vil så gjerne at det skal brenne lys der hele tiden. Det er skuffende når jeg ikke finner noe annet enn mine egne spor i snøen. Ingen andre besøker grava. Motløsheten tapper meg for krefter. Jeg sliter meg gjennom arbeidsdagen, og vil egentlig bare sove når jeg kommer hjem. De daglige gjøremålene virker nesten uoverkommelige.

Jeg ber moren min om hjelp. Vi snakker på Skype, for hun er i leiligheten i Spania.

– Kan du ikke skaffe deg en polsk hushjelp, da? Du har jo råd til det.

– Syns du det? Men en hushjelp kan jo ikke hjelpe til med leksene og pakke skolesekken.

Senere tenker jeg at jeg kan klare alt arbeidet, bare jeg har noen å dele sorgen med. Kanskje moren min kunne komme og bo hos oss en stund? Jeg ringer henne enda en gang.

– Jeg skal gjøre alt husarbeidet. Jeg lover. Jeg vil bare snakke med deg, om Sondre.

Men hun vil ikke.

– Jeg vet ikke hva jeg skal si... Jeg er rett og slett for gammel. Jeg blir veldig lei meg. Føler meg litt illojal, men klager til Miriam.

– Moren min er visst for gammel til å snakke med meg om Sondre!

– Men ikke glem at jeg er her, sier hun. Jeg er her så lenge du trenger meg.

Miriam, som har to småbarn, norsk-kurs og egen bedrift å ta seg av. Hun har tid til å snakke. Hun spør hvordan jeg har det med et ekte ønske om svar, og hun spør hvordan Sondre har det. Hun skriver ned drømmen hun har hatt, om at Sondre er i live, og gir meg den på et ark. Hun inviterer meg med på svømming, selv om jeg ikke orker å bli med så ofte. Hun ringer meg stadig, og sender hyggelige tekstmeldinger. Men hvor ble det av alle de andre?

Hos Camilla snakker jeg nesten bare om Sondre. Jeg vil så gjerne at hun skal forstå hvordan han var som person.

– Sondre var så åpenhjertig, reflekterende og intelligent. Hvis han hadde fått leve er jeg sikker på at han ville ha bidratt til noe virkelig positivt. Han hadde jo de aller beste forutsetninger for å lykkes. Og så hadde han en sånn enestående evne til å glede seg over livet. Det brant liksom et helt lite bål av energi og pågangsmot i ham. Han hadde en egen sans for humor. Et veldig stort hjerte. Han var bare snill, rett og slett.

Camilla gir meg sitt vanlige nikk, og lar meg snakke videre.

– Da Sondre var liten fikk jeg ofte høre hvor tillitsfull, positiv og oppmerksom han var. Han hadde omtanke for alle han traff, og spesielt dem som trengte hjelp. Jeg visste at det ikke var min fortjeneste, men jeg var uansett så stolt av gutten min som bare en mor kan være. Det er så vondt å tenke på at tilliten hans, og lojaliteten til faren ble misbrukt. Han ville egentlig bare ha sin fars kjærlighet og kameratskap. Og så ble han sakte men sikkert dratt inn i et nett som han til slutt tapte livet for. Men han døde ikke uten å ha forstått hva som skjedde. Han forsto alt sammen til slutt, og gjorde alt han kunne for å rette opp feilen. Han var fast bestemt på å komme seg fri. Det har jeg stor respekt for. Jeg må holde fast ved det.

Jeg prøver så godt jeg kan å holde motet oppe. Men søvnproblemene blir stadig verre. Jeg ligger våken time etter time og tenker på Sondre. Han sa jo at jeg var en god mor. Jeg var glad for å høre det, men nå er det *bevist* at det ikke stemmer. Hvis jeg hadde vært en god mor, da hadde Sondre vært i live. Jeg har sviktet livets viktigste oppgave. Jeg klarte ikke å ta vare på barnet mitt.

Verden er like ussel og meningsløs som meg selv. Jeg har lyst til å melde meg ut. Jeg orker ikke mer.

Camilla vil henvise meg til distrikts-psykiatrisk sykehus. Der skal jeg få samtaler hver dag, og annen behandling. Jeg tar litt betenkningstid, men finner snart ut at jeg må prøve det. Jeg har ingenting å tape, og det blir bedre for Jonas. Det betyr at faren hans må ta over en stund. For det er han som skal flytte til oss. Han skal ta seg av matlagingen, hjelpe Jonas med leksene, sette seg inn i Fronter og passe på at sekken er pakket. Like over nyttår får jeg tilbud om behandlingsplass, og snart etter er jeg innlagt ved Dr. Høsts vei.

Jeg vet at jeg virkelig trenger hjelp, og det føles befriende å slippe unna alt ansvaret hjemme. Innleggelsen gir meg likevel en kraftig skyldfølelse. Alt er så fint her. Jeg føler at det var her Sondre skulle ha vært. Det er ikke riktig at jeg skal få hjelp, så lenge Sondre ikke fikk den hjelpen han trengte. Kan jeg forsvare for meg selv at jeg tar imot dette tilbudet? På sett og vis fortjener jeg ikke å ha det bra, fortjener vel egentlig ikke å leve heller, jeg som ikke klarte å redde Sondre. Det føles likevel som en stor befrielse at noen endelig tar ansvar for meg. At noen forteller meg hva jeg skal gjøre for å klare meg gjennom marerittet.

Den første dagen får jeg avtale med sykehuslegen. Hun har ansvar for medisinering av pasienter på alle avdelingene. Vi blir fort enige om at jeg ikke har behov for medisiner. Hun vil bare anbefale et antihistamin-preparat som skal gjøre det lettere å sove om morgenen. Søvnmønsteret mitt skal reguleres, så jeg slutter å legge meg klokka fem om ettermiddagen og slipper å våkne klokka to om natta. Jeg må også begynne å spise litt mer. Jeg har gått ned nesten ti kilo siden Sondre døde.

Det er en regel på sykehuset at vi ikke skal snakke om det som feiler oss med de andre pasientene. Den regelen bryter jeg allerede første dag, på vei til blodprøvetakingen. Jeg går dit sammen med Patrick, som nettopp er overført fra en annen avdeling. Han forteller at han kommer fra lukket avdeling, etter et selvmords-forsøk.

– Men det føltes ikke som noen tvang å være der, sier han. For det var egentlig frivillig.

Det var foreldrene hans som tok initiativet, men han visste at han måtte beskyttes mot seg selv.

Patrick spør ikke, men jeg forteller uansett.

– Jeg er her fordi sønnen min tok sitt eget liv. Han var like gammel som deg.

Patrick gir meg et forbauset blikk.

– Så du er innlagt her på grunn av det?

Jeg nikker bare.

– Jeg ante ikke at noe sånt kunne skje, legger han til. Det blir en pause mens han lar sammentreffet synke inn.

– Jeg har ikke egentlig noen problemer, forteller Patrick. Det vil si, jeg har alltid hatt det bra. Kan ikke si at jeg har manglet noen ting. Det får meg til å tro at det må være noe kjemisk i hjernen min.

– Men hva tenkte du, da ... når du bestemte deg for å gjøre det slutt?

– Jeg følte mest en slags ekstrem egoisme, svarer han.

– Takk for at du ville fortelle meg det.

Så han tenkte det var *noe kjemisk i hjernen*. Jeg har lyst til å spørre om han har brukt narkotika, men lar det være. Behandleren som følger oss er på vei tilbake, og vi blir stille.

Det er faste rutiner i Dr. Høsts Vei. Fire måltider om dagen, med god mat. Etter frokost er det morgenmøte, quiz og noen lette øvelser. Om ettermiddagen er det også møte. Da får vi vite alt som skal foregå, og hvem som er kontakten vår. Alt er så oversiktlig. Det er helt greit å slippe litt av ansvaret for meg selv. Jeg kan egentlig ikke huske at jeg noen gang har følt meg så godt ivaretatt. Den lille tabletten jeg tar hver kveld gjør det mye lettere å sove om morgenen.

Dagene går med til turgåing, samtaler med behandlerne, bevegelsesterapi, kunst og uttrykksterapi, biljard og trim. Det er alltid god stemning i kunst-rommet. Etter et par uker får jeg vite at jeg skal bli med på gruppeterapi.

Vi samler oss på grupperommet i første etasje. All setter seg på stoler, i en stor sirkel. Karina innleder, og forteller at jeg er med for første gang. Hun forteller derfor litt om hvordan samtalene foregår.

Jeg føler meg litt usikker. Har først ikke lyst til å si noe. Det er flere som har det på samme måten. Det går litt tregt å få samtalen i gang. Patrick sitter rett ovenfor meg. Han forteller at han syns det er vanskelig, han også.

– Jeg er redd for å si noe, sier Patrick. For jeg vil ikke trekke andre ned i de mørke tankene mine.

Jeg blir irritert. Jeg liker jo Patrick, men kan ikke la være å kommentere.

– Nå blir jeg nesten sint på deg! Tror du at du er den eneste i verden som har mørke tanker? Og at vi andre ikke klarer å takle det?

Patrick lar ikke utbruddet gå inn på seg. Han forklarer hva han mente, og det får samtalen i gang. Men før vi avslutter sier jeg unnskyld til Patrick, for den krasse kommentaren. Han forsikrer at det er greit.

Karina tar det opp med meg litt senere.

– Føler du ansvar for Patrick?

– Kanskje. Jeg har jo tenkt på hvor foreldrene hans er, siden de ikke besøker ham.

– Det må du ikke gjøre, svarer Karina.

Jeg er egentlig helt enig. Vet godt at det ikke er mitt problem. Det er bare ikke så lett å la det være. Når jeg ser Patrick tenker jeg at det kunne ha vært Sondre.

Vi har flere gruppesamtaler, men de er like vanskelige som den første. Da er det noe helt annet med bevegelsesterapien med Kirsten. Hun har gruppetimene sine på trimrommet, akkompagnert av Finn Kalviks *Sommer* på den bærbare cd-spilleren. Det er befriende å bevege seg til musikken. Vi blir noen ganger litt flau av det hele, men ser også det komiske i situasjonen. Det er en lettelse å le av seg selv.

Innleggelsen tvinger meg til å roe ned tempoet. I begynnelsen var jeg rastløs, men etter hvert føles det bedre. Tankene roer seg også. Jeg får fortsatt samtaler med kontakten på hver vakt. I tillegg har jeg flere samtaler i uka med Karina.

Det ligger alltid aviser og blader i oppholdsrommet. Jeg er ikke interessert i kjendiser, men får tilfeldigvis øye på en nyhetssak om sangeren Robbie Williams som har blitt far. Han poserer med bar overkropp, med den lille babyen sovende på den hårete, tatoverte brystkassa. *Jeg skal kjøpe narkotika til datteren min*, står det med store bokstaver. Det er hentet fra et intervju med avisen *The Sun*. Jeg kan ikke la det være, jeg må vise artikkelen til en av medpasientene mine.

– Se her, sier jeg opprørt til Karen. Det står her at Robbie Williams vil kjøpe narkotika til datteren sin når hun blir eldre, for å bruke stoffene sammen med henne. Han mener visst at det er den tryggeste måten å lære datteren om stoff. For da kan han sørge for at hun får den beste narkotikaen! Fy søren, jeg blir kvalm!

Karen leser.

– Ja, dette er noe til far! Han har vært på rehabilitering for å slutte med alkohol og reseptbelagte piller. Jeg tviler på at det er alt han har gjort.

– Hva tror du barnevernet i England gjør med dette? For det er vel der han bor?

– Han er jo rik og berømt, sier Karen.

– Ja, og han har makt til å påvirke. En ting er å ødelegge for seg selv. Men dette er barnemishandling!

Jeg får enda en samtale med sykehuslegen. Jeg benytter anledningen til å snakke om Sondres psykiske tilstand med en medisinsk ekspert. Jeg er spesielt interessert i hva hun vet om avhengighet av hasj, og narkotika-induserte psykoser.

– Hasj er veldig skadelig, bekrefter hun. Spesielt for barn og unge. Det er ikke vanskelig å bli avhengig av hasj, og det kan skje raskt.

– Jeg har lest et sted at inntil en av seks brukere av hasj blir sterkt avhengige. Er det riktig?

– Ja det kan stemme. Og det kan få alvorlige følger, som depresjon, dårlig minne, konsentrasjonsvansker, panikkangst, paranoia og psykoser.

– Jeg har jo lest om alt dette, sier jeg. Men hvorfor er det så mye uenighet blant ekspertene, om hasj er skadelig eller ikke? Forskere er så altfor forsiktige med å uttale seg om farene. Og det er vanskelig å forstå hva avhengighet dreier seg om. At det er en sykdom. Det er så mye snakk om sosiale forhold, men avhengighet kan jo ramme hvem som helst, uansett oppvekst, familie eller økonomi. Ingen kan vite på forhånd hva de tåler, eller om de kommer til å bli avhengig.

– Du har rett, svarer legen. Men det er vanskelig å definere klare grenser mellom bruk og misbruk. Og vi må innrømme at det ikke finnes noen enkle oppskrifter.

– Men da blir jo debatten om legalisering dominert av tilhengere, og ufarliggjøring av hasj. Og de fremstiller seg som om de kjemper for individets rett til frihet og selvbestemmelse. Dette kan nesten ikke bli mer feil. Rusmisbrukere mister jo nettopp friheten, og livet. Og dette skader mange flere enn rusmisbrukeren selv. Hvordan kan folk hevde individets rett, hvis det gjelder retten til å ødelegge seg selv? Vi vet jo at andre får livet sitt ødelagt samtidig?

– Jeg er enig i det, for jeg har jo selv sett hvor ødeleggende dette er på nært hold, her på sykehuset. Det er heller ikke så lett å forstå hva som skjer når noen blir avhengig av et rusmiddel. Det er helt normalt å bortforklare det. De som er avhengige vil ikke vedgå det, hverken for seg selv eller sine nærmeste. De dekker over misbruket så godt de kan.

– Ja, du har rett. Og det er relativt lett å skjule hasjmisbruk.

– Symptomene er ofte diffuse, sier legen. Det er ikke lett for foreldre eller lærere å oppdage tegnene, eller koble dem til et misbruk de ikke vet om. Fastlegene er heller ikke spesialister, og forskningen er uoversiktlig og krevende å sette seg inn i. Det er en stor utfordring for en lege å se sammenhengen mellom diffuse fysiske eller psykiske plager som skyldes et misbruk pasienten ikke vil innrømme. Leger kan heller ikke tvinge en pasient til å søke spesialisthjelp eller videre behandling for avhengighet. Og de har taushetsplikt. Foreldre har de samme utfordringene, spesielt etter at barnet er myndig.

– Men nå snakkes det jo så mye om legalisering av hasj, sier jeg. Hasj finnes allerede overalt, selv om det er ulovlig. Legalisering vil helt sikkert gjøre det billigere, og det vil bli flere som bruker hasj. Det ser man i USA. Legalisering tolkes som at hasj er ufarlig. Når hasj brukes av flere, da vil flere bli avhengige, og flere ender opp med psykiske problemer. Hvor mange selvmord kommer egentlig av narkotika-induserte psykiske lidelser? Det er sikkert mange, men de regnes ikke med blant narkotika-dødsfallene.

– Nei, det gjør de ikke, innrømmer legen. Og veldig mange som misbruker hasj trenger etter hvert behandling for psykiske lidelser. Ikke alle søker hjelp, derfor vet vi heller ikke hvor mange det gjelder. Men vi ser en god del slike tilfeller på sykehus som dette.

Det siste jeg gjør i Dr. Høsts vei er å gå gjennom obduksjons-rapporten med Karina. Dette er noe jeg har gruet meg til hele tiden. Vi har blitt enige om at Karina skal lese den først. Deretter skal vi sette oss i et møterom, der hun skal fortelle det jeg vil vite.

Karina legger rapporten foran seg når vi setter oss på møterommet. Jeg noterer det meste av det hun sier. Rapporten har en sammenfatning med seks punkter:

1. Kort beskrivelse av skadene.
2. Det er ikke påvist tegn til sykelige forandringer før dødens inntreden.
3. Det er foretatt kjemiske undersøkelser av blod og urin. Han var ikke alkoholpåvirket. Blodet ble undersøkt for en lang rekke legemidler og narkotiske stoffer. Tetrahydrocannabinol (THC) som er det viktigste psykoaktive virkestoffet i cannabis ble påvist i blodet i en konsentrasjon på 0.024 micromol/l. Dette svarer til det man gjerne ser ved bruk av stoffet som rusmiddel.
4. Døden antas å skyldes den påviste hodeskaden.
5. Identiteten er fastslått på bakgrunn av odontologiske og kriminaltekniske funn.
6. Basert på opplysninger i politirapport og obduksjonsfunn er dødsdato satt til 12.09.2013.

Etter sammendraget kommer en beskrivelse av formalitetene rundt undersøkelsen. Obduksjonen ble utført etter rekvisisjon fra Oslo Politidistrikt, etter en avgitt anmeldelse. Ambulansejournalen fra Oslo Universitetssykehus viste at det inngikk melding fra t-baneleder til operasjonssentralen kl. 18:05 om at en person var påkjørt på stasjonen på Carl Berners Plass. Ved ankomst til stedet observerte politiet at avdøde lå inne i tunnelen. Det ble funnet et studentkort like ved. T-baneføreren hadde kjørt i retning mot Carl Berners Plass stasjon. Oppbremsing hadde begynt mot stasjonen, men togføreren bremset opp ytterligere da han så at det sto en person inne i tunnelen.

– Toget stoppet altså helt opp før det kom inn på stasjonen, sier Karina.

Så går rapporten over til å beskrive selve undersøkelsen. Blodprøver er sendt til rettstoksikologisk analyse for påvisning av legemidler og rusmidler. Vevsprøver av hjerte, lunge, lever og nyrer er sendt til rettsgenetisk analyse. Det er foretatt mikroskopisk undersøkelse av indre organer. Blodet ble undersøkt for en lang rekke stoffer, blant annet MDMA, GHB, ketamin og THC. THC var det eneste av disse stoffene som ble påvist, i en konsentrasjon på 0.024 micromol/l. Alt var med andre ord normalt, bortsett fra THC i blodet.

Etter at Karina er ferdig med gjennomgangen av obduksjonsrapporten får jeg et siste møte med sykehuslegen. Jeg vil gjerne vite om en konsentrasjon på 0.024 micromol per liter er mye, og om det er mulig å si når Sondre kan ha tatt sin siste røyk.

– Dette er en meget lav konsentrasjon, sier legen. Men det er vanskelig å si når Sondre røykte sist, fordi slike stoffer blir værende i kroppen en god stund. Det avhenger av hvor høy konsentrasjonen var i utgangspunktet. Hvis konsentrasjonen var høy kan det være snakk om flere dager, eller til og med uker. Hvis den var lav kan han ha røykt dagen før. Men han røykte helt sikkert ikke hasj den dagen han døde.

Jeg føler meg på en måte lettet. Sondre var ikke påvirket av hasj eller alkohol da han døde. Han gjorde det tross alt ikke mens han var beruset.

Legen sier at psykotiske episoder ofte etterfølges av veldig akutte depresjoner. Hun tror det var dette som har skjedd med Sondre. Det var altså psykosen som drepte Sondre. Han visste ikke hva han gjorde. Han kunne nok ha tenkt rasjonelt om lommelykta og studentbeviset, men følelsesmessig var han ikke seg selv.

– Han hørte kanskje stemmer, sier legen. Onde stemmer som fortalte ham at han ikke var verdt noe. At han ikke hadde noe annet å gjøre enn å drepe seg selv.

12

ETTER UTSKRIVELSEN

Det er nesten litt vemodig å bli utskrevet fra Dr. Høsts vei, men jeg vet at jeg har vært der lenge nok. Jeg har vennet meg til roen, og må omstille meg igjen til det høye tempoet på jobben, og de mange kravene fra skolen. Heldigvis går det bedre på skolen, for Karina og jeg har hatt møte med både lærere og helsesøster. Jonas har fått ukentlig avtale med helsesøster, og de skal alle sammen jobbe mer bevisst for å følge opp. Alt ser ut til å gå bra med gutten min. Det er i seg selv en stor lettelse. Og i tillegg sover jeg bedre, selv om det er medisinens fortjeneste. Når jeg våkner uthvilt blir alt lettere. Jeg føler at jeg har alt under kontroll.

På vei hjem fra jobben legger jeg merke til at skiltet er borte. Gateskiltet for *Henriks vei*. Stangen står der fortsatt, men selve skiltet er borte. Jeg går forbi det hver eneste dag, og gleder meg hver gang jeg ser det. For det samme skiltet har vært borte før, etter at Sondre og et par venner stjal det. Det var en gave til Henrik til bursdagen hans. Etter en stund kom det selvfølgelig opp et nytt skilt. Men nå er det altså borte, enda en gang. Jeg peker det ut for Jonas, når vi går mot t-banen en lørdag. Han husker også den gangen Sondre fortalte om stuntet da de stjal gateskiltet. Sondre hadde det veldig moro den gangen. Jonas og jeg blir enige om at noen venner må ha stjålet skiltet på nytt.

Jeg tar med kassettene fra Sondres videokamera og leverer dem på en fotobutikk for digitalisering. Det er ikke bare for minnenes skyld. De gamle filmene kan gi flere svar. Jeg må prøve alle muligheter fortsatt. Etter en stund inviterer jeg Alex på besøk. Av alle vennene i gjengen rundt Odin er det Alex jeg stoler mest på. Det var Alex som var Sondres venn i nøden, og det var bare Alex som var ansvarlig nok til å overtale Sondre til å gå til legen. Jeg forteller Alex at jeg mistenker Anders for å være involvert i hasjvirksomheten. Jeg legger fram alle funnene, og viser ham artikkelen i Natt og Dag.

– Sondre sa i intervjuet at han var stolt over å ha ansvar for norske strains fra 90-tallet. Men da han fikk psykiske problemer mente han helt sikkert at problemene skyldtes avhengigheten av hasj. Det fortalte han også til flere av vennene sine. Og han brøt kontakten med faren samtidig med at han bestemte seg for å slutte med hasj. Sondre sa jo til meg i august at han ønsket jeg hadde kidnappet ham som barn. Da mente han sikkert at det var en sammenheng mellom faren og avhengigheten. Det var vel derfor det var så viktig for ham å skjule det for meg også, fordi det var faren som hadde påvirket ham.

– Det stemmer nok det, svarer Alex rolig. Sondre fortalte at faren hans røykte hasj sammen med ham.

– Når begynte det?

– Jeg vet ikke akkurat når, men det begynte da Sondre fortalte faren at han hadde prøvd hasj. Da svarte faren hans med å dra fram røykesakene sine, og etter det røykte de visst sammen.

Jeg blir ikke så opprørt denne gangen. Det er heller en lettelse å få vite at Sam snakket sant.

– Når fortalte Sondre dette?

– Det var mens vi var i Trondheim, så det må ha vært på slutten av 2009 eller helt i begynnelsen av 2010.

– Ja vel... men hva syns dere om det da?

– Vi syns det var kult da vi hørte det, svarer Alex. Men hvis han var supplier også, da ville det ha vært noe annet.

– Jeg tror Sondre følte det på samme måten, etter hvert. Han følte at faren hadde misbrukt tilliten hans. Og forresten, sa ikke Emma noe om at det ble komplisert når faren skulle flytte?

– Det er mulig det, svarer Alex forsiktig.

Jeg fortsetter resonnementet.

– Sondre tålte jo ikke hasj, det ga kroppen hans klar beskjed om. Han hadde mye munnsår og halsbetennelse med tørrhoste. I tillegg hadde han anfall av panikkangst, det har jeg selv sett en gang. Han nektet for at han hadde røykt hasj den gangen, men det må han ha gjort. Han røykte sikkert i skuret i barnehagen på vei hjem. Jeg spurte jo med det samme om han hadde røykt hasj. Han nektet selvfølgelig, men han må ha forstått at panikken hadde sammenheng med hasjen.

– Det er riktig at Sondre ikke tålte hasj så godt, svarer Alex. Jeg har det på samme måten, derfor slutta jeg med det ganske fort.

– Panikkangst er veldig ubehagelig, fortsetter jeg. Men når Sondre røykte videre til tross for panikkanfall, da betyr det at han ikke klarte å slutte. Han var avhengig.

– Du har nok rett, innrømmer Alex.

– Hasj er dessuten en veldig dyr vane for en student uten annen inntekt enn studielån. Det var derfor Sondre begynte med videresalg, og til slutt dyrking. Jeg vet jo at Odin leverte stiklinger. Men hvem var det som skaffet Sondre den hasjen han solgte? Og hvor fikk Odin stiklingene fra?

– Jeg vet ikke, svarer Alex.

– Men hva med den tørkede fleinsoppen Sondre hadde liggende? Jeg skjønner ikke poenget med å oppbevare fleinsopp hvis han ikke hadde tenkt hverken å spise noe av det, dele det med noen, eller selge det videre?

Alex har ingen forklaring på dette heller. Jeg prøver en ny innfallsvinkel.

– Vet du om Sondre kjente Odin allerede før han flytta til Trondheim, eller om Odin er en gammel kjenning av Anders eller Carl?

– Det er jo mye som tyder på det, svarer Alex litt vagt. Jeg skjønner at han gjerne vil hjelpe, men at det er grenser for hva han vet, eller kan ta sjansen på å fortelle meg.

Et par uker senere dukker det opp en ny kilde. Det er en venn av Sondre som vil hjelpe meg med å finne svar. Jeg får ikke bare bekreftet det andre har fortalt, jeg får også oppdateringer om alt som foregår i miljøet rundt Odin. Jeg får vite at Mariann og Stina deler leilighet. Og at Rudi passer en av Odins plantasjer i en leilighet bak Deichmanske bibliotek. Men så en dag blir plantasjen ranet. Rudi forteller at den har blitt angrepet av ti bevæpnede og maskerte menn, antagelig østeuropeere. Det er i hvert fall det som er historien. Mye av utstyret og alle plantene har gått tapt, men gjengen lar seg ikke skremme. De planlegger heller å utvide virksomheten, og ser seg om etter et større lokale. Et kontorlokale eller lignende. Ingen har trukket seg ut av virksomheten. Det betyr visst ingen ting at Sondre er borte. Eller kanskje det er akkurat derfor de alle er med?

Miriam ringer meg en dag og sier at hun har sett programmet fra Sondres begravelse, med bildet hans, opphengt på veggen av en kafé på Majorstua. Hun vil gjerne vise meg stedet. Vi avtaler neste dag.

Stedet heter Billabong. Jeg er spent idet vi går inn i kaféen, men blir glad når jeg ser bildet av Sondre på veggen. Mannen bak disken forklarer at han er en venn av Sondre. Han forteller at programmet har hengt der helt siden begravelsen. Noen av Sondres venner hadde kommet sammen og dratt til Billabong rette etter minnestunden. Det hadde altså vært gravøl for Sondre her også, i tillegg til det Odin hadde arrangert på Asylet.

Jeg fortsetter å lete i laptopen. Logger meg inn på Sondres youtube-konto og ser på historikken. Ingen ting uvanlig dukker opp. Sondre likte å se på musikkvideoer, standup-komedie og animerte biologikurs. Det meste er ganske underholdende, og ikke noe depressivt.

En scene fra *Gudfaren* dukker opp. Det er sluttscenen. Mafiabossen er død, og sønnen Michael er i ferd med å overta. Det første han gjør er å likvidere svogeren sin. Scenen begynner idet søsteren stormer inn og anklager Michael for drapet. Michaels kone vil vite om anklagen er sann. *Don't ask me about my business*, svarer den nye mafialederen. Til slutt får hun likevel lov til å spørre.

Hun godtar løgnen han serverer, men vi aner at Michael kan ha tapt tilliten. Lojaliteten til faren har fanget ham i et spill han aldri ønsket å være en del av.

Jeg bestemmer meg etter hvert for å prøve å kontakte Odins far, og sender ham en mail.

Hei,
Jeg er moren til Sondre, som Odin delte leilighet med på Carl Berners Plass i fjor. Som du kanskje vet tok Sondre sitt eget liv i september i fjor. Siden det har jeg prøvd å finne ut hva som skjedde med ham, ikke minst fordi dette kom totalt uventet og var helt uforståelig for meg. I den forbindelse har jeg kommet over noe veldig urovekkende som også gjelder din sønn Odin. Jeg har tenkt lenge på saken og funnet ut at det eneste riktige er å ta kontakt med deg. Sondre ville nok ha ønsket at jeg skulle prøve å hjelpe Odin. Kan du være så snill å gi meg et nummer jeg kan nå deg på? Kan du samtidig gi meg et tidspunkt når det passer for deg å ta imot en telefon, helst så fort som mulig?
På forhånd takk.

Det tar ikke lang tid før jeg får svar. Odins far forteller at han så vidt sa hei til Sondre for flere år siden i Trondheim. Nå vil han for det første uttrykke sin dypeste medfølelse for Sondres bortgang. Han sier videre at Odin ikke har villet gå inn på omstendighetene, men at det var veldig uventet og det gikk veldig hardt inn på Odin. Han forklarer at han har et godt samarbeid med Odins mor, men at det ikke er alt han tar opp med henne. Derimot har han diskutert åpent med Odin ved mange anledninger. Han er takknemlig for at jeg tar kontakt og ser det som svært viktig at jeg legger fram alt jeg vet eller har mistanke om, så kan han sortere ut det som vil være nyttig for å hjelpe Odin. Jeg kan ringe når som helst. Men helst litt etter kontortid. Han har mange møter i dag.

Jeg ringer som avtalt, litt etter kontortid. Forteller at Sondre hadde en marihuanaplantasje, og at han ga et intervju til *Natt og Dag* om virksomheten.

Odins far sitter foran PCen på kontoret sitt på Fornebu. Jeg forklarer hvordan han skal google seg fram til reportasjen. Så forteller jeg at journalisten er en facebook-venn av Odin, og at Odin har gitt Sondre stiklinger for å begynne å dyrke, i januar 2011. Jeg sier dessuten at jeg har konfrontert Odin med at det var cannabisplanter i leiligheten før han flyttet inn, og at han har innrømmet det. Bare så det er klart.

Odins far er tydelig skuffet, men han er ikke overrasket. Det er lenge siden han fant ut at Odin drev med cannabisdyrking. Han har konkludert med at Odin er avhengig av hasj. Han syns det er forferdelig at Odin driver med noe ulovlig, og at han ikke betaler skatt, eller bidrar til fellesskapet.

– Jeg har hjulpet Odin som best jeg kan, sier han. Etter at han starta cateringfirmaet var jeg overbevist om at det var slutt på hasjvirksomheten. Jeg har selv gått gjennom firmaets regnskaper, og sett at de har betalt leie for et kjøkken som har tillatelse fra Mattilsynet til å produsere mat.

– Men er du sikker på at de ikke forfalsker disse regningene, og betaler penger inn på hverandres kontoer?

Jeg forteller at Sondre mottok og betalte tilbake flere beløp til Odins styremedlem Erik, med bare to eller tre dagers mellomrom.

– Odin lovet til og med å levere snitter til begravelsen, uten at jeg så noe til dem.

Jeg forklarer at jeg mistenker faren til Sondre og onkelen hans, Carl, for å være bakmenn.

– Det var kanskje derfor Odin ville ha med Sondre til tross for at han var ung og uerfaren.

Odins far forteller at han aldri har hørt om bakmenn. Han har trodd at dette var noe Odin holdt på med på eget initiativ.

Jeg spør videre, om Odin kan ha jobbet for Anders på marinaen. Det må vel ha vært nesten ti år siden.

– Jeg kjenner til marinaen. Den ligger ganske nært hytta vår. Men jeg tror ikke Odin har hatt noen jobb der.

– Er det mulig at Odins mor kjenner Carl, siden de begge er arkitekter?

Han lover å prøve å finne ut.

Vi holder kontakten noen dager, uten at jeg får svar på

spørsmålene mine. Odins far leter etter opplysninger om Carl på nettet, men finner like lite som jeg har gjort.

Han lurer fortsatt på om det virkelig finnes bakmenn. Jeg forsikrer at dette ikke er noen gutteromsvirksomhet. Er han virkelig så naiv? Jeg må visst forklare litt mer.

– En cannabisplantasje koster opp imot hundre tusen kroner å sette opp og drive, inkludert strøm. Og en eneste god avling kan selges på gata for det tredobbelte, minst. Alt foregår med kontanter. Med så mye penger i omløp er det en farlig business. Det er derfor de bruker våpen.

Odins far er endelig overbevist. Men han ser ingen annen utvei enn å konfrontere Odin enda en gang. Han spør hvordan han kan gjøre det uten å avsløre at jeg har vært i kontakt med ham? Jeg lover å tenke på det og vi blir enige om å ringes et par dager senere, før helgen. Da skal Odin og faren treffes for å arbeide med noe på hytta. Jeg tenker etter hvert ut en løsning. Ringer tilbake og foreslår at han kan ta opp firmaets regnskaper igjen, og forhøre seg om hvordan det går med styremedlemmene. Han kan fortelle at han har hørt rykter om at Erik står bak salg av flytende ecstasy på en nattklubb.

– Noen fortalte meg nemlig at det foregår import av flytende ecstasy i vinflasker. Flytende ecstasy er gatenavnet på noe som heter GHB. Det ville ikke overraske meg om det er Erik som står bak dette. Broren hans jobber jo i en nattklubb. Og jeg har aldri snakket med Odin om dette. Jeg har bare spurt Odin om han kjenner Erik, det er alt. Så Odin kommer ikke til å forbinde dette med meg.

Odins far har allerede spurt datteren sin om de to kompanjongene. Hun har fortalt at Øystein arbeider som kokk ved en ordentlig restaurant, men at hun ikke vet hva Erik driver med. Odin har sagt at han fikk med seg Erik fordi de trengte midler til egenkapital, men at han er lat og ikke bidrar noe særlig.

– Da er det vel naturlig å spørre enda en gang, da?

Etter et par dager ringer plutselig Odin. Jeg lar mobilen ringe, og sender etter hvert en tekstmelding til Odins far.

– Har du snakket med Odin? Han prøver å ringe meg. Hva skal jeg si?

Han svarer at han ikke har snakket i detalj og at jeg derfor kan si hva jeg vil. Jeg ringer tilbake til Odin, forberedt på å fortelle at jeg har snakket med faren hans fordi han ikke har fortalt meg alt han visste. Men Odin tar ikke telefonen. Han har vel mistenkt meg, men blitt usikker. Eller var det ment som en slags advarsel? Nå har jeg uansett ringt tilbake. Jeg er ikke redd for å snakke med ham. Det blir opp til Odin å ta kontakt igjen.

Det kommer ikke noe ut av kontakten med Odins far. Jeg vender heller tilbake til laptopen. Ser om jeg kan finne noe mer i youtube-historikken.

Sondre abonnerte på dokumentar-kanalen Vice. En av episodene han hadde sett het *Colombian Devil's Breath*. Den handler om hvordan kriminelle i Colombia bruker stoffet scopolamine, som utvinnes av en blomst ved navn Brugmansia. Filmen viser hvordan scopolamine brukes til å rane folk mens de er i en slags kjemisk hypnose. Stoffet ser ut som et brunt pulver, og kan oppbevares i et lite papir. Noen ganger blir stoffet tilsatt offerets drikke, for eksempel et glass øl. I andre tilfeller blir offeret bedt om hjelp til å finne veien. Raneren bretter ut papirlappen med stoffet, og blåser det i ansiktet på offeret. Etter noen få sekunder blir offeret påvirket. Han eller hun oppfører seg helt normalt, men mister sin egen vilje, og kan heller ikke huske hva som har skjedd. Offeret følger enhver beskjed fra ranerne, enten det gjelder å ta ut penger i minibanken, gå hjem og finne fram verdisaker, eller hjelpe ranerne med å bære ut inventaret fra sitt eget hjem. Stoffet kan gi hallusinasjoner, men den kjemiske hypnosen og hukommelsestapet gjør det uegnet som rusmiddel. Derfor brukes det kun av kriminelle.

Jeg slår opp scopolamine i Wikipedia. Der står det at stoffet kan forårsake delirium og vrangforestillinger, og at det anvendes i visse medisiner mot reisesyke. Jeg leser også at minst tyve personer ble innlagt på sykehus med psykose i Norge i juni 2008, etter at de hadde spist falske rohypnoltabletter som inneholdt scopolamine.

Det vises til en artikkel i *Aftenposten* fra 26. juni 2008. Den opplyser at de falske rohypnoltablettene som er i omløp i Oslos narkotikamiljø har vært til analyse, og at de inneholder store doser scopolamine. I følge en divisjonsdirektør ved Folkehelseinstituttet kan større mengder scopolamine føre til hallusinasjoner, psykose, krampe, blindhet, koma, og i verste fall døden. Oslo-politiet tror tablettene er laget på et laboratorium. De har ingen formening om hensikten, annet enn at scopolamine er billigere enn det vanlig virkestoffet i Rohypnoltabletter.

Jeg ringer Annie og ber henne se på saken.

– De som har tatt tablettene blir psykotiske i mange dager, står det i *Aftenposten*. Etterforskerne advarer mot tablettene for å beskytte folks liv og helse, fordi de frykter at folk også utenfor narkotikamiljøet kan bli fristet.

– De bryr seg altså ikke om at narkomane blir psykotiske eller dør, bare det ikke skjer med noen utenfor miljøet, sier Annie sarkastisk.

– Ja, det er opplagt. Folkehelseinstituttet kaller det som har skjedd for *kokkelering*. Jeg vil heller kalle det menneskelig eksperimentering. Neste gang bruker de bare en litt lavere dose, så vil det ikke bli oppdaget i det hele tatt. Og nå er de eksperter på dosering også.

– Skummelt, sier Annie.

– Ja, men politiet eier ikke fantasi. Spare penger, du liksom! Etterforskerne kan bare gå på nettet, så finner de fort ut hvor utbredt scopolamineforgiftning er i Bogota. En av fem akutt-innleggelser. Og hvordan brukes scopolamine i Bogota? Ikke av narkomane, men av kriminelle. Dette er ikke det minste vanskelig å forstå.

– Men var det ikke et blomsterekstrakt Mikkel la ut oppskrift på?

– Jo, det er sant!

Jeg går tilbake til Freak Forum, men der oppdager jeg at Mikkel har slettet alle postene sine under fanen for Rusmidler. Nå er både oppskriften og tripprapporten hans borte. Postene han har latt bli igjen er de uskyldige, som ligger under Data og Spill.

Jeg har ikke gitt opp forsøket på å få tilgang til Sondres nyeste iPhone. Annie foreslår at jeg skal gå til politiet og be dem hjelpe meg. Jeg er ikke sikker, men jeg tror ikke politiet har mulighet til å gjøre noe. Det er ikke snakk om etikk, det er rett og slett tekniske begrensninger som gjør dette vanskelig. Derfor tar jeg heller enda en tur til Eplebutikken, og ber om hjelp til å overføre data til en ny mobil. Er det mulig å overføre data uten å åpne den gamle mobilen med passkoden? Nei, dessverre. Til slutt får jeg likevel et godt råd. Jeg bør se etter om det finnes en backup av mobilen i iTunes på laptopen. Jeg drar hjem med det samme og åpner iTunes i Sondres laptop. Hvorfor har ingen fortalt meg dette før? Hittil har alle snakket om iCloud, som Sondre aldri brukte. I iTunes finner jeg endelig det jeg leter etter. En backup fra 7. september av mobilen *Godfather*.

13

GUDFAREN

Jeg sitter ved skrivebordet i Sondres rom, der laptopen står på sin vante plass. På veggen rett over skrivebordet henger plakaten med bildet av Marlon Brando som Gudfaren. Sondre hadde kalt mobilen sin *Godfather*. Så klart. Øverst i høyre hjørne av plakaten leser jeg ordene *The Godfather*. Og rett over tittelen er det en hånd som holder et marionettekors. Trådene fører ned til ordet *father*. Sondre må ha sittet akkurat her da han valgte navn til mobilen. Dette gir plutselig en helt ny mening til plakaten. Sondre lette etter et navn, og så valgte han akkurat dette. Det er som å se plakaten for første gang. Nederst står det berømte sitatet: *I'm gonna make him an offer he can't refuse*. Gangster-Sondre. Et valg han ikke kunne avslå. Var det Anders som var Gudfaren? Følte Sondre seg presset til å bli med? Var det faren som styrte Sondre som en marionettefigur? Sondre hadde jo sett på Gudfarens sluttscene ganske nylig. Han likte dessuten *Sopranos*. Var det Anders han dro kjensel på i skikkelsen av den såkalt følsomme mafiabossen? Ja, det kan jeg se for meg.

Jeg går rett tilbake til butikken og kjøper en ny ulåst iPhone. Med det samme jeg kommer hjem kobler jeg den opp til Sondres laptop, og importerer alle data fra backupen. Det gir meg tilgang til alle meldingene fram til 7. september kl. 10, i tillegg til de nyere kontaktene, bildene og en del av telefonloggen.

I den nye mobilen *Godfather* ligger det en melding fra meg helt øverst, mottatt den 7. september kl. 8:54: Reiseplan: Drar torsdag 10. oktober. Returnerer onsdag 16. oktober ca. kl. 18.

Dette var meldingen jeg sendt Sondre mens vi satt og spiste frokost, etter at han hadde overnattet. De neste meldingene i loggen er fra kvelden før, altså 6. september, da Sondre hadde vært psykotisk. Jeg går gjennom meldingene i et forsøk på å rekonstruere hele dagen.

Dagens første melding er fra Odin, kl. 10:20:

Kan du ringe og kjefte på nextgentel i dag sånn at de kanskje kommer neste uke. Stikkord: avtalebrudd, gratis i den perioden vi ikke har hatt internett osv:-) oppsigelse osv er for ekstreme tilfeller.

Sondre svarer:

Tar det når jeg er hjemme, eller så kan du ringe på mine vegne :) man må ha utstyret tilgjengelig.

Odin repliserer: Har du kundenr. Ett sted? Og like etter:

Hva er kjøleskapet ditt til salgs for? Kan være jeg har kjøper.

Sondre:

Tusing hvis han henter det. 4368487 er kunde nr

Odin:

Nypris ca. 2000? Skal høre. Det er Rudi og Pats i studio btw.

Sondre:

Nypris tre lapper, mener jeg å huske.

Odin:

Aihgt

Sondre var ute da han fikk disse meldingene, antagelig på Blindern sammen med Elias. De er i hvert fall sammen litt senere på dag.

Klokken 13:46 skriver Sondre:

Må stikke, går tilbake mot banen :) Bli med?

Elias svarer:

Henger ut i skogen. Kool & deadly.

Jeg mener å huske at Sondre hadde kjøpt noe på kiosken på Sognsvann på den tiden. Jeg leter i bankutskriften, og det stemmer.

De var på Sognsvann. Sondre hadde kjøpt en flaske vann. Han ville kanskje jogge, for de hadde ikke holdt sammen hele tiden. Elias ble værende da Sondre skulle dra. Hva hadde Elias holdt på med, siden han ville *henge ut i skogen* helt alene? Uansett hva det var, Sondre og Elias skilte lag på Sognsvann.

Neste melding er sendt av Sondre kl. 15:39, til et nummer som ikke står oppført i kontaktlista:

Hei! Skulle bare si at du må ringe på mobilen samtidig som du ringer på dørklokka, da jeg ikke hører ringeklokka her oppe.

Da har vel Sondre ventet på en besøkende hjemme i leiligheten. Men det kommer ikke noe svar, og heller ingen oppringning.

I ringeloggen ser jeg at vedkommende har ringt første gang kl. 14:45 uten å få svar, deretter kl. 14:55 i ett minutt. Sondre har ringt tilbake flere ganger mellom kl. 15:30 og 15:45. Hvem kan dette ha vært? Jeg sjekker nummeret i Gule Sider og 1881. Det er ikke oppført. Jeg skrur mobilen min på anonym, tar mot til meg, og ringer nummeret.

– Eltel Networks, sier en hyggelig stemme.

– Jeg ser dere har ringt meg, hva gjelder det?

– Nei, det vet jeg ikke, svarer stemmen. Har du avtale med montør, kanskje?

– Montør?

– Ja, det ser ut til at du har ringt nummeret til en av montørene.

– Å ja, kan det være i sammenheng med et bredbånds-abonnement fra Nextgentel?

– Ja, det kan det nok være, svarer stemmen.

– Ja vel, men da ringer jeg heller tilbake senere. Takk for det!

En melding fra Nextgentel følger riktig nok litt senere i loggen:

I forbindelse med feilretting av din bredbåndslinje trenger montør å komme hjem til deg. Vennligst ring 07979 snarest for ny avtale. Hilsen Nextgentel.

Da er den saken oppklart.

Klokken 16:11 sjekker Sondre saldoen på brukskontoen. Det står kr. 10.025,47 på kontoen. Det er etter at husleien er betalt.

Klokken 17:05 sender Sondre melding til Mariann:

Yo! Hjemme?

Mariann svarer:

På jæger med hanna og tar en pils. :-)

Klokken 16:51 ringer Sondre til Thai Gourmet. Bestiller nok litt mat. Ti minutter senere ringer han et annet spisested på Grünerløkka. Da var han visst ikke bekymret for økonomien. Neste melding kommer kl. 17:36 fra en bekjent ved navn Julie: Yo, minner om Plotfest på st. Hanshaugen i kveld! Jeg har kjøpt all for mye cava. Kom og hjelp meg drikke opp! Fra sju. Løv. Det er flere måneder siden Julie sendte melding sist. Hyggelig invitasjon, men sikkert en massemelding. Sondre svarer ikke. Klokken 17:58 har jeg ringt. Samtalen varte i hele tretten minutter. Jeg husker bare vagt hva vi snakket om. Det må ha vært like etter middag. Jeg tror jeg ville vite hvordan det gikk med laptopen og wifien, og spørre om han hadde bestemt seg for hva han ønsket seg i bursdagsgave. Og så ville jeg vite om han hadde lyst til å komme til middag på søndag, såpass husker jeg. Det var bare en helt vanlig, hyggelig prat. Hvis det hadde vært noe uvanlig ville jeg ha husket det bedre.

Klokken 18:37 får Sondre en oppringning fra et nummer i Mo i Rana, fra en bedrift som driver med Ildfaste materialer, i følge Gule Sider. Merkelig! Sondre prøver å ringe tilbake fem ganger innen et par minutter, uten å nå fram.

Klokken 18:45 ringer Sondre enda en gang til Nextgentel og snakker med dem i to minutter. Antagelig har Odin nettopp kommet hjem, siden Sondre ringer om wifien igjen. Det er vel på denne tiden Odin vil begynne på middagen, og kjefter på Sondre om å ta oppvasken. Det er nå Sondre blir sint, og tar jakka og går.

Klokken 20:31 får Sondre en melding fra Stina:

Victoria secret show på tv 2 ;)

Har Sondre prøvd å ringe henne? Jeg sjekker loggen. Sondre har tatt flere telefoner på denne tiden. Det første som er tastet inn er bare en lang rekke tall. Alt for langt til å være et telefonnummer. Var det noe Sondre hadde gjort mens han var psykotisk?

Det neste nummeret i loggen er til Alex, og så Emma. Begge samtalene varer bare noen sekunder. Deretter til Stina kl. 20:29 i ett minutt. Antagelig har han lagt igjen beskjeder til dem alle tre.

Klokken 20:32 har han ringt Stina igjen, og snakket i fem minutter. Dette må være samtalen Stina snakket om, da Sondre fortalte at han hadde mistet kontakten med virkeligheten. Hvor var han da? *Bare på gata et sted* hadde Stina sagt. Stemmer det? Eller kan han ha gått til Plot-festen likevel, og kanskje drukket litt for mye cava? Nei, han ville ikke ha løyet om noe sånt.

Klokken 21:07 og 21:30 ringer han Emma igjen. Sondre trenger tydeligvis hjelp. Klokken 21:40 begynner en rekke meldinger mellom Sondre og Emma.

Emma først:
Vi kjørte nettopp forbi vika, så kommer så fort vi kan (hjerte) Trenger du noe? Skal jeg ha med noe?

Sondre:
Hurra :) trenger bare deg og Alex og vann fra springen. Ellers tusen takk!

Emma:
Vi går av på Oslo bussterminal neste stopp og bytter til 37, så er vi snart hjemme.

Sondre står nok utenfor leiligheten deres og venter på dem.

Enda en melding fra Emma, fortsatt 21:40:
Bussen går for tregt for Alex, så han løper hjem mot deg nå! (hjerte)

Klokken 23:13 ringer Sondre meg. Jeg husker samtalen. Han ville bare vite om jeg var hjemme, og om han kunne overnatte. Han var helt rolig.

– Ja, så klart, jeg skal re opp senga, svarte jeg.

Han kom ganske snart etterpå. Jeg merket ingenting unormalt, og heller ikke noen lukt av alkohol. Han virket på ingen måte ruset, da han kom. Det husker jeg godt. Men etter at jeg hadde lagt meg, idet jeg skulle til å sovne, da hørte jeg Sondre harke kraftig på badet. Jeg husker jeg lurte litt på om han var dårlig, og om jeg skulle stå opp for å sjekke. Men jeg ble liggende, og må ha sovnet like etterpå.

Var det bare litt hosting, eller var det et forsøk på å kaste opp noe? Var det noe han trodde han hadde fått i seg? Det kan stemme med at Sondre trodde han var blitt forgiftet.

Emma sender en siste melding kl. 23:36:
Håper dagen din bedrer seg og at du får det greit utover! Vi er glade i deg! ;)
Stort smil tilbake fra Sondre, også kl. 23:36. Da var han hjemme hos meg.

Alex sender melding bare et minutt senere:
Håper du greier å slappe av og finner et trygt sted i kveld :) Vi er glad i deg, og skjønner hva du går gjennom så ikke tenk på oss i det hele tatt :) Sees i morgen (hjerte).

Hjerte tilbake med det samme.

Hadde jeg bare skjønt hva Sondre gikk gjennom, jeg også! Hvorfor sa han ingenting?

Sondre forlot leiligheten etter det han kalte en krangel med Odin. Mens han var dårlig sa han at han trodde Odin hadde tilsatt noe i ølet hans. Hverken Odin eller Sondre ringte eller sendte melding til hverandre etter at Sondre hadde dratt fra leiligheten, til tross for at han ble borte helt til neste dag. Odin vil ikke innrømme at de to hadde kranglet, men hvis han ikke forsto hvorfor Sondre plutselig forsvant, hvorfor prøvde han ikke å nå Sondre for å spørre hva som hadde skjedd? Det er uansett ingen tvil om at Sondre følte seg ukomfortabel sammen med Odin, akkurat som Alex har fortalt.

Da Sondre hadde det som verst var det Stina, Alex og Emma han betrodde seg til. Jeg går inn i meldingsrekkene til alle tre. Alex og Sondre har brukt mye tid på tastaturet, og det tar en stund å gå gjennom alt sammen.

Etter hvert kommer jeg til en melding fra Alex datert 3. februar 2013:

Yo. Jeg og Leon tenkte å trippe, men jeg har glemt å ordne et sted å være. Kan vi droppe innom deg og henge der litt senere eventuelt? :) Skjønner godt hvis det ikke passer elns, men verdt forsøket :)

Sondre svarer:

Yo! Hvis det var bare deg hadde det vært helt kult :) men passer liksom ikke så bra med Leon på besøk ikveld :)

Alex:

Gotcha. Takk allikevel :)

Jeg er skuffet over Alex. Han som fortalte at han ikke tåler hasj. Tåler han bedre det han tripper på? Uansett, akkurat nå er det positive langt viktigere for meg. Sondre ville ikke la dem bruke leiligheten sin til å trippe. Han ville ikke bli med på det heller. Alex må ha vært klar over det også, for ellers ville han helt sikkert ha invitert Sondre på å bli med.

I tillegg er det tydelig at Alex har løyet om sin manglende kjennskap til cannabisplantasjen. I februar spør Alex om Emma kan bli med til leiligheten, og Sondre lar henne komme under forutsetning av at hun blir informert om *reglene*. I mars virker det som om Alex har hjulpet Sondre med plantasjen, antagelig innhøsting. Jacob er også med. Mot slutten av juni blir det travelt igjen, antagelig samme jobb som skal gjøres. Så kommer meldingene datert 24. juli. Sondre vil snakke med Alex, men han er på jobb. Etter hvert forteller Sondre at han tar en pils med Emma i stedet. Samme dag som han så gjerne ville snakke med Sara. Den dagen han hadde hatt *semi-sammenbrudd*.

Sondre har ikke tekstet mye med Emma, men den 24. juli kl. 21:14 skriver hun:

Jeg er ledig i hele morgen :)

Sondre svarer:

Niceness :) du har ikke lyst å komme bort nå og bare henge? Kunne trengt å snakka litt med noen, no homo.

Emma forklarer at hun nettopp har kjøpt en pils med en venninne på et utested, og inviterer Sondre til å komme dit.

Sondre svarer:

Kool :) Ligger for øvrig ikke og gråter i fosterstilling heller, hvis du bare vil chille med henne, også møtes imorra i stedet. Eller så hopper jeg i dusjen og ser dere der om en liten time :)

Det ender med at de treffes på utestedet, og i løpet av kvelden avtaler de også å møtes neste dag. Da er Alex med, og det blir en travel dag.

Neste melding fra Emma kommer dagen etter:

Haha, kjenner at vi var produktive i går! Jeg er støk i lårene og sov som et barn! :)

Sondre svarer: Haha, så bra!

Hadde de hjulpet Sondre med å kvitte seg med plantasjen? Søte Emma, som fortalte at *det ble litt komplisert for Sondre da faren flyttet.*

Jeg må langt tilbake for å få oversikt over meldingene mellom Sondre og Stina. Høsten 2012 møttes de ofte, for det meste på Blindern. Den 12. september skjedde det noe uvanlig.

Sondre tekster midt på natta, klokken 03:34:

Røyker du feite nå?

Stina svarer:

Nup er i senge-dyret. Er du full av hygge?

Sondre:

Om jeg er!! Hos deg om en 45 min? Må bare stikke hjem og ta en dusj og Rulle en :) har spist mye morsomt!

Sondre får komme, men han må *røyke på veien eller no.* Hva hadde han spist som var så *morsomt?* Ecstasy? Fleinsopp? Hvor hadde han vært? Men han ville uansett røyke hasj i tillegg.

Et par uker senere legger Sondre og Stina planer om å dele leilighet.

27. september 2012 kl. 00:05 skriver Stina:

Mente du egentlig d med huset? Fikk forespørsel om å flytte inn til sentrum, men vi hadde jo en litt hyggelig ide.

Sondre svarer med det samme:

Gjorde for så vidt det. Har du funnet noen som kan overta hos deg ennå? I så fall må vi på visning sporenstreks!

Neste morgen skriver Stina:

Har ikke lagt ut noe enda, funderte på å si ja til dritt-stedet fordi d ligger så Sentralt, men hvis du vil gå på visninger gjør jeg heller d:)

Sondre svarer:

Allright :) det hadde jo vært fett det! Må flytte litt hasta pronto da dessverre, kan du bli med på visninger i dag?

Sondre måtte altså flytte fra Skillebekk litt fort. Jeg lurer på hvorfor? Jeg ringer Ennio og spør om han vet noe.

– Jeg tror ikke det var noen uenighet mellom Sondre og han fyren han delte leilighet med, sier Ennio. Sondre fortalte bare at han heller ville bo for seg selv.

Han fortalte det samme til meg. I meldingen til Stina sa han at det hastet. Likevel tok det to måneder før han kunne gjøre alvor av flyttingen. Men han hadde bestemt seg allerede i slutten av september, like etter at Benjamin døde. Han fortalte ingen ting da vi møttes i bisettelsen, det ville jeg helt sikkert ha husket. Jeg leter videre i facebook-meldingene mellom Sondre og Stina. Jeg finner ikke noe som kan belyse husjakten høsten 2012. Derimot får jeg øye på et par meldinger fra sommeren 2013 som jeg ikke har lagt merke til tidligere.

Den 29. juli skriver Stina: funnet et sted å bo enda?

Sondre svarer med det samme: jeg blir nok boende her er jeg redd :(

Da hadde altså Sondre tenkt å flytte fra Carl Berners Plass, og kanskje spurt Stina om de skulle dele. Det må ha skjedd litt tidligere, før Odin kom inn i bildet. Men det mest interessante er de tre ordene og det triste fjeset på slutten, *er jeg redd* :(

Sondre var altså ikke helt fornøyd med å bli boende. Det må ha vært Odin som overtalte ham til at de skulle dele.

Jeg leter videre og finner en eneste melding fra Onkel Carl, sendt 30. august kl.13:40:

Hei. Håper det går bra med båteieren :-) Jeg traff Odin her og prata om et arrangement i morra som må utsettes til søndag 8. pga regn. Kan du gi ham beskjed? Hørte også om det med sånn fadder i havna der. Ta kontakt, kanskje jeg kan bidra. Carl

Svaret fra Sondre er kort:

Hei! Surrer og går fint :) skal gi beskjed til Odin, og takk! Ringer igjen litt senere :)

Samtalespesifikasjonen for september viser ikke noen oppringning fra Sondre til Carl. Heller ikke loggen på mobilen fram til 7. september viser tegn til at de to hadde telefonkontakt den kommende uka. Hvorfor hadde Sondre unnlatt å ringe tilbake til Carl, når han visste at han trengte faddere for å få medlemskap i båthavna? Hadde Carl ringt Sondre etter 7. september? Hva var det for slags arrangement som skulle skje den 8. september? *Jeg traff Odin her.* Enten har Carl vært i leiligheten for å diskutere arrangementet, eller så har Odin vært hjemme hos Carl. Uansett hvor de traff hverandre stemmer dette veldig dårlig med Odins historie. Odin sa jo at han bare hadde truffet Carl *en* gang før Sondre døde, da han var med Sondre for å overta seilbåten. Odin fortalte ikke noe om en arrangementsavtale.

Sondre hadde vært klar over problemet med faddere i båthavna helt siden 15. juli. Den 13. juli hadde han sendt inn søknadsskjema om båtplass på mail til en kontakt for båthavna. Han fikk svar et par dager senere. Kontaktpersonen fortalte at Sondre måtte skaffe to faddere, så ville det ordne seg. I følge Anders var det den 16. juli han traff Sondre for siste gang. Sondre må ha tatt opp problemet med båtplassen den dagen. Hadde Anders vært uvillig til å hjelpe? Jeg husker godt hvor oppgitt Sondre var over båtplassen som ikke var i orden. Men hvis Carl ville hjelpe, hvorfor tok ikke Sondre kontakt med ham om å finne faddere? Carl var jo selv medlem av båtforeningen. I meldingen sier Carl at han kan hjelpe Sondre med faddere. Sondre må ha visst dette hele tiden. Hvorfor hadde han ikke tatt kontakt på hele seks uker? Sondre hadde jo fortalt at det var et *problem* med båtplassen. Men han tok ikke kontakt med Carl, selv etter at Carl sendte melding om at han kunne hjelpe.

Sondre snakket aldri om Carl, hverken i juni, da han fortalte om båten han skulle få, eller i august, da han fortsatt hadde problemer med å finne opplagsplass. Hvorfor ikke? Og så var det dette merkelige navnet i kontaktlisten, *Onkel Carl*. Med en eneste melding som likevel var så hverdagslig og underforstått. Anders hadde også kalt ham *onkel Carl*, da han bidro til prestens minnetale. Seilbåten hadde Sondre arvet etter onkel Carl, og med den skulle Odin og Sondre begge to lære å seile. Men det var ingen seiltur Carl hadde avtalt med Odin, det var et arrangement. Og det er ingen tvil om hva slags arrangement Odin driver med.

Jeg går tilbake til mobilen og tråden med meldinger mellom Sondre og Odin. Utover i august sender Odin stadig meldinger med beskjed om å restarte eller rewinde *mineren*. Det er bitcoin-maskinen Odin vil ha hjelp til. Sondre spør en gang om det skal lyse rødt. Det skal det ikke. Odin har antagelig kontakt med mine-maskinen sin via mobilen. Mange av meldingene kommer om kvelden. Odin er altså mye ute, mens Sondre stort sett holder seg hjemme om kveldene. Bankutskriften viser heller ikke noe mer enn et par kvelder ute i løpet av de siste seks ukene.

Den 5. september beklager Odin at han har vært *morratryne*. Sondre svarer at det er greit, og at han ønsker Odin *Kjærlighet og fred og $uksess og penger og damer*. Odin hadde visst større problemer med humøret enn Sondre.

Listen over meldinger fortsetter med Victoria, Sara, Hanna og Kristian, en venn fra videregående. Det er Kristian som gjenopptar kontakten i løpet av august. Lørdag 31. august tekster han igjen: Hva skjer i kveld?

Sondre svarer:

Tenkte å bare daffe litt hjemme, så skal jeg ut og rusle en tur med en kompis senere i natt ;) bare å komme bort en tur hvis du vil!

Kristian tekster tilbake:

Join litt FIFA og konsert da;) har ikke røyka på nesten 4 år... helt fri;) Savner deg!

Kan Sondre ha fortalt Kristian at han ville slutte med hasj? Meldingene viser i hvert fall at han besøkte Kristian på Sagene. Men han ble ikke med på konsert. Sondre dro heller til Times Bar for å treffe Alex. Det er tydelig at han tok det rolig.

Jeg finner bare en enkelt melding fra Anders etter flyttingen, sendt på Sondres bursdag:

Gratulerer med 23 årsdagen. Håper gaven gir deg mange fine dager på fjorden. Nina hilser også.

Anders sendte altså bare en eneste tekstmelding etter at Sondre brøt kontakten. Til gjengjeld sendte han elleve MMSer, mens Nina sendte to. Ingen av dem kan åpnes lenger. Datoen har for lengst gått ut.

Det er tydelig at Anders prøvde å nå Sondre, men hvorfor sendte han ikke vanlige meldinger på mobilen, eller på facebook? Hvorfor brukte han MMS? Sendte han virkelig bare bilder? Og så var det seilbåten han til slutt tekstet om. Var båten en gave fra faren, eller var den fra onkel Carl? Det gikk kanskje ut på det samme?

På mobilen er det flere meldinger fra OneCall med beskjed om ubetalte regninger, og etter hvert inkasso. Den første inkasso-meldingen er datert 7. august. Beløpene var ikke store. Det er vanskelig å forstå hvorfor han ikke betalte. Det var problemer med internett, men hadde bredbåndet fungert dårlig i flere måneder? Han visste at jeg fikk inkassobrev i posten. Ville han at jeg skulle reagere? Var det en slags bønn om hjelp? Jeg ble litt oppgitt over at abonnementet sto i mitt navn, og ville vite hvorfor regningene ikke var betalt. Men han hadde hele tiden troverdige forklaringer.

Jeg stolte på Sondre, som jeg alltid hadde gjort. Kunne ikke tro at han var uærlig mot meg.

Jeg får tilbake videoene fra digitalisering. Det er fire filmer. Den første er fra lillebrorens bursdagsfeiring i mai 2005. Sondre filmet nesten alt sammen. Dette var like etter at han fikk videokameraet i konfirmasjonsgave. Film nummer to begynner med noen klipp fra samme tid, hjemme i leiligheten det også. Sondre er fortsatt en ivrig liten fjortenåring som nettopp har fått videokamera.

Han leker seg med å filme *Sondres mysterier* i to episoder. I den første episoden finner vi ut om lyset i kjøleskapet faktisk slukkes når kjøleskapsdøra lukkes. Del to handler om hvordan det er å være inne i et skap. *Og det er ikke så verst, egentlig* forteller programleder Sondre. Han filmer seg selv. Så morsom og søt han var.

Neste film er fra ferier i Spania, sommeren 2005 og 2006. Deler av denne filmen har jeg nok sett tidligere, og jeg er også med på noen av scenene fra 2006. Jeg åpner den siste filen. Den inneholder scener fra sommeren 2005, hos Anders og Nina. I de første klippene har Sondre lånt bort kameraet for at det skal filmes mens faren klipper håret hans. Nesten alt håret skal bort, men først vil Sondre ha hanekam.

Sitt still! roper Anders irritert. Han er klønete med saksen, og Sondre sitter helt urørlig. Sondre er tålmodig.

Pappa, så du Benjamin i konfirmasjonen? spør han muntert. *Med rasta-hår...*

Anders svarer ikke. Men han hadde nok lagt merke til Benjamin i Sondres konfirmasjon. Da hadde Benjamin begynt å spare til langt hår, og rasta-fletter.

Dette er like før Sondre skal bli storebror. I flere av scenene henvender han seg direkte til babyen. Han ber også faren om å si noen ord til ham eller henne. Sondre er ivrig opptatt av den enda ufødte babyen, og viser fram sine bidrag til oppussingen av det nye barnerommet. *Dette har jeg gjort selv, altså!* sier Sondre til kameraet, eller babyen.

Filmingen fortsetter etter at lillesøsteren er født. Han filmer faren som bader den lille nyfødte. Det er lett å se hvor alvorlig han tar det. Han filmer babyen lenge og konsentrert, uten et ord. Bevisst på at dette er en betydningsfull stund, og at filmen skal bli et viktig minne for fremtiden. Så kommer det en del scener fra en tur til Italia. Det var i august 2006. Sondre var sammen med faren, Nina og lillesøsteren, som da var ett år gammel. Helt til slutt er det et klipp fra sykehuset like etter at søster nummer to ble født. Det var i februar 2007. Det er bare en kort scene. Sondre brukte visst ikke videokameraet etter dette.

Anders og Nina vil sikkert ha kopi av filmene. Jeg skylder dem ikke noe, tenker jeg først. Men det er klart at Sondre har filmet personlige meldinger til lillesøsteren. Dem må hun få. Jeg vil at hun skal få se hvor opptatt Sondre var av henne, og hvordan han gledet seg til at hun skulle bli født. Han var jo så inderlig glad i søstrene sine. Jeg må gi Nina og Anders kopi av filmene for Sondres skyld. Han hadde villet det.

Jeg tenker på hva Ninas mor fortalte på facebook. Jentene fikk vite at Sondre *ville det selv*. Var det virkelig nødvendig å si det så brutalt? Var det nødvendig å fortelle at Sondre *ville det selv*? Sondre ville jo aldri ha såret søstrene sine eller lillebroren med vilje. Han hadde bare kjærlighet og godhet for dem.

Påskeferien nærmer seg. Jeg ringer Trond og spør om han vil ha besøk. Det passer fint. Han bor fortsatt i den store leiligheten i Ilsvika som han leide for å kunne ta imot gjester til disputasen. Vi legger planer med Jonas for hva vi skal gjøre, og han gleder seg. Det er faktisk første gang han er på besøk hos onkelen sin. Det blir en fin ferie. Vi fisker fra kaia, drar til Vitensenteret, og går på kino og ser *Noahs Ark*. Vi drar også til Pir-badet. Alt er fint, men i badet tenker jeg hele tiden på forrige gang vi var her, sammen med Sondre. Husker da Sondre og Jonas tok vannsklia sammen, og hvordan de moret seg i bølgebassenget. Hvorfor lot jeg Sondre flytte hjemmefra for å studere? Han kunne ikke ha røykt så mye hasj hvis han hadde blitt boende hjemme. Tenk om han hadde kommet inn på journalistutdannelsen han hadde søkt på, og blitt boende hjemme i Oslo? Det var i Trondheim det tok av med hasjrøykingen.

Jeg deler de mørke tankene med broren min.

– Nei, du må ikke tenke sånn, sier han. Du må ikke klandre deg selv!

Jeg må ta meg sammen for å klare å ringe Nina.

– Jeg tenkte nettopp på de filmene i går kveld, forteller hun.

– Det var akkurat da vi satt og så på dem, svarer jeg.

Hun vil gjerne ha kopi av filmene, men de har ikke tenkt seg til byen. Hun foreslår først at jeg kan gi en minnepinne til søsteren til Anders, siden moren deres er bortreist. Hun aner vel at jeg ikke vil gjøre det, for hun ringer tilbake og foreslår at jeg kan sende minnepinnen i posten. Jeg svarer at jeg helst vil treffe henne, men på tomannshånd. Til slutt får jeg det som jeg vil. Hun tar seg en tur til Trondheim.

Vi tar vel imot Nina når hun kommer. Først setter vi oss ved langbordet for å spise middag. Vi prater alle sammen mens vi spiser, om arbeidet og hverdagslige ting. Dette er første gang Nina og jeg har en ordentlig samtale. Hun har heller ikke truffet Trond, bortsett fra i Sondres konfirmasjon, og i begravelsen. Etter middagen tar jeg fram laptopen. Nina kobler til en ekstern harddisk som hun har tatt med hjemmefra. Vi overfører filmene og blir sittende og se på dem mens vi snakker.

Jeg forklarer at jeg ikke føler for å snakke med Anders, men at jeg ikke har noe i mot at hun forteller ham hva jeg har sagt. Nina syns visst dette er helt greit.

– Jeg har store problemer med å forstå hva som skjedde med Sondre, sier jeg etter en stund. Hva tror du kan ha skjedd? Vet dere noe?

– Vi vet bare det Odin har fortalt, svarer Nina. Og det er ikke så mye.

Hun nevner ikke Sondres bestemor. Har de ikke snakket sammen? Jeg sier ingenting. Lar heller Nina få tid til å fortsette.

– Jeg har tross alt gjort meg opp noen tenker selv, sier hun etter hvert. Jeg har tenkt at Sondre var deprimert fordi Benjamin døde. Sondre snakket ganske mye om Benjamin det siste året. Jeg har ikke tenkt på den muligheten før. Sondre og Benjamin hadde jo for lengst mistet kontakten, mange år før Benjamin døde. Jeg husker også noe Sondre sa til meg, like etter bisettelsen. Han ertet meg litt fordi jeg gråt så mye. *Men det var så forferdelig trist*, sa jeg. *Egentlig ikke*, svarte han. Bemerkningen overrasket meg. Benjamin var jo en nær venn av Sondre på ungdomsskolen. Nesten som et forbilde for ham. Jeg tenker på kommentaren i filmen der Sondre får hårklipp, og han nevner Benjamin og rasta-håret. Var det Benjamin som fikk Sondre med på å røyke hasj, da han prøvde det for første gang?

Historien om Benjamin er tragisk. Han begynte nok med hasj allerede på ungdomsskolen, og gikk etter hvert over til hardere stoffer. Så havnet han i fengsel med en narkotikadom. Der døde han av en overdose heroin. Det kan vel ikke bli mer innlysende, hva narkotika kan føre til. Jeg tror heller det var den prosaiske skjebnen Sondre tenkte på, hvis han snakket med faren om Benjamin. Men jeg sier ingen ting.

Vi ser videre på filmene. Jeg forteller Nina at jeg har snakket med flere av Sondres venner.

– Jeg har fått vite at Sondre røykte mye hasj, sier jeg. Og det begynte visst allerede mens han gikk på videregående. Etter hvert begynte han til og med å dyrke cannabisplanter.

– Ja vel?

Hun sier ikke mer, så jeg prøver med et spørsmål.

– Besøkte dere Sondre noen gang?

Nina forteller at de var i Innherredsveien en gang mens de andre som bodde der var bortreist, men at de hverken besøkte ham på Skillebekk eller Carl Berners Plass. Akkurat som meg.

– Var du klar over at han røykte hasj? Jeg ser direkte på henne.

– Jeg hadde vel en mistanke, svarer hun vagt. Blikket hennes flakker litt. Hun hadde vel ikke forventet at jeg skulle spørre så konkret.

– Obduksjonsrapporten viste at han hadde THC i blodet, sier jeg.

Nina vet visst allerede hva THC er, for hun har ingen spørsmål til dette heller.

Jeg forteller hva Victoria, Alex og Elias har sagt om Sondres psykiske tilstand den siste tiden, og hva jeg selv merket. Jeg forklarer hva Sondre sa til Victoria, om de psykotiske episodene og at han hadde sluttet med hasj. Jeg forteller også om besøket hos legen en uke før han døde, og om de to bøkene som lå på stuebordet i leiligheten.

Nina fatter interesse for bøkene. Hun vil notere titlene. Jeg gir henne et papir, og hun skriver. Så nevner hun broren Carl, og bekrefter samtidig at han var med Anders, i leiligheten.

– Carl reagerte på at det var så mange flasker i leiligheten. Han tenkte at Sondre og vennene hans må ha drukket mye alkohol.

– Det sto en del flasker på kjøkkenet, men Odin hadde jo også bodd der en stund. Ja, for Carl kjente vel Odin, ikke sant?

Nina nikker så vidt.

– Når var det Odin og Carl traff hverandre, egentlig?

– Det var bare i forbindelse med seilbåten. Carl fortalte meg etterpå at han syns Odin virka som en skikkelig sleskete type.

Carl har uansett gjort avtale med Odin om et arrangement, det viser mobilen. Men hvis hun vet noe om kompaniskapet vil hun sikkert prøve å skjule det. Jeg må fortsette å spille uvitende, og la henne snakke.

– I gravølet sa Carl at han traff en trønder, en landskaps-arkitekt eller botaniker eller noe, som fortalte at gjengen Sondre vanket sammen med i Trondheim bruker alle mulige slags stoff.

– Ja vel, sier jeg bare. Du var i gravølet du også, ikke sant?

– Ja, det var jeg, svarer hun.

– Odin fortalte nemlig noe merkelig om hva som skjedde i gravølet. Han sa at Anders etter hvert ble aggressiv og ville banke opp noen.

– Hva?!? Jeg satt jo rett ved siden av ham hele tiden! Det skjedde ikke!

– Det samme sa moren til Anders. Jeg var også i tvil, allerede da jeg hørte det. Tenkte at det ikke kunne stemme. Odin har sagt mye annet rart også. Han er rett og slett ikke til å stole på.

Nina er helt enig.

– Jeg lurer på hva Odin egentlig hadde lovet Sondre før han dro av sted til Tyskland? Det må jo ha vært en grunn for at Sondre ble utafor da Odin dro.

– Ja, det er noe Odin ikke vil ut med. Men har dere snakket med noen av de andre vennene?

– Nei, svarer Nina. Det var bare en gang jeg sendte Stina en SMS ved en feiltagelse. Det er nemlig en som heter Stina i barnehagen her, også.

Jeg forteller Nina at jeg har snakket med flere psykologer, og at jeg har vært innlagt.

– Det var en veldig positiv opplevelse, sier jeg lett. Jeg anbefaler det til alle. Jeg fikk også eksperthjelp med hvordan jeg skal snakke med Sondres lillebror om det som har skjedd. Det er jo vanskelig for barn å forstå at noen kan ta sitt eget liv. De føler seg gjerne sveket, og kan bære på kompliserte følelser, til og med sinne mot den som er død. Jeg håper småsøstrene til Sondre også forstår at han ikke visste hva han gjorde? Kanskje det er best å fortelle dem at Sondre var syk?

Nina svarer ikke.

– Det begynner å bli sent, sier hun. Det er langt å kjøre.

Jeg blir med henne ut til bilen. Hun takker for filmene, og ber meg om å holde kontakten.

– Det hadde vært fint om jentene mine kunne få treffe lillebroren til Sondre.

Jeg svarer vennskapelig at det kan vi vel få til, men føler meg sikker på at det aldri vil skje.

Det er tankevekkende at Anders og Nina ikke har snakket med noen andre enn Odin for å prøve å finne ut hva som skjedde med Sondre. Samtidig fortalte hun at de ikke stoler på Odin. Da er det merkelig at de ikke har snakket med Stina, enda Nina har nummeret hennes i kontaktlisten. Nina er tvert imot tydelig på at hun *ikke* holder kontakten med Stina. Stina, som fortalte at Anders visste mye mer enn meg om hva Sondre drev med. Hvorfor var Nina så nøye med å forklare at hun sendte tekstmeldingen til Stina *ved en feiltagelse?* Var det fordi hun ikke visste hva Stina hadde fortalt? Uansett så var det tydelig under hele samtalen, at Nina var på vakt.

Etter at vi er hjemme er det fortsatt et par dager igjen av ferien. Jeg bruker tiden til å gå gjennom laptopen til Sondre enda en gang. De nedlastede filmene, musikken og tekstfilene. Bilder og video, og lydopptak fra mobilen. Det er altfor mange filmer til å rekke å se alle sammen, men jeg ser på den siste han lastet ned.

Springbreakers. Den handler om fire unge, festglade jenter. De er studenter, og det er snart ferie. Jentene vil gjerne på festival i Florida. Pengemangelen løser de ved å rane en nattåpen kafé med vannpistoler. De setter seg på bussen og ender opp på stranda, der alkoholen flyter, vannpipene sirkulerer fritt, og alle ser ut til å ha det kjempemoro. En rap-artist med diamantprydede tenner opptrer. Hjemme hos rapperen flyter penger, våpen, og narkotika. Han har villa med svømmebasseng og luksuriøs bil. Jentene blir hyret inn som livvakter, med automatvåpen og rosa finlandshetter. Det brygger opp til bandekrig, og de får i oppdrag å drepe arbeidsgiverens største rival. Overraskelsen kommer idet de går mot rivalens villa. Jentene skyter ned begge to, både sin egen sjef og rivalen. Etterpå ringer de hjem og forteller hvor fint de har det. De har blitt kjent med så mange fantastiske mennesker. Og de har det helt trygt og fint. Løgn, alt sammen.

Hvordan kunne jeg ha vært så naiv at jeg trodde på alt Sondre fortalte? Jeg var så full av tillit til ham, at jeg ikke en gang så noen grunn til å være mistenksom. Kanskje det var dette som plaget Sondre, at jeg stolte på ham så fullt og fast? Kanskje det plaget ham at jeg hele tiden trodde på ham, uansett hvor mange løgner han fortalte, og hvilke dekkhistorier han fant på for å skjule sannheten? Løgnene hadde pågått siden Sondre var seksten år. På en måte var det vel blitt en vane. Men han visste at det var feil. Han ville jo egentlig ha meg og Jonas som en del av livet sitt. Jeg husker hvor fint vi hadde det, da Sondre inviterte oss med til Botanisk Hage på Tøyen, etter at han hadde bestemt seg for å begynne å studere biologi. Det ble nok vanskeligere det siste året, etter at han flyttet tilbake til Oslo. Han hadde det ikke godt med seg selv når han spilte skuespill for meg og Jonas. Han hadde nok dårlig samvittighet. I tillegg kom lojalitetskonflikten.

Sondre følte seg presset av faren. Han brøt jo til slutt med Anders, men uten å fortelle meg det. Han visste helt klart hva som hadde gått galt. Men han ville ikke la meg hjelpe. For da ville jeg ha oppdaget alt sammen, og funnet ut at han hadde løyet for meg, alle disse årene. Jeg ville ha tilgitt ham, så lett som bare det! Men han klarte kanskje ikke å tilgi seg selv?

Jeg er fortsatt ikke helt ferdig med laptopen. Det siste som gjenstår er lydfilene. Det meste er musikk, derfor har jeg ikke sett så nøye på dem tidligere. Men en av filene skiller seg ut. Den har tittelen *Weedkast!* og er datert 30. januar 2011.

Jeg åpner den og spiller av det som viser seg å være et radioprogram.

Fornuftens røst i galskapens tid. Dette er Banden på P3!

Programlederen sier at denne uka er litt spesiell her på Banden, fordi *den skal stå i narkotikaens tegn.*

– Ja, vi skal rett og slett snakke om marihuana, og det i innmari store mengder, er ikke det riktig?

– Jo, for jeg har vært hos en narkotikaprodusent.

– Ja, hva innebærer det, kan vi ikke begynne med det?

– Jo, det er en fyr som dyrker marihuana, og ikke bare litt, men masse. Og hvor gjør han dette? Han gjør det rundt omkring i Oslo! Og så distribuerer han det ut, og så tjener han skikkelig masse penger på det!

De to i studio ler godt. De fortsetter med å beskrive hvordan de fikk i stand besøket, for det er ikke bare å *møtes på narkoplantasjen:*

– Nei for de ville jo ikke at jeg skulle vite hvor narkoplantasjen var.

– Nei, ikke sant.

– Og da lagde de en så jævlig rå plan, eller klønete plan, eller morsom plan, eller hva du vil.

– Ja, ja.

– Altså, jeg måtte møte et sted ganske nærme her, jeg måtte stå i et veikryss med en avis under armen. Og så måtte jeg ha med meg solbriller og tape, og en hvit stokk.

– Hehehe.

– Dette er ikke kødd altså, dette har jeg gjort. Plutselig sto jeg i et veikryss og lata som jeg var blind. Da var tanken at jeg skulle sette meg inn i bilen, få på meg briller, og få tape over øynene. En fin bil, merke statussymbol, ruller opp.

Etter innledningen spilles første del av intervjuet:

– Jeg skrur av lyden her jeg. *Mute*. Jeg setter på selen.

– Sånne som deg kjører alltid med sele?

– Alltid. Det er viktig å holde seg anonym, viktig å holde seg inne med lovens lange tarm.

– Nå tar jeg av meg... jeg syns dette her er jævlig spennende, jeg.

Jeg skjønner med en gang at det er Odin som er marihuana-dyrkeren. Stemmen er litt fordreid, men det er lett å kjenne igjen ordbruken, måten Odin uttrykker seg på, og ikke minst den særegne latteren hans. Det er ingen tvil om at det er Odin som har latt seg intervjue. Og så er det kravet om at journalisten må ha bind for øynene når han ankommer plantasjen. Nøyaktig det samme opplegget som med *Natt og Dag*-journalisten, Odins facebook-venninne, som intervjuet Sondre to år senere.

Jeg går tilbake til lydfilen. Odin forteller journalisten at han tar en liten risiko, og forklarer hva planen går ut på for å sørge for at journalisten ikke får vite hvor de skal.

– Du må huske på at dit du skal nå, akkurat nå så har det ikke noe verdi, men om en to måneders tid så har det en salgsverdi på nærere tre hundre tusen, så det er jo litt risiko involvert da, kan man si. Og så bryter jeg på en måte første regelen innen, på en måte, alle illegal ting, og det er jo *Loose lips sink ships*.

– Ja, det gjør du nå.

– Det gjør jeg ganske kraftig nå, men hva gjør man ikke for saken, ikke sant? Man må jo gjøre som Peter Tosh og *Legalize it*, så la oss kalle det et første skritt.

– Ja, så nå gjør du liksom ditt for at det skal bli lov, for du vil at denne businessen skal bli legal en dag?

– Sånn at jeg kan åpne min egen cannabis-kafé og være stolt av produktet mitt, og vise det fram, og betale skatt, og si til mamma hva jeg driver med.

– Mener du det? Så du har litt dårlig samvittighet for at du ikke betaler skatt, det er det du forteller meg nå?

– Det har jeg også. Jeg har ikke så dårlig samvittighet for det, men jeg har mest dårlig samvittighet for mamma, det at jeg ikke kan si hva jeg driver med til mamma.

– Hvordan løser du det da?

– Det blir jo en helvetes mye konsertarrangering da. Det er jo det jeg jobber med.

– Ja, har hun fatta mistanke tror du?

– Jeg veit ikke, jeg tror pappa veit det, men jeg tror muttern lever i en slags, jeg tror hun later som hun ikke skjønner det.

– Er det fordi du har mye penger de kan ha skjønt det?

– Ja, kanskje. Før så spurte jeg jo en del om penger, men nå så spør jeg ikke om penger, og livssituasjonen er ikke så forskjellig, så de må jo ha skjønt at noe er på ferde.

Etter en pause forteller programlederen at reporteren sitter i bilen til en vaskeekte *drug-dealer*, og det er det ikke så ofte han gjør. De ser en politibil på veien, og da får vi høre *drug-dealeren* synge en liten sang:

– Stygg som en ape og dum som en stut, hva kan det være som rimer på Knut?

De ler godt, begge to. *Drug-dealeren* forteller at det er Passater med sota ruter som er skumle, ikke politibiler.

– Hvordan ser dagen din ut?

Dealeren forklarer at det er deilig å være selvstendig næringsdrivende, men at han prøver å vekke minst mulig mistanke.

– Folk som står opp i kristelig tid og bærer litt sekker rundt omkring og er generelt opptatt, de kunne ha drevet med hva som helst. Så da er det best å bare jobbe om dagen og kulen på kvelden.

– Bruker du mye energi på å leve på en måte så det skal se ut som du lever et helt normalt liv?

– Jepp, det bruker jeg en god del tid på. For eksempel så er klærne mine nå utstudert normale. Allværsjakke, helt vanlig lue, vanlig fine olabukser, ikke noe fancy sko. Heeelt vanlig fyr.

– Jo men solbrillene koster litt?

– Solbrillene koster litt, men de er bare på i bilen når jeg kjører rundt og skal se tøff ut, og i bilen har jeg ikke noe som ser skummelt ut, så dette går kjempefint. Men nå begynner vi å nærme oss, Oslos beste vest.

– Ja, vi er fortsatt på vestkanten, såpass vil du si?

– Såpass vil jeg si. Vestkanten er stor, vet du.

Dermed er første del av programserien nesten over, og vi får bare en liten smakebit av neste dags sending. Vi får høre hva journalisten sier når han får se den svære marihuanaplantasjen. *Åh shit, se her da! Ja, det er mye da! Hehehe!* Plutselig lever journalisten *faktisk i en film*. Men fortsettelsen kommer neste dag, og da lover programlederne at det skal bli helt *ellevilt.*

Lydfilen fortsetter uavbrutt rett til neste sending i serien. Opptaket er ikke gjort manuelt. Filen er laget hos NRK. Neste sending begynner med en kort repetisjon av seriens tema, der vi får vite at folket har blitt lovet mer narko-stoff, og det skal de få. *Vi skal overøse folk med narko!* Reporteren Oscar har nemlig vært med en vaskekte *narko-langer* på jobb. Vi får vite at vi nå fortsetter på vei inn i marihuanaplantasjen.

Med bind for øynene blir jeg da geleida bort en gang, opp en trapp, bort en gang, og inn i en leilighet.

– Så nå er vi på vei inn i en marihuanaplantasje, rett og slett?

– Ja, men først kommer jeg inn i en leilighet, da. Marihuanaplantasjen er ett rom i en leilighet. Det første jeg ser da er en stue, og et kjøkken, og de er sånn ganske rotete, litt sånn som studenter har det, vet du.

– Ja, ja, ja, det er mye smuler på benken, og litt papp liggende rundt.

– Akkurat, det eneste som skiller seg fra denne studentgreia er at all elektronikk er skikkelig dyrt og nytt.

– Ja for denne fyren har jo tross alt penger.

– Ja her er det en dyr flatskjerm, her er det en dyr PC på bordet, og et flunkende nytt anlegg. Reporteren blir ført inn bak et forheng, og der ligger selve plantasjen. *Åh, shit, se her ja! Ja, det er mye da! Og nå merker jeg lukta, å fy faen, dette er jo ellevilt!* Vi får vite at stemmen til narko-kongen selvfølgelig er forvrengt. *Det skulle da bare mangle.* Deretter får vi høre narko-kongen forklare hvordan man dyrker marihuana.

– Det er på en måte frukten man er hypp på, da. Altså, blomsten. Disse her har stått her i tre uker i blomst nå, og hvis du lukter så har de en liten cannabis-odør, men ikke noe vanvittig.

– For jeg trodde det skulle slå mot meg når vi kom inn her?

– Nei det er først om en måned eller to, så begynner det å stinke skikkelig.

Reporteren forklarer at det var mange bittesmå planter i plantasjen, og at det var industriell orden i plantasjen, hvor han har inntrykk av at ingenting er tilfeldig.

– Her har jeg valgt å dyrke et *sea of green*-system hvor liksom, istedenfor å dyrke noen få svære planter så har jeg dyrka masse små. Så her er det 77 små planter.

– Hva er fordelen med det?

– Mer *produce*, rett og slett.

Etter enda en pause får vi vite at journalisten har inspisert en marihuanaplantasje på Oslo vest. Journalisten er overrasket over hvor normal han er, denne eieren av plantasjen, og vil vite litt mer om bakgrunnen hans.

– Hvorfor er du plutselig en narkotika-produsent? Hvordan skjedde det?

– Nei, altså, jeg har jo røyka sånn fra og til gjennom mesteparten av mitt voksne liv, og allikevel klart å holde relativt kontroll på det. Det eneste jeg så var at jeg måtte borti masse kriminelle elementer som jeg ikke hadde lyst til å være borti. Og så skjønte jeg at ved hjelp av gode kompiser og meg sjæl og litt lys og litt smarthet så kunne jeg lage et bedre produkt sjæl. Så nå kan jeg sitte og røyke hjemmedyrka og ikke tenke på at jeg har finansiert alskens menneskesmugling og våpensmugling og alt mulig

faenskap. Det var et relativt enkelt valg. Og så er jo faktisk straffe-
utmålinga for det her mye mindre enn hasj eller noe annen sånn
import.

– Ja, hva får du hvis de stormer inn her nå?

– Nei, hvis de stormer inn her nå så skulle vi tro kanskje litt
samfunnsstraff og en bot. Fordi det er jo sånn at her er det ikke så
mye THC her, men litt, men ikke mye ferdig tørka plantemateriale,
og det er jo det som retten legger vekt på.

– Men når disse er fulle da, når de er helt svære og verdt...?

– Jeg tipper kanskje et halvår i buret. Et halvår, noe sånt. Men
sånn er det, vettu, det er prisen man må betale. Jeg har hørt noen
som har sammenligna seg selv med diverse freedom fighters rundt
omkring i verden, men så langt vil ikke jeg dra altså.

Så kommer den aller første motforestillingen fra program-
lederen.

– Han sier jo at han ikke vil støtte menneskesmugling og sånne
ting som narkotikapenger ofte går til, så da er det litt sånn at hvis
du ikke vil støtte kriminelle nettverk så danner du bare ditt eget
kriminelle nettverk, og støtter det i stedet, kort sagt.

– Ja, det kan jo egentlig oppsummeres sånn. Men vi skal
fortsette å bli mer kjent med han fyren her. I morra tenkte jeg vi
skulle snakke om hvordan den funker, denne bransjen, og hvordan
det er for en fyr å plutselig være i narkobransjen, og hvor lik er
egentlig den i Norge som den er på amerikansk film?

Etter at plantasjeeieren har fått morningen sin stiller
journalisten et spørsmål.

– Hvor mye kan du lage og allikevel få solgt det?

– Det er ikke noen grense, det er ikke noe tak. Det kommer inn
så mye dritt i det landet her at sånn god kvalitet røykings kommer
til å bli solgt. Jeg har venteliste på det som er her. Altså, når du
tenker over de svimlende mengdene med søplehasj som velter
innover det landet her så kan man egentlig ikke gjøre noe annet
enn å oppfordre alle til å begynne å dyrke og bli fri fra de
kriminelle nettverkene som gir faen i oss egentlig, og som bare skal
gjøre seg rik fordi det er ulovlig.

– Mens du? Hva skiller deg fra dem?

– Nei, det er et godt spørsmål. Det er kanskje ikke så mye egentlig. Jeg har jo et ønske om å bli rik. Men jeg vet ikke om det er hoved... jeg har jo lyst til å gjøre det på en måte... Jeg tenker at, for eksempel Rema 1000, da, som gjør seg rike på å selge discount drittprodukter. Jeg liker ikke business-modellen deres. For hvis man skulle drevet med sånt, da spiller det ikke noen rolle hva slags produkt det er så lenge prisen er lav nok. Men jeg liker å dra på fiskedisken, ja, et sted man får tak i gode råvarer til en pris som kanskje er litt dyrere. Ettersom det ikke er så ville mengder så blir man ikke så rik som Rema-Reitan eller hva faen han heter. Men man har et produkt man kan selge med et smil om munnen, og kundene mine har et smil om munnen og kommer tilbake og sier at han og hans gress er jo veldig bra, det har jeg lyst på mer av. Og der ligger jo business-modellen min. Jeg kunne sikkert tjent mer penger på å kjøre sånn gungho stemning og ta inn femti kilo med dårlig kief, og selge det videre, men da hadde jeg ikke følt meg noe særlig bra.

Tilbake i studio diskuteres det litt videre.

– Det som slår meg, Oscar, er at det må være en ganske takknemlig bransje å være i. Altså, fordommene mine tilsier at de som sitter hjemme og røyker marihuana de sitter stort sett og gliser. Og det er ikke noe bytterett, det er ikke noe sånn, *du, det her var noe dritt, kan jeg få tilbake pengene mine?* Du har liksom alt på din side.

– Ja, men det er akkurat det. Til nå har jo alt virka drit-enkelt. Men det er ikke til å skyve under en krakk at han sammenligner seg med den lille kjøpmannen på hjørnet. Men den lille kjøpmannen på hjørnet tjener også en god del penger, og når du er i nettopp det miljøet der, så kan det by på trøbbel.

Og det er akkurat ulempene vi skal få høre om når *serien* fortsetter. Idet neste sending starter oppsummerer programlederen hva som har blitt sagt hittil, og gjentar at dette virker som en *ganske takknemlig bransje å være i*, altså et sted man enkelt kan tjene ganske mye penger. *Men det må jo være en bakside på denne medaljen her? For mye penger kan vel også bli litt trøblete?* Det får vi høre om i fortsettelsen.

– Hva er den største, feiteste seddelbunken du noen gang har holdt?

– Nei, det gidder jeg ikke si her på radioen, altså. Men den var jævlig feit. Det er ikke snakk om noen bunke, lenger, for å si det sånn. Mora mi sa jo alltid til meg at penger ikke vokser på trær, og det er jeg helt enig i, de vokser på busker.

– Hva med skattemyndigheter, og hvitvasking og sånn, da?

– Det er veldig enkelt, og samtidig veldig vanskelig. Fordi, så lenge du ikke blir tatt, så er det ikke noe pes. Men blir du tatt, og folk skal begynne å se etter i bøkene dine, så er det pes.

– Men har du en plan på det?

– Ja, jeg har en plan på det, men den planen har jeg heller ikke lyst til å fortelle på radioen. Men du kan jo bare søke på hvitvasking på nettet, så finner man jo massevis av artikler, ikke sant.

Etter å ha fått vite litt om cash-sjapper kommer journalisten inn på sikkerheten i plantasjebransjen.

– Det er jo masse verdier, det er mye penger. Og jeg vil jo tro at hvis noen visste det så kunne de kommet her og rana, hvis det er verdt masse penger. Har du vurdert å skaffe deg våpen?

– Nei, jeg har ikke skaffa meg våpen.

– Men har du vurdert det?

– Ja, jeg har det. Men det er jo sånn som politiet opererer. De har jo en sånn opptrappingspolitikk, ikke sant. Møtes de med aggressivitet, så må de bli aggressive. Møtes de med en kniv, så bevæpner de seg, ikke sant. Men hvis noen skulle true meg på livet for å tilrane seg de tinga jeg har jobba hardt for, så veit jeg ikke hva jeg hadde gjort. Da måtte jeg ha gått i boksen, for det er ikke noe jeg har lyst til å gjøre. Det viktigste er jo da å skjule spora sine og ikke snakke med noen om det. Men jeg skjønner tankegangen din godt, fordi de er mer redd for andre gangstere, de er mer redd for gangstere. Jeg hører om folk som blir kidnappa og banka opp over alt hele tida, men det er ikke av snuten for å si det sånn. Ja, det er klart, jeg er litt redd for det. Men nei, jeg tror ikke jeg er villig til å skade noen for det her. Du har jo skrekkhistoriene selvfølgelig. Jeg hørte om noen kompiser av meg som fikk døra slått inn av noen sånne Balkan-folk, av disse omreisende som du hører om. Det var en dude som hadde fått et tips. Men de kom veldig dårlig tima, for de var jo akkurat der hvor vi er nå. Så de på en måte busta inn og var sikre på at de skulle finne masse dop. Men så fant de bare planter, forteller plantasjeeieren. Ranerne klippet likevel ned plantene og slo ned gutta. Uka som hospitant hos en av Oslos narkomoguler går nå mot slutten. I siste program skal de snakke om etikk. For som programlederen sier:

– Det er jo ikke til å skyve under en krakk at du blir gæern i huet av å røyke for mye, og det bidrar han til, da.

Plantasjeeieren er *per definisjon* kriminell. Likevel vil reporteren vite om alle får kjøpt hasj, altså om han selger til hvem som helst? Joda, han selger til alle samfunnslag, og alle slags folk.

– Hvis det kommer en femtenåring for eksempel?

– Nei, glem det.

– Hvor går grensa?

– Jeg veit ikke helt, men det fins jo tjuefemåringer som er som sekstenåringer i hue, og så fins det sekstenåringer som bløffer eller virker eldre. Det er ikke noen ID-plikt, men hvis det er en kid liksom, med kviser, så kan du bare drite i det.

– Men er det noen du har sagt nei til da?

– Ja, det er flere.

– Har du hatt dårlig samvittighet noen gang?

– Ja, det er vanskelig å si da. Jeg veit ikke. Litt. Jeg har jo det. Det er jo noen som ikke takler det så bra. Men ikke sant, er det min skyld? Altså, foreldra deres har kanskje hatt problemer, drukket mye, ikke sant. Hadde de begynt å drikke hvis de ikke hadde røyka? Jeg veit ikke men jeg foretrekker at en dude sitter på sofaen og røyker feite framfor å være ute og lage faen, eller speede, eller ta brus, eller what-not, liksom. Det er jo ingen som vil sitte på sofaen og røyke seg i hjæl framfor å gå ut og skaffe seg noe å spise eller liksom, ja. Dude, liksom, du dauer ikke av det, liksom. Du skal jobbe i hvert fall jævlig hardt da, for å fucke opp livet ditt og daue av det. Men det er jo noen som klarer, eller folk klarer jo de mest utrolige ting, da. Men jevnt over føler jeg at jeg gjør folk en tjeneste. Og jeg har ikke så mye dårlig samvittighet for det. Men det er klart, noen enkelttilfeller, kanskje. Kanskje ikke dårlig samvittighet, men en slags medfølelse.

Etter musikkpausen er spørsmålet hvordan det hele skal ende.

– Ja, for det må jo slutte på en måte? Kanskje er marihuana en gateway drug to hell and overdose?

En gylden regel som programlederne mener blir brutt av narkomogulen er regelen: Don't get high on your own supply.

– Næ, har du dyrka det sjæl, så please do. Så slipper man å støtte alle de dårlige dopene som finnes der ute.

– Men hvis ikke dette er noe problem, hva kan sette en stopper for forretningsvirksomheten?

– Jeg håper du ser fingrene mine kryssa og bankinga i bordet, og alt det der. Men... Easy come, easy go, kanskje? Jeg veit ikke, jeg. Jeg tror ikke jeg skal drive med det her sånn profesjonelt resten av livet. Jeg har masse ting å ta hensyn til i livet. Og så begynner man å bli litt gammel, og kanskje sånn som du, er jeg så heldig å få en liten jævel også. Og så kan man ikke drive med ting som er ulovlig i en sånn skala at man ikke kan være sammen med kiden.

Til slutt får journalistenes drug-buddy en siste takk.

Og dette er fornuftens røst i galskapens tid på NRK P3!

Fornuftens røst?!? Uten et eneste vektig motargument får Odin lov til å glorifisere en ulovlig virksomhet. På statskanalen NRK. Her har han fått en unik mulighet til å spille helten. En slags Robin Hood som forsvarer de undertrykkede.

Hva var det Odin sa? *Du skal jobbe jævlig hardt for å fucke opp livet ditt og daue av det.* Og så påstår han at hasj er bedre enn alkohol. Burde ikke journalisten ha minnet lytterne på at hasj er mye mer avhengighetsskapende enn alkohol? Men det gjør han ikke. Han lar bare Odin være eksperten som kan forklare alt sammen.

Kan det være en forbindelse mellom Odin og journalisten? For som Odin sier: *Kanskje sånn som du, er jeg så heldig å få en liten jævel også.* Da vet han altså at journalisten har barn. De har selvfølgelig brukt en del tid sammen mens opptakene ble laget, men dette går ganske langt inn i privatlivet. Jeg leter på facebook igjen.

Programlederen og Odin har flere felles venner. Journalisten er bosatt på Nesodden, og har en søster som bor i Trondheim. Hun har en facebook-venn felles med både Anders og Sondre. Bortsett fra slektningene er dette den eneste facebook-vennen Sondre har til felles med faren.

Norge er et lite land, men det ser ut til å være en forbindelse, ikke bare til Odin, men til Anders også.

Jeg ringer Annie og ber henne besøke meg igjen. Jeg vil at hun skal høre på lydfilen.

– Kanskje du kan komme bort til meg og høre på den såkalte narkobaronen, og hvordan han snakker? Og fortelle meg om du kjenner igjen stemmen?

Annie fatter interesse, og tar like godt turen med det samme. Hun får høre opptaket på laptopen, med hodetelefoner. Etter hvert nikker hun bekreftende.

– Jo da, det er Odin.

Jeg kan nesten ikke vente med å kommentere. Men hun vil høre ferdig alt sammen, hvert eneste ord. Jeg går rastløst rundt i kjøkkenet og rydder mens hun hører videre.

– Herre Gud, sier hun når opptaket er ferdig. Dette er litt av en hasjreklame!

– Ja, ikke sant, sier jeg. Når det er forbudt i Norge å reklamere for alkohol og tobakk, da går dette langt over streken! Hvordan kan NRK i det hele tatt sende søppel som dette? Det er som du sier, reklame for rus. Og vi har vært med på å finansiere det, via tv-lisensen. Det er visst underforstått at vi alle må velge mellom alkohol og narkotika. Men det finnes selvfølgelig et alternativ, uten den minste ulempe. Det går kjempefint å klare seg uten rusmidler.

– Dette er uansett helt uakseptabelt, fortsetter Annie. NRK kan ikke la en *dealer* som Odin få lov til å glorifisere hasj i et ungdomsprogram!

– Nei. Og Sondre ble helt sikkert påvirket av det. Han var jo bare tjue år da dette ble sendt. Han fikk allerede hasj av faren sin. Jeg forstår godt at han ble påvirket.

Annie vil at jeg skal gå til politiet.

– Du trenger ikke gå til anmeldelse, så klart. Men du kan vel gå til politiet med all den informasjonen du har?

– Jeg vet ikke, sier jeg. Er det ikke bedre å klage det inn til Pressens Faglige Utvalg? Både dette og *Natt og Dag*-artikkelen?

– Hva er poenget med det?

– Jeg vet ikke helt. Må tenke videre.

– Gjør som du vil, sier Annie til slutt.

Jeg forstår godt at Annie vil at jeg skal kontakte politiet. Men det er vanskelig å bestemme seg. Veldig vanskelig. Jeg går fortsatt på jobb hver dag. På veien ser jeg mange narkomane. Flere enn før, nå som det har kommet sprøyterom i nabobygningen. Jeg ser dem også med nye øyne. Litt mer oppmerksom på lidelsen, og håpløsheten. Det er nok vanskelig å innrømme at man trenger hjelp. Og det er sikkert ikke lett å finne et behandlingstilbud, heller. Da må det vel være mye bedre å unngå det, helt fra starten. Men det skjer som regel uten at de nærmeste vet det.

Jeg tenker på slektningene deres, også. Hvordan kan familie og venner gjøre noe, så lenge de ikke vet hva som foregår? Eller uansett? De er maktesløse. Det hjelper ikke med all verdens kjærlighet, eller penger. Til slutt må de kanskje stå ved en grav, og tenke på hva som gikk galt. Hva som kunne ha vært, og hva de kunne ha gjort annerledes. Akkurat som meg.

Jeg ser lidelsen med nye øyne, og det er vanskelig nok. Men jeg ser også min egen enkle forestilling om rusmisbrukere. Bildet av de narkomane, det er dem som sitter sammensunket på fortauet med bøyd hode og en kopp foran seg. Eller sjanglende ustøtt bortover veien, i skitne klær, tynne og bleke. Det er dette bildet som har satt seg i bevisstheten. Da er det lett å glemme de misbrukerne som ser helt normale ut. Spesielt de som er avhengig av såkalt lettere stoffer. De klarer ofte å fungere på et vis, i skole og arbeidsliv. Noen klarer å leve et helt liv, helt inn i alderdommen, uten at misbruket blir oppdaget. Det er dette som er virkelig skummelt. Så lenge misbruket er skjult er det umulig å forstå sammenhengene. Man ser bare *vanskelige personligheter* og *konfliktfylte forhold*. Ringvirkningene kan bli desto verre, når det får fortsette i årevis, og de som lider aldri får hjelp. Det går nok aller mest ut over barna, som ikke har mulighet til å komme seg unna. Det er helt sikkert synd på misbrukerne. Men misbruket har et annet ansikt. Det gjør mennesker til overgripere.

Det er ikke lett å forstå hvor hjerteløst misbruk kan være. Sondre ble selvfølgelig ikke tvunget til å røyke hasj. Han gjorde det helt på egen hånd. Men han døde ikke ved noe uhell. Han døde fordi han ble manipulert og lokket av mennesker han stolte på. Sondre lot seg friste av lettjente penger, og forsikringen om at *ingen dør av noen bønner*. Han stolte på faren, og på såkalte *menn av kvalitet*, som Odin. Da han endelig oppdaget de virkelige farene, da hadde det gått altfor langt. Da sto han plutselig igjen alene med problemene. For som Anders sa, *han ville det selv*. Sondre fikk skylden for alt som hadde hendt. Anders fraskrev seg ethvert ansvar. I tillegg førte han meg bak lyset, og tok fra meg muligheten til å hjelpe Sondre. Anders kunne ha gitt meg en sjanse til å hjelpe. Han kunne ha gitt Sondre en sjanse til å få hjelp. Men det gjorde han ikke.

Sondre tenkte sikkert at han ville klare det på egen hånd. Han hadde et utrolig pågangsmot, og sterk vilje til å leve. Jeg husker hva Mariann fortalte. Sondre var lei seg fordi han ikke fikk brukt det potensialet han visste at han tross alt hadde. Han var klar over hva han kunne utrette her i verden, hvis han bare klarte å løsrive seg. Han skjønte at han måtte bli kvitt avhengigheten, og leve et fritt liv. Han ville ha muligheten til å bruke evnene sine fullt ut. Han trodde helt sikkert at han skulle klare det. Han skulle *pushe gjennom*. Det var den typiske innstillingen hans. Han kunne jo overvinne hva som helst.

Sondre var sterk, på alle måter. Han ville ha klart å slutte med hasj, hvis han hadde fått behandling for psykosen. Psykiske problemer er ikke alltid varige. De kan gi seg etter hvert. Men Sondre fikk ingen behandling. Han fikk ikke den hjelpen han trengte. Og det til tross for at flere av vennene hans var klar over problemene. Alex ga Sondre nummeret til fastlegen sin, og ba ham søke hjelp. Men hva med alle de andre? Det var flere som visste at Sondre hadde vært psykotisk. Hva gjorde de for å hjelpe?

Stina angrer bittert, det har hun fortalt. Jeg vet ikke helt hva Sara visste, men hun var tross alt lei seg for at hun ignorerte meldingen om semi-sammenbruddet. Adrian hadde også dårlig samvittighet. Han kunne ha gitt meg veldig viktig informasjon, men valgte å la det være. Odin kom til meg og klagde over at han drømte om Sondre. Var det sant, eller hadde han diktet opp hele marerittet? Og hva med Elias og Hanna? Og Mariann, som fortalte meg at de ikke hadde sviktet Sondre? Det aller største spørsmålet er hva Anders visste om Sondres situasjon. Han visste i det minste en ting, og det var at Sondre hadde brutt kontakten. Ville det ikke ha vært naturlig å legge bort konflikten med meg, for Sondres skyld? Hvorfor kunne han ikke bare ringe meg, og ganske enkelt fortelle at Sondre hadde fått problemer med narkotika? Jeg ville ikke ha nølt et sekund. Ville ikke ha stilt et eneste spørsmål. Jeg ville ha gjort hva som helst for å hjelpe. Sondre visste det. Anders visste det også.

Men så ville jeg ha funnet ut hva som hadde skjedd. Det var nok det som var viktig for Anders. Sondre var drevet helt til kanten av stupet. Anders gjorde ingen ting for å hjelpe. Hvorfor ikke? Turte han ikke å stå for det han hadde gjort? Eller klarte han ikke engang å innrømme at han hadde gjort noe galt? Han ville nok heller klamre seg til sin egen historie, der han var verdens beste far med en sønn som var akkurat som han selv. Han ville ikke innrømme sannheten. Ville ikke vedgå at han hadde tatt feil hele tiden. At han i virkeligheten hadde misbrukt Sondres tillit og lojalitet, og lokket ham inn i narkotikamisbruk. Bare fordi han måtte ha rett i at det var hans egen livsstil som var best. Det var derfor han holdt fast ved den enkle forklaringen, at Sondre ville det selv. Det var Sondres skyld, og ikke på noen måte hans egen. Så feig er Anders.

Det finnes sikkert flere titalls narkokonger som Odin i Oslo, og enda flere marihuanaplantasjer rundt omkring. Om en av dem blir tatt betyr det antagelig lite. Jeg bestemmer meg uansett for å gå til politiet, om ikke annet så for å gjøre det jeg føler er riktig. Jeg må gå til politiet, for Sondres skyld.

Jeg skriver en liste med tittelen *Personer involvert i organisert kriminalitet, narkotikahandel og produksjon*. Lista inneholder navn på atten personer og tolv bedrifter. Tre av dem er aksjeselskap, to ansvarlige selskap, og syv personlige foretak. Carl er med, og Odin selvfølgelig, men ikke Anders. Jeg vil ikke at det skal se ut som en hevnaksjon.

Jeg legger til alle opplysningene, så fullstendig som mulig. Fødselsår og adresse for alle sammen. Til slutt printer jeg ut lista og lager en minnepinne med Banden-programmet på en lydfil. Men jeg gruer meg, og ringer Annie igjen.

– Er det noe mer jeg kan gjøre? Vil det jeg kan gi dem være nok? Vil det være interessant nok for politiet?

– Vi får se, svarer Annie. Men du bør skaffe deg en voice recorder. Ellers kan du ikke holde rede på nøyaktig hva du har sagt. Du får nemlig ikke noen utskrift fra politiet som kan dokumentere hva du har rapportert.

– Nei vel. Takk for tipset.

En morgen tidlig i juni tar jeg endelig turen til politihuset på Grønland. Jeg har med meg navnelista, minnepinnen, og en nyanskaffet opptager. Jeg går inn til politivakta, og venter litt til det blir ledig i skranken. Jeg er nervøs, men prøver å skjule det så godt jeg kan. Jeg må være avmålt.

– Jeg vil gjerne gi informasjon om organisert kriminalitet.

– Jeg skal ringe opp til avdelingen, svarer den kvinnelige betjenten.

Hun prater et øyeblikk i telefonen, men det er visst ingen som har mulighet til å snakke med meg.

– Jeg får ta imot informasjonen her, da, sier hun oppgitt.

Betjenten viser meg inn i et trangt avlukke i et tilstøtende rom. I de andre avlukkene sitter det allerede flere mennesker og forteller sine historier. Skilleveggene gjør det vanskelig å høre hva de sier, men stemmene er likevel forstyrrende. Jeg får altså ikke anledning til å snakke med noen i enerom. Opptageren ligger i jakkelomma. Jeg har øvd på å skru den på uten å ta den ut av lomma. Jeg vil ikke irritere betjenten ved å la henne se at jeg tar opp samtalen. Nå stikker jeg hånda ned i lomma og finner record-knappen på opptageren. Jeg trykker umerkelig på knappen mens betjenten tar plass på den andre siden av skranken.

Jeg begynner med å fortelle at jeg vil være anonym av frykt for represalier, og at det dreier seg om produksjon og distribusjon av cannabis. Jeg gir fra meg lista og forteller at de fleste er personer som driver marihuanaplantasjer i leiligheter rundt omkring i Oslo.

Hun ser nøye på papiret.

– Har du adresser til disse leilighetene?

– Nei, sier jeg, og tar meg sammen for å beholde roen. Jeg har ikke annet enn den på Skillebekk. Jeg har ikke adressene. Hvis jeg hadde hatt adressene så skulle du ha fått dem. Den eneste adressen jeg har der på lista, der jeg vet det har foregått, det er den i Niels Juels gate. Det er i øverste etasje.

– Har du sett de her selv, eller er det noe du har hørt om?

– Nei, du skjønner det som skjedde var at sønnen min, han tok sitt eget liv den 12. september i fjor. Det var veldig uventet, og da ville jeg gjerne vite hvorfor. Og da begynte jeg å undersøke, og da viste det seg jo at disse folka her... det lå ting på laptopen hans, og jeg snakket med alle sammen. Jeg fikk vite ting av andre om hva som hadde vært i leiligheten hans. Jeg fant også en artikkel i *Natt og Dag*, fra mars i fjor, med et intervju med sønnen min. Det var en reportasje fra en cannabisplantasje. Og jeg kan gi deg navnet på journalisten som har skrevet den. Hun er venn av flere av de som står på lista. Det står i artikkelen at hun ikke vet hvem det er, men det er ikke sant. Hun vet hvem det er. Og så fant jeg en lydfil fra NRK P3, *Banden*, et program som gikk over en hel uke, og hver dag så var det et innlegg. De hadde fordreid stemmen hans, men det var tydelig at det var den samme som andre hadde fortalt hadde gitt sønnen min stiklinger, omtrent samtidig, for å begynne å dyrke. Det som jeg også har tenkt på, det er at disse journalistene glorifiserer veldig disse personene som driver med dette her, og det syns jeg er veldig... uansvarlig.

– Du sa *Natt og Dag*? spør betjenten mens hun noterer. Og det var sønnen din?

– Ja. Han beskriver alt om hvordan man gjør det, men selvfølgelig ingenting om bakmenn.

– Sønnen din, er han...?

– Han er jo død, så han har jeg ikke satt på lista.

– Nei... Men han var med på det?

– Ja, gjentar jeg.

Hun noterer bare uberørt videre. Er det så vanskelig å forstå?

– Men dette er jo alvorlig, bryter jeg ut. Mye mer alvorlig enn det for eksempel NRK P3 gir inntrykk av. Jeg mener at NRK P3 legitimerer dette, ved å gjøre det til en morsom sak. Og så vil jo en gutt på tjue år veldig lett bli påvirket til å følge i samme fotspor. Og det var det som skjedde. Denne personen her, han har holdt på i mange år. Det er han som heter Odin. Han er en av dem som har holdt på lengst. Han beskriver veldig klart hvordan han gjør ting. Hvordan han bruker selskaper, eller bedrifter, som han bruker til å skjule kriminaliteten. Og nesten alle disse på lista driver enten et personlig foretak, eller ansvarlig selskap, eller AS. Da tenkte jeg kanskje det ville være en ide å ta bokettersyn på disse fiktive selskapene som ikke driver med noen ting. Noen av dem har jo til og med adresser som ikke fins.

– Så det var Odin som snakket på *Banden*?

– Ja. De har fordreid stemmen hans. Forbindelsen der er via Aksel, som er venn av begge to. Det er en av dem på lista. De fleste av disse har jo opprettet selskap av en eller annen form nettopp for å ... i hvert fall delvis... i hvert fall de som driver aksjeselskap.

Betjenten ser opp.

– Men alle de navna her... Er dette folk du er helt *sikker* på er involvert?

– Jeg er ikke noe politi, svarer jeg. Så jeg kan ikke være sikker på noe. Det håper jeg at *dere* kan finne ut av. Men i følge denne NRK P3-reportasjen så hadde Odin bare i denne ene leiligheten nesten åtti planter til en markedsverdi på tre hundre tusen kroner. Jeg har ikke oppført noen på denne lista som jeg ikke er sikker på selv. Men å skaffe bevis, det må jo være en sak for politiet, ikke sant?

– Ja vel, svarer hun tørt. Jeg skal få notert dette her og sende det til de som jobber med disse sakene. Jeg kan jo ikke garantere hva de gjør videre med det. Det kan jeg ikke.

– Jeg har mye mer informasjon, sier jeg prøvende. Men i så fall trenger jeg litt mer tid.

– Men... Er det greit at du gir navnet ditt? Så jeg kan si til dem at hvis det er noe de lurer på, så kan de kontakte deg?

Hun rekker meg en penn og et ark fra blokken.

– Ja, absolutt. Gjerne det. Jeg kan skrive det for deg. Vil du ha fødselsnummeret mitt også?

– Ja, gjerne det. Men som sagt, jeg sender dette videre, gjentar hun.

– Men syns du jeg burde rapportere disse journalistene til Pressens Faglige Utvalg, for eksempel?

Jeg tar sjansen på å spørre mens hun skriver.

– Det har jeg ingen formening om, svarer hun avvisende. Jeg har jo ikke lest eller hørt hva de har sagt. Journalistene lager sikkert en reportasje om det her, og hvordan folk oppfatter det, eller om de er kritiske, det er jo vanskelig å si.

– Jo, men da kan jeg vel bare skrive at jeg syns dette er glorifiserende?

– Det kan du selvsagt gjøre, men det tar ikke *jeg* noen stilling til. Fordi, som sagt, jeg har ikke noe kunnskap om de programmene og det arbeidet de har gjort.

– Ja vel. Men vil du ha filene? Jeg har dem her.

Jeg tar fram minnepinnen.

– De kan vel finnes, hvis de ...

– Ja, men jeg er ikke sikker på *Banden*, da. Det er et program de har sendt over fem dager. Jeg vet ikke tidsrommet det ble sendt, jeg har bare en lydfil.

– NRK lagrer jo alle de som er sendt, svarer hun kort.

– Jeg vet bare at selve lydfilen er fra 30. januar 2011, fortsetter jeg.

Men hun har sluttet å notere.

– Ja vel, da ringer de deg, hvis det er noe. Det er tydelig at vi er ferdig.

– O.K.... takk skal du ha.

Utgangsdøra er veldig tung. Jeg dytter hardt, løper nesten ut døråpningen, og trekker pusten dypt. Så stopper jeg opptageren. Samtalen varte i tolv minutter. Tolv minutter. Jeg har lett etter svar i snart ett år, og så får jeg bare tolv minutter av betjentens tid, i et avlukke der jeg ikke en gang kan snakke i fred. Jeg har mye mer informasjon å komme med. Ikke minst lydfilen, der Odin forklarer nøyaktig hva han driver med. Men så er ikke politiet interessert nok til å ta imot den. Kommer de til å ta seg bryet med å lete hos NRK etter radioprogrammet, når de ikke en gang vil ta imot en minnepinne?

Jeg ringer Annie for å fortelle hvordan det gikk på stasjonen. Det var hennes forslag at jeg skulle gå dit. Nå er jeg skuffet.

– Vi får bare se hva som skjer, sier hun kort. Kanskje de ringer deg.

– Nei, det skjer ikke. Politiet bryr seg ikke om hasjdyrking. Det er så enkelt som det... Kanskje jeg heller burde informere om andre ting? For eksempel at Odin driver med smugling? Det er jo det han driver med, på alle disse bilturene sine.

– Ja, det gjør han sikkert.

– Og de brukte kokain og ecstasy i fjor sommer. Sondre tok også noe. Det skjedde både på Musikkens Dag, 1. juni, og på festivalen i Arendal. Jeg tror de må ha fått det av Odin.

Annie er litt i tvil.

– Kanskje det, men er det ikke veldig dyrt? Tror du virkelig at Odin spanderte? At de fikk det helt gratis?

– Ikke akkurat gratis. Odin hadde sikkert en baktanke med det. Han kan ha forsynt dem med stoff for å holde på dem. For at de skulle være med på virksomheten. Kanskje han ville ha dem til å selge for ham, på festivalen, eller når de hadde dj-oppdrag?

– Ja, det kan godt tenkes, svarer hun.

– Elias sa jo at Odin la press på Sondre, for å overtale ham til å bli med på festivalen. Odin ville nok ikke at Sondre skulle trekke seg. Det var kanskje derfor Sondre mente de hadde kranglet på festivalen?

Annie er fortsatt enig.

– Sondre fortalte i intervjuet om hvor positivt det var å dyrke cannabis. Men det var selvfølgelig ren reklame. Han nevnte ikke problemene. Ingen ting om at han strøk til eksamen. Eller om arbeidet, og all tiden han brukte på plantasjen. Det gikk så klart ut over studiene. Dessuten måtte han gi opp idéen om å bli med til Japan, fordi han ikke klarte å finne noen som kunne passe plantene mens han var borte. Prisen ble etter hvert mye høyere enn det Sondre hadde regnet med.

– Det stemmer det, svarer Annie. Stakkars lille Sondre...

– Det var egentlig ikke holdbart, fortsetter jeg. Til slutt skjønte han det. Han fikk det han kalte for *semi-sammenbrudd*, og kvittet seg med hele plantasjen.

– Men det var ikke fullt så enkelt. For det var akkurat da Odin flytta inn.

– Ja... men hvis det var Odin som forsynte dem med kokain og ecstasy, og hvis målet med det var å holde hele gjengen involvert i virksomheten, kan Odin ha tatt enda et steg? Kan han ha blandet noe i ølet til Sondre? Ketamin, eller GBH for eksempel?

– Hva var det Elias sa? spør Annie. Var det ikke femti prosent sjanse for at han hadde gjort det? Odin hadde mulighet til å gjøre akkurat hva han ville, så lenge han bodde sammen med Sondre. Og så må du ikke glemme dette med bade-anda. Odin kan ha brukt den som en pipette til å blande det ut eller noe. Hvis han hadde brukt en vanlig pipette, da kunne jo Sondre ha oppdaget den og lurt på hva Odin brukte den til. Jeg tviler på at Odin tok tilbake en bade-and fordi han var glad i den! Han flyttet ikke inn hos Sondre for å hjelpe. Stakkars Sondre tenkte alt for godt om Odin. Han ble lurt.

Det er sant at Sondre tenkte godt om Odin. Jeg forsto det, da jeg spurte hvordan det gikk etter krangelen. *Er han slem mot deg, han du deler leilighet med?* Sondre ville ikke gå med på det. *Nei, det er heller jeg som er slem mot ham!* Det var de aller siste ordene han sa til meg. Han var på vei ned trappa. Snudde seg og så oppover, mens han smilte mot meg, for siste gang. Jeg vil aldri glemme det strålende smilet. Han sa ikke noe dårlig om Odin. Sondre var altfor snill. Han var kanskje ikke i stand til å se ondskapen. Eller forstå den helt.

– Hva var i så fall hensikten? spør jeg betenkt. Hva var motivet?

– Har du ikke svart på det selv? Odin kan ha gjort det i et forsøk på å holde Sondre fanget. Han ville holde på Sondre, ved å gjøre ham enda mer avhengig. Det kan ha vært Carls ide. Det var han som var sjefen, som ga Odin oppdrag. Det står jo til og med i tekstmeldingen. Eller kanskje det var Anders selv? Kanskje Anders var redd for at Sondre skulle dra hjem til deg og sladre? Psykopater gjør hva som helst for å beholde kontrollen. Sondre brøt kontakten. Det er mulig at Anders ikke tålte å miste kontrollen over Sondre.

Eller kanskje han bare gjorde det fordi han var ferdig med Sondre, for å avslutte jobben.

– Hvilken jobb?

– Jobben med å ta fra deg Sondre. Det var jo det han egentlig ville, hele tiden.

Innerst inne vet jeg at hun har rett. Det var akkurat det Anders ville. Det var derfor han fikk Sondre med på å røyke hasj, og lot ham få bli med på hele virksomheten. Anders visste godt hva det ville føre til. Enten ville det bli en konfrontasjon mellom Sondre og meg, der Anders selv kunne spille rollen som den greie og kule, eller så måtte Sondre holde det hemmelig. Det var nok det Anders fortalte Sondre, at dette måtte bli mellom dem. Sondre måtte ikke fortelle det til noen. Han måtte selvfølgelig skjule det for meg også. Jeg kom jo aldri til å godta at Sondre røykte hasj. Jeg kan tenke meg hva Anders fortalte Sondre.

Hasj er ikke farlig. Mamma er bare overbeskyttende. Hun er redd for alt mulig.

Anders visste godt hva han gjorde. Det virket sikkert ikke som noen stor sak for Sondre til å begynne med, at han røykte litt hasj i smug. Han ville jo så gjerne være kul, i farens øyne. Akkurat som Benjamin med rasta-håret. Men etter hvert ble han avhengig, og samtidig vokste veggen av hemmelighold. Det var vel ikke noe problem for Anders, om hasjrøykingen kom mellom Sondre og meg. Det ville bare gi Anders enda mer kontroll. Og det var akkurat det han ville. Men når Sondre endelig brøt kontakten og gikk sin egen vei, hva tenkte Anders da?

Jeg sier ingen ting, men hun fortsetter uansett.

– Bryr han seg om at Sondre er død?

– Det var akkurat det jeg spurte politimannen som kom med beskjeden, etter at han hadde snakket med Anders på telefonen.

– Ja vel, men har han besøkt grava?

– Nei. Men Nina sa at han hadde tenkt på det.

– Tenke kan han gjerne gjøre! Men har han prøvd å finne ut hva som skjedde med Sondre?

– Nei. Han har ikke snakket med noen.

– Selvfølgelig ikke. Han vet jo allerede alt han trenger å vite om det. Både hva Odin har gjort, og hva han og Carl har blitt enige om. Ordene treffer meg som et slag i magen. Nina fortalte jo at Carl ble med på å flytte båten nordover. Jeg ser plutselig for meg Anders og Carl, på båten. Sondre har brutt kontakten. Anders er rasende. De snakker om hva de skal gjøre.

– Du må våkne opp!

Jeg rekker ikke en gang å svare, før hun legger på. Annie lar meg ikke slippe unna. Hun setter ord på de aller verste mistankene, og nå kan jeg ikke lenger unngå dem. Jeg må slutte å være feig.

Question everything. Det betyr *alt*. Jeg må stille *alle* spørsmålene, ikke bare de opplagte og ufarlige. Jeg må ikke være redd for å være kynisk, eller paranoid. Og jeg må ta Sondre på alvor. Han fortalte jo at han ble forgiftet av Odin.

Hvorfor flyttet Odin inn hos Sondre? Han hadde det visst helt fint hjemme hos faren. I hvert fall flyttet han direkte tilbake dit, etterpå. Hvis Odin ville flytte for seg selv kunne han ha gjort det når som helst. Han hadde ikke så dårlig råd at han trengte å dele leilighet med noen.

Det virker mer sannsynlig at Odin ville holde Sondre under oppsikt, etter at han kvittet seg med plantasjen. Odin hadde ingen interesse av at Sondre gjorde seg uavhengig. I verste fall kunne andre i gjengen gå samme vei, og trekke seg ut de også. Det er ikke utenkelig at Anders eller Carl ga Odin beskjed om å gjøre noe. Men Odin hadde også selv interesse av å forhindre at Sondre løsrev seg. Kanskje var løsningen å blande noe i ølet hans, akkurat som Sondre sa?

Jeg må gå gjennom hele hendelsesforløpet, enda en gang. Det blir viktig å finne ut akkurat når Sondre begynte å bli psykotisk. Skjedde det før eller etter at han kvittet seg med plantene? Før eller etter at Odin flyttet inn i leiligheten?

Sondre, Alex og Emma fjernet antagelig plantasjen den 25. juli. Odin flyttet inn seks dager senere. Det var da han ba om passordet for wifien, på SMS. Altså flyttet Odin inn i leiligheten mens Sondre var på Finse.

Odin skulle betale husleien. Jeg finner innbetalingene i bank-
utskriften. Den 5. august kom det inn 5,500 kroner fra Odin, til
husleien for august. Den 19. august kom det inn 20,500 kroner, altså
halve depositumet i tillegg til husleien for september. Det var nok
økonomien Sondre tenkte på, da han gikk med på å la Odin
flytte inn. Sondre trengte noen å dele med, hvis han skulle fortsette å bo i
leiligheten. Hvis han hadde bitcoins ville han nok helst spare dem
til senere. Men han hadde først tenkt å flytte, for Stina spurte på
SMS om han hadde *funnet et sted å bo*. Vurderte han å flytte hjem til
meg? Jeg husker noe han nevnte, en gang han var hjemme. Det var
tidlig på våren en gang. Han ba meg liksom i forbifarten om å vente
litt med å ominnrede rommet hans. Jeg svarte at jeg ikke kom til å
ominnrede, hverken nå eller senere. Rommet var hans for
bestandig.

Sondre skrev til Sara at han hadde hatt *semi-sammenbrudd* den
24. juli. Men var det en psykotisk episode? Alex fortalte åpent om
det han hadde opplevd, den gangen han og Sondre gikk tur på
Ekeberg, og Sondre hørte stemmer. Men det var over en måned
senere, den 1. september. Alex fortalte at dette var det eneste han
selv hadde vært vitne til. Jeg spurte Emma også. Hun svarte at hun
aldri hadde sett Sondre i psykotisk tilstand. Men både Alex og
Emma traff Sondre den 25. juli. Emma traff ham den 24. juli, også.
Om kvelden.

Hva annet var det som skjedde, den 24. juli? Jeg leter videre i
bankutskriften. Den viser at Sondre var i en jernvareforretning i
Trondheimsveien, kl. 12. Deretter på Ikea på Furuset kl. 15. Vel
hjemme inviterte han Sara på en øl. Han hadde mye å fortelle. Da
han ikke fikk noe svar tok han kontakt med Alex og Emma. Alex
var heller ikke tilgjengelig. Etter hvert traff han Emma på et
utested. Han hadde behov for å snakke med noen, og fortalte
Emma at det var *no homo*. Men han lå ikke akkurat i fosterstilling og
gråt. Det var ingen tegn på at han var psykotisk, til tross for *semi-
sammenbruddet* han så gjerne ville snakke med Sara om.

Jeg finner fram kondolanseprotokollen og går gjennom
beskrivelsene av Sondre på Finse, fra dagene mellom 30. juli og 4.

august. Finner ingen tegn på noe unormalt på turen. Men uka etterpå vet jeg helt sikkert at noe var galt. Da var Sondre sliten, urolig, og veldig nervøs. Det så jeg selv da han kom på besøk. Adrian hadde også merket det, et par uker senere. Hva var i veien? Jeg går gjennom hele lista av problemer. For det første holdt han på å slutte med hasj. Etter langvarig bruk var det sikkert ikke lett. Det var kanskje de fysiske symptomene vi merket i august? Så var det problemet med økonomien, når Sondre ikke lenger fikk studielån. Han lot Odin flytte inn. Odin betalte, men han var ikke lett å ha med å gjøre. Han var *morratryne*, tok over bredbåndskabelen, og forlangte at Sondre skulle ta oppvasken. Og så var det den ødelagte laptopen, inkassobrevene fra OneCall, og kravet om å fjerne seilbåten fra havna.

Nytt semester, ny romkamerat, en million ting å gjøre.

Utfordringene sto i kø, men ikke verre enn at det *tusler og går*. Ny laptop skulle han få av meg, og jeg betalte også mobilregningene. Båten skulle flyttes til Odins slektninger i Østfold. Og hvis det ble for ille å dele med Odin, kunne leiligheten ganske enkelt sies opp. Depositumet ville dekke leien i oppsigelsestiden. Sondre kunne bo hjemme et semester eller to, mens han tok igjen studie-progresjonen. Hjemme hos meg ville han så klart ha fått både kost og losji gratis. Både Mia og Sara bodde hjemme fortsatt. Det var vel ikke så ille å flytte tilbake en periode? Han hadde også mulighet til å ta seg et friår, og besøke Ennio i Spania. Det var akkurat som Jonas sa, med det samme han fikk vite hva som hadde skjedd. *Sondre hadde egentlig ikke så mange problemer.* Det fantes i hvert fall enkle løsninger på alle sammen.

Hvorfor kom ikke Sondre til meg? Han var jo så godt i gang med å rette opp alt. Var det nødvendig å fortsette løgnene og dekkhistoriene? Forsto han ikke at jeg var glad i ham, og stolt av ham uansett? Det var jo nettopp det jeg fortalte i tekstmeldingen jeg sendte på bursdagen. *Husk at du har noen som alltid er glad i deg og stolt av deg.*

Men kanskje det var mer komplisert enn som så, å trekke seg ut av virksomheten? Sondre trodde jo at Odin prøvde å forgifte ham, ved å blande noe i ølet hans. Han fortalte Stina, Emma og Alex om mistanken. Han ble møtt med tvil. Alex trodde ikke det kunne stemme. Sondre ble fort enig, i følge Alex. De hadde jo allerede skjønt at noe var galt en uke tidligere, da de gikk tur på Ekeberg. Men Sondre ville bestemt ikke dra hjem til seg selv den kvelden. Han mistenkte Odin likevel, uansett hva Alex sa. Det var derfor han kom for å overnatte hos meg, den natta. Det var derfor han prøvde å kaste opp på badet.

Åtte dager før han døde gikk Sondre til legen. Men han fortalte bare at han hadde følt seg sliten den siste uka. Det ble tatt blodprøver. Var det et forsøk på å avsløre at han ble forgiftet?

Sondre traff Victoria dagen etter, og betrodde seg til henne. Fortalte at han hadde sluttet med hasj på grunn av *et par psykotiske episoder*.

Hvis Odin virkelig hadde blandet noe i Sondres øl, hvor lenge hadde det pågått? Kan han ha holdt på med det helt siden han flyttet inn? Kanskje han gjorde det på festivalen også? Sondre var ikke spesielt mistenksom av seg. Men da han fortalte Alex hva han tenkte, ble han ikke trodd. Alex tok heller mistanken mot Odin som et tegn på at Sondre var paranoid. Sondre skjønte det. Det var nettopp derfor han ringte Stina dagen etterpå, og ba henne om å holde det for seg selv, det han hadde fortalt henne.

Sondre var klar over dilemmaet. Det var nok ikke tilfeldig at han tok backup av mobilen på laptopen, like etter at han kom hjem fra overnattingen hos meg. Hvor ofte pleier man egentlig å ta backup av mobilen?

Hvorfor har jeg hele tiden hatt så vanskelig for å tro på det Sondre sa? Eller kanskje det er meg selv jeg har tvilt på, hele denne tiden? Nei, det er ikke det som er problemet. Jeg vil bare vite sannheten. Det må ikke være den minste tvil. Jeg kan ikke tro på noe bare fordi Sondre sa det. Kan ikke la følelsene ta overhånd. Jeg må vurdere dette saklig, og objektivt. Må vite, helt sikkert.

Mariann fortalte at Sondre trodde Odin og Elias var ute etter å *ta ham*. Elias leverte en lignende historie om at Sondre hadde fått det for seg at de hadde hatt en kjempekrangel på festivalen. Alex hadde en litt annen versjon. Sondre følte seg ikke helt *komfortabel* sammen med gjengen etter festivalen. Tekstmeldingene bekrefter det Alex har fortalt. Det er ikke sannsynlig at Sondre hadde paranoide tanker om Odin allerede i juli. I så fall ville han ikke ha invitert Odin til å flytte inn i leiligheten. Paranoiaen må ha kommet senere. Etter at Odin hadde flyttet inn. Det var ingen urimelig tanke, å tro at Odin blandet noe i ølet hans. Elias sa jo at det var femti prosent sjanse for at Odin virkelig hadde gjort det. Og det var Elias og Sondre som kjente Odin aller best. Psykosen var sikkert narkotika-indusert. Men hvilken narkotika? Var det noe Sondre tok på eget initiativ, eller noe Odin hadde forgiftet ham med? Det ville ikke ha vært vanskelig for Odin å gjøre det. Spørsmålet er i bunn og grunn hvem jeg skal stole på. Skal jeg stole på Odin, eller på Sondre? Svaret er plutselig veldig enkelt.

14

SISTE AKT

Det er tidlig morgen igjen. Vekkerklokka viser fire. Jeg vil ikke våkne, for jeg vet hva som møter meg. Det er den samme sorgen. Det samme savnet. Jeg vil ha Sondre tilbake. Snakke med ham igjen. Jeg vil ikke være her, hvor det aldri kan skje. Jeg ønsker meg bort herfra, til en annen virkelighet. Et annet univers der Sondre fortsatt lever. Ønsker bare å få en ny sjanse. Spole alt tilbake og begynne på nytt, mens Sondre enda var liten. Det må bli etter at Jonas ble født, men det vil sikkert holde. Jeg står opp og tenner lysene på hylla. De brenner så fint, og lyser opp bildet av Sondre. Så legger jeg meg under dyna igjen, og fortsetter å tenke på hva jeg kunne ha gjort annerledes. Tiden går fort på denne måten.

Det har gått to år siden Sondre døde. To meningsløse år der jeg måtte slite meg gjennom hver eneste dag. Etterforskningen fikk ingen dramatisk utgang. Dette er virkeligheten, ikke CSI. Politiet tok aldri kontakt. Det ville ha vært et mirakel, med tanke på responsen jeg fikk på politistasjonen. De må nok prioritere, som det heter. Da kommer vel hasj i skyggen av hardere stoffer. Jeg kunne tross alt ikke gi dem noen adresser til cannabisplantasjer, og jeg hadde ingen beviser for at det var Odin som var *narkomogulen* fra P3. Dessuten var programmet flere år gammelt.

Jeg har prøvd å holde kontakten med Nina. Etter at jeg traff henne i Trondheim sendte jeg en facebook-invitasjon. Men hun svarte aldri. Moren hennes, Edith, holdt kontakten en liten stund. Hun fortalte på facebook at hun hadde mange fine bilder av Sondre, spesielt da han var liten og besøkte dem på hytta. Jeg meldte tilbake at jeg også gjerne ville dele bilder. Det ble stille etter at jeg inviterte henne til å møtes.

Sist vinter var jeg langt nede, og ville si opp jobben. Heldigvis snakket jeg med en kollega som kjente en psykolog. Siden det har jeg gått til Ada til samtaleterapi. Ada hjelper meg med å sette ting i perspektiv. Jeg skal ikke glemme meg selv når jeg stiller opp for andre, eller ta på meg for mye ansvar. Det er heller ikke min oppgave å glemme sorgen. Jeg skal ikke la meg presse av noen til å prøve å legge det bak meg. Det sies at tiden leger alle sår, men det blir ikke lettere av å måtte tenke hele tiden på at jeg kanskje burde bli ferdig. Det er ikke mulig å sette noen tidsfrist for sorgen. Jeg kommer aldri til å bli *ferdig* med å savne Sondre.

Tidlig på sommeren logget jeg meg inn på Sondres facebook-konto. Jeg ville laste ned noen bilder han hadde fått via facebook. Det jeg fant gjorde meg både sjokkert og rasende. Sondre hadde fått en ny melding, fra faren. Jeg tok ikke sjansen på å åpne den, for da ville Anders kunne se at den var lest. Meldingen var leselig uansett, for den var kort:

Hvordan kan du like Spotify?

Jeg skulle heldigvis til Ada like etterpå. Jeg fortalte henne om meldingen med det samme jeg hadde satt meg. Ada ble sjokkert, hun også.

– Men hva betyr det? spurte hun. Kan det være en slags kode? Kan Spotify være en person, et slags kallenavn?

– Nei, det er virkelig Spotify han mener. Tenk deg at du sitter på facebook, og så kommer det opp en reklame for Spotify, der det står at noen av vennene dine liker det. Anders har så klart fått en sånn reklame, der han satt, og under den står det at Sondre liker Spotify. Så har han blitt irritert. Spotify er jo ikke noe han selv liker. Anders syns at man heller skal laste ned gratis. Så da har ikke Sondre levd opp til farens forventninger, ved å like Spotify. Sondre burde heller ha likt Pirate Bay, for å si det sånn.

Ada måtte tenke seg litt om, men så skjønte hun at det var sånn det må ha vært.

– Men for en melding, til en sønn som er død!

– Ja... og når han endelig skriver en personlig melding til Sondre, en melding han tror er privat, helt og holdent mellom ham selv og sønnen, da skriver han vel det han har på hjertet? Men det er ingen ting om at han er lei seg for noe, eller at han savner Sondre. Det handler bare om skuffelse og irritasjon. Han klandrer Sondre, for en... bagatell! Som om han er dommeren, og Sondre ikke holder mål! Var ikke Sondre bra nok?!? Anders kunne aldri i verden ha fått noen bedre, mer intelligent, mer lojal sønn! Ingen kunne ønske seg en bedre sønn! Men han rakker ned på Sondre, til og med nå, etter at han er død! Hvilken rett har han til å dømme!?! Anders må vel være helt perfekt, uovertruffen, en som vet alt, siden han kan dømme på den måten?!? Eller hva er det han tenker?!?

Ada måtte jobbe hardt for å roe meg ned. Hun forklarte saklig at hun var enig med meg.

– Dette er ikke normal oppførsel av en mann som har mistet sønnen sin. Det er heller ikke noe du skal finne deg i, eller forsone deg med, eller tilgi, at han oppfører seg på denne måten.

Ada konkluderte altså med at oppførselen til Anders var uakseptabel. Jeg skulle ikke behøve å godta den. Men hun kunne ikke svare meg, når jeg spurte hva jeg skulle gjøre.

Like etter ferien traff jeg Rajiv, den indiske gjesteforskeren, på en konferanse. Det ble vanskelig å konsentrere seg om foredragene. Etter noen timer klarte jeg ikke å holde på den profesjonelle masken. Jeg trakk ham til side i pausen, og ville ha svar på et viktig spørsmål. Hadde han merket noe unormalt med Sondre, den gangen?

Rajiv hadde ikke noe imot at jeg spurte, for han hadde tenkt mye på det som skjedde, og hadde spurt seg selv det samme. Han hadde god hukommelse, og husket mange detaljer fra det vi hadde snakket om, da Sondre redegjorde for opptelling av stemmer ved stortingsvalg. Men han hadde ikke merket noe unormalt.

– Everything seemed completely normal.

Jeg fortalte om mistanken Sondre hadde hatt, om at han ble forgiftet av vennen han delte leilighet med. Rajiv var i begravelsen, og jeg fortalte at denne vennen var en av dem som bar kista. Den høyeste av dem. Rajiv husket Odin godt, for de satt like ved siden av hverandre i minnesamværet. Rajiv hadde ikke snakket med Odin. Men han hadde sittet like ved og observert mens Odin snakket med andre på norsk. Han forsto ikke noe av samtalen. Derfor la han desto bedre merke til ansiktsuttrykket hans, og kroppsspråket. Rajiv følte at det var noe merkelig med Odin. Det hadde egentlig plaget ham hele tiden. Han tenkte først på å si noe, men så ville han ikke forstyrre meg.

Vi ble sittende og prate ved middagen. Rajiv fortalte en historie fra India, om en mor som nettopp hadde blitt dømt for drapet på sin egen datter. Familiens sjåfør var medskyldig. Etter drapet hadde moren fortalt alle at datteren hadde reist til USA for å studere. Slektningene trodde alle sammen på historien, og slo seg til ro med det. Det var bare sønnen som ante at noe var galt. Han klarte ikke å få kontakt med søsteren sin. Men så en dag fant han søsterens pass, gjemt blant morens papirer.

– It was only for the money. Please understand. These things really happen, and not just in India.

Da vi skulle ta farvel foreslo Rajiv at jeg burde ta kontakt med politiet. Jeg svarte at jeg hadde tenkt på det, men slått det fra meg.

– In Norway, there is no use in going to the police. Not like in India, where you can bribe them into doing something.

Neste gang jeg var hos Ada fortalte jeg om Rajiv, og hva vi snakket om på konferansen. Hun reagerte ikke som forventet. Jeg hadde tenkt at hun ville gi meg noe fra læreboka. Noe om at det kan være vanskelig å akseptere at en av de nærmeste har tatt sitt eget liv, og at det er vanlig å fornekte det. Men det gjorde hun ikke. Tvert imot ble hun helt overbevist om at Sondre hadde blitt forgiftet.

– Jeg vet hva som foregår i det miljøet. Det er ikke så overraskende at noe sånt kan skje.

Det var en enorm lettelse at hun trodde på meg. Men ikke bare det. Hun følte med meg, og tok uretten på alvor, akkurat som Rajiv. Ada vurderte hva som kunne gjøres, men kom til at det ville være umulig å bevise hva som egentlig hadde skjedd. *Perfekt.* Det er kanskje et dårlig uttrykk, men det var det Ada kalte det. Og det var akkurat det som gjorde henne opprørt, at det var så *perfekt*, og at det ikke var mulig å gjøre noe som helst med det, til tross for at et liv hadde gått tapt.

– Jeg har taushetsplikt, derfor kan jeg ikke gå til politiet med noe jeg får vite, så lenge det ikke er noen umiddelbar fare for liv og helse. Men Sondre er allerede død, derfor kan jeg ikke påberope meg noe slikt unntak.

– Jeg forventet ikke det, forklarte jeg. Jeg ville bare høre fra deg som ekspert, at jeg ikke er paranoid, eller gal, hvis jeg tror at det var noen som gjorde noe... sånt.

– Nei selvfølgelig ikke, svarte hun. Du er ikke paranoid.

Jeg fikk et slags svar. Men det er ikke slutten, det er heller en begynnelse. Jeg kommer aldri til å legge dette bak meg. Hvordan kan jeg det? Jeg lever med sorgen hver eneste dag. Tenner fortsatt lys foran bildet hans. Og hver eneste helg går jeg til kirkegården for å besøke grava, og tenne lys der også. Jeg kommer aldri til å slutte med det. Sondre er fortsatt barnet mitt. Jeg er moren hans, og det finnes ikke noe eller noen som kan forandre på det. Båndet mellom oss kan ikke brytes, og jeg kommer aldri til å skyve minnene om Sondre til side. Aldri slutte med å tenke på ham. Jeg elsket ham fra aller første stund. Han vil alltid ha den plassen i hjertet mitt.

———

Det er tidlig morgen, og jeg skriver igjen. Tenker på noe som skjedde da Sondre bare var tre måneder gammel. Det var høst, akkurat som nå. Veiene var glatte. Vi bodde i Rognan, like ved siden av jernbanelinja. Like ved avkjørselen til krigskirkegården, der krigsfangene som bygde Blodveien ble begravd etter krigen. Jeg kjørte faktisk nordover på Blodveien, i varebilen vår.

Sondre lå i bærebagen, som var bundet fast på toppen av

motorkassa, mellom setene. Jeg hadde vært en tur i butikken og handlet mat, og var nesten hjemme. Skulle bare svinge av veien, og krysse jernbanesporet. Men det var en gammel bil, og den var vanskelig å få i gir. Motoren var ikke helt varm heller. Jeg slakket ned og svingte, men traff ikke andre-giret. Motoren kom i fri, og sluknet, så bilen ble stående midt på skinnegangen. Det var merkelig, tenkte jeg. Hvordan klarte jeg å slokne motoren akkurat her, nøyaktig på midten av sporet? Men så hørte jeg varselklokkene. Det var en lyd jeg hadde blitt vant til. Vi hadde flyttet inn tre måneder tidligere, rett etter at Sondre ble født. Jeg visste nøyaktig hvor lang tid det tok fra klokkene ringte, til toget kom. Det var ikke lenge.

Hva skulle jeg gjøre? Jeg skjønte på en brøkdel av et sekund at jeg ikke ville rekke å ta Sondre opp fra bærebagen, hoppe ut av bilen og få oss begge i sikkerhet. Jeg visste også at jeg bare hadde ett eneste forsøk på å få start på bilen og kjøre av sporet. Men jeg måtte beholde roen. Hvis jeg mistet fatningen så mye som ett sekund, da var det ute med oss.

Det føltes som en evighet passerte, mens jeg trykket inn pedalen og satte motoren i første gir. Så var det å løfte hånda opp til tenningsnøkkelen, og dreie nøkkelen rundt. Idet motoren ble tent, begynte tiden å gå fortere. Mer husker jeg ikke, før jeg skulle til å svinge inn avkjørselen til huset. Da så jeg den gamle naboen komme løpende i vill fart nedover jordet. Det tok meg et øyeblikk å forstå hva det var han drev med. Men så skjønte jeg at han må ha sett alt sammen fra kjøkkenvinduet.

Jeg stoppet opp for å gi naboen tid til å nå fram. Han var så andpusten at han nesten ikke klarte å snakke.

– Går det bra? ville han vite.

– Jo da, svarte jeg litt brydd.

Jeg hadde jo aldri snakket med naboen før. Og det var overraskende at han reagerte så sterkt. Selv hadde jeg ingen reaksjon, enda. Men etter at jeg hadde parkert bilen, og båret bagen med Sondre inn i den varme stua, da kom følelsene. Vi hadde vært i livsfare.

Tenk om vi hadde blitt drept den dagen, begge to? For min egen del ville det kanskje ha vært like greit. Jeg hadde allerede opplevd mirakelet, å bli mor. Hvis jeg hadde dødd den dagen, da ville jeg ha sluppet all sorgen. Kanskje det ville ha vært bedre, enn det livet jeg har nå? Men nei, selvfølgelig ikke. For da ville Sondre ha mistet livet som baby. Han var så godt som nyfødt, den gangen. Det ville ha vært slutt før det begynte. Han ville ha gått glipp av alle de opplevelsene han tross alt fikk. Og Jonas ville heller ikke ha blitt født. Men det er rart å tenke på hvor nære på det var. Vi kunne lett ha mistet livet den gangen, for tjuefem år siden. Sånn sett levde vi begge på lånt tid. Sondre kunne også ha blitt drept i Thailand, av kubemaneten, da han var tolv.

Gleden over å leve, det var akkurat den som brente så sterkt i Sondre. Han elsket det virkelig. Elsket livet. Han ville selvfølgelig ikke dø. Han ville aldri ha gitt opp å leve fordi det var vondt. Akkurat som fødselen. Jeg ville aldri ha latt være å få barn fordi det var vondt å føde. Sondre ville heller ikke ha ønsket å dø fordi det var vondt å leve. Han var full av livsmot. Han ville aldri ha gitt opp. For han visste at smerten er en del av livet. At det er prisen vi alle må betale.

Vi forsto det begge to, at det er bedre å elske og tape, enn aldri å ha elsket i det hele tatt. Han ville jo ikke at jeg skulle være noen *martyr*. Og han ville absolutt ikke være martyr selv. Det er nesten umulig å skrive ferdig. Jeg vet hva som holder meg tilbake. Det er tanken på at historien om Sondre skal være slutt. Den har jo bare så vidt begynt. Jeg elsker Sondre fortsatt. Elsker hver latter han ga meg. Nå må jeg kjenne på sorgen også. Stå ansikt til ansikt med den. Uansett hvor vondt det gjør.

Jeg har skrevet dette for Sondre, for at alle skal få vite hva som skjedde med ham. For å gi ham litt av den rettferdigheten han fortjener. Og for at alle skal få vite sannheten. Han ville det ikke selv!

Men jeg skriver ikke bare for Sondre. Jeg skriver også for meg selv. For det har skjedd noe med meg. Jeg kan ikke lenger gi etter for press og la meg kue til taushet. Jeg kan heller ikke akseptere undertrykkelse og urett, for jeg har skjønt at man må ta de kampene livet gir. Det handler ikke om å vinne eller tape en kamp, eller om hvordan man takler et nederlag. Det som gjelder er å ta opp kampen, uten tanke for hva det vil si å vinne eller tape. Det handler om å gi livet alt man har, uansett motgang. Takk, Sondre, for at du lærte meg det. Og tilgi meg for at jeg lot dette skje. Du hadde helt rett. Jeg skulle ha kidnappet deg da du var barn.

Når vinden stilner

Når vinden stryker lett på kinn
så varsomt, stille i vårt sinn
Vi kjenner da den sjelefred
vår indre ro velsignes med

Når vinden river opp med rot
så vi må be vår bønn om mot
Når vinden sloss og bryter ned
fortæres håp, og framtid med

Den kamp du kjempet ble for stor
da du så brått forlot vår jord
Nå stryker vinden lett på kinn
så varsomt, stille i ditt sinn

– KK